SWITZERLAND

스위스

CHALET Travel Book

CONTENTS

여행 정보 업데이트

살레트래블북 스위스의 정보는 2023년 7월까지 수집한 정보와 자료로 만들었습니다. 단, 책에 소개되어 있는 관광지와 숍, 레스토랑의 오픈시간 및 요금, 교통편과 관련된 내용은 현지 사정에 따라 변경될 수 있습니다. 살레트래블북은 6개월 또는 1년 마다 가장 최신 정보가 업데이트 된 개정판을 발행합니다.

GETTING STARTED SWITZERLAND

취리히와 중부 스위스

Zürich & Central Switzerland

융프라우 지역과 베르너 오버란트

Jungfrau Region & Berner Oberland

체르마트와 발레의 알핀 리조트

Zermatt & Valais Alpine Resorts

이 책을 보는 방법

본문 정보

찾아가는 방법
주소
전화번호
오픈 시간
CHF 요금(입장료, 숙박 요금)
@ 홈페이지

지도

관광명소
관광 안내소
레스토랑, 카페
숍, 백화점
슈퍼마켓
박물관, 미술관
호텔, 호스텔
공항
화장실
에스컬레이터
기차역
버스 정류장
푸니쿨라
유람선
주차장
산
분수
전망 포인트

제네바와 레만 호수 주변 마을
Genève & Lake Léman Region

루가노와 티치노 지역 Lugano & Ticino

하이디랜드와 동부 스위스
Heidiland & Eastern Switzerland

TRAVEL INFO

Switzerland
France
Basel 라인 강변의 예술적 중세 도시
Bern
곰이 사는
스위스의 수도
Pilatus
중세도시와 호반 휴양지가
공존하는 올림픽의 수도
Lausanne
Interlaken
에메랄드 그린의 호수 사이에 낀
베르너 알프스의 관문
Jungfraujoch
흥겨운 재즈 페스티벌의
호반 휴양지
Montreux
마터호른을 품은
무공해 알핀 리조트
Zermatt
Genèva
레만 호반의 매력적인 국제도시
Matterhorn

Germany
Zürich 세련되고 멋스러운 메트로폴리탄 시티
세계적으로 유명한 아펜첼 치즈
Appenzell
Austria
Rigi
알프스와 호수가 공존하는 중세 도시
Luzern
동화처럼 예쁜 비밀의 온천 마을
하이디와 피터가 살고 있는 한가로운 시골 마을
Scoul
Maienfeld
Titlis
시크하고 우아한 홀리데이 리조트
St.Morits
지중해 스타일의 매력적인 호반 도시
Lugano
Italia

스위스에서 꼭 먹어야 할 전통 요리

스위스는 유럽의 중심에 위치한 나라답게 독일, 프랑스, 이탈리아 등 주변 국가들의 다양한 음식 문화의 영향을 받아 지역별로 특색 있는 음식이 발달했다. 전통적인 낙농 국가이기 때문에 유제품이 맛있기로 유명한데 특히 세계적으로 유명한 스위스 치즈는 스위스 음식에서 빼놓을 수 없는 식재료다. 가장 유명한 치즈 요리로는 치즈 퐁뒤와 라클렛이 있으며 스위스 전역에서 가장 흔하게 접할 수 있는 요리는 스위스식 감자전이라고 할 수 있는 간편한 감자 요리 뢰스티다.

필레 드 페르슈 Filet de Perche

레만 호수에서 잡히는 농엇과의 민물고기인 페르슈의 살을 버터와 화이트 와인, 마늘 등을 넣고 구워서 소스와 곁들여 먹는 요리다. 담백하고 고소하면서도 촉촉한 생선의 맛을 음미할 수 있으며 화이트 와인과 함께 먹어도 좋다.

게쉬닛첼테스 Geschnetzeltes

취리히 지역에서 유래한 요리로 18세기 길드 조합원이 맨 처음 만들어 먹었을 것이라고 추측된다. 얇게 저민 송아지 고기를 버터로 볶아 크림소스와 와인을 넣어 끓이는 요리인데 주로 바삭바삭하게 구운 뢰스티와 함께 먹는다. 송아지 고기와 함께 콩팥 또는 버섯, 양파 등을 첨가한다.

취겔리파스테테 Chügelipastete

루체른 지역의 대표 요리로 버섯과 함께 크림소스에 푹 끓인 송아지 스튜를 퍼프 페이스트리 파이로 만든 그릇에 담아 오븐에 구워낸 요리다. 우리 입맛에 잘 맞으며 뢰스티 등의 감자 요리를 곁들여 먹는다.

뢰스티 Rösti

원래 농부들이 아침 식사로 즐겨 먹었으나 지금은 스위스 국민 요리라 불릴 정도로 유명하다. 가늘게 썬 감자를 프라이팬에 버터나 기름을 두르고 바삭하게 원형으로 구워내는데 소시지, 달걀 프라이 등을 곁들여 간단한 아침, 점심 식사로 즐기기도 하고 저녁 식사에는 주요리와 함께 먹는 사이드 디시로 이용된다.

브라트부르스트 Bratwurst

그릴이나 팬에 구운 소시지를 뜻하며 주로 독일어권 지역에서 많이 먹는다. 특히 송아지 고기를 주재료로 한 장크트 갈렌의 소시지가 유명하며 맛있게 구워진 브라트부르스트는 머스터드 소스, 볶은 양파, 뢰스티 등을 곁들여 먹는다.

퐁뒤 Fondue

스위스를 대표하는 가장 유명한 요리로 원래는 알프스 지방에서 겨울철에 녹인 치즈에 굳은 빵을 찍어 먹던 것에서 유래되었다고 한다. 냄비에 치즈를 녹여 잘게 자른 빵을 찍어 먹는 퐁뒤 프로마주Fondue Fromage, 끓는 기름에 쇠고기나 돼지고기, 닭고기 등을 튀긴 후 소스에 찍어 먹는 퐁뒤 부르기뇽Fondue Bourguignonne, 냄비에 육수를 넣고 끓이다가 얇게 썬 고기나 해물을 살짝 익혀 소스에 찍어 먹는 퐁뒤 시누아즈Fondue Chinoise 등이 있다.

라클렛 Raclette

스위스를 대표하는 두 번째 전통 치즈 요리로, 둥근 라클렛 치즈를 반으로 잘라 불 앞에 놓아 녹인 후 녹은 부분을 칼로 접시에 긁어내 삶은 감자와 함께 먹는다. 레스토랑에서는 일반적으로 테이블용 전기 그릴과 작은 라클렛 전용 팬에 슬라이스된 라클렛 치즈와 감자가 따로 서빙되는데, 팬에 슬라이스 치즈를 놓아 녹인 후 접시에 옮겨 감자와 함께 먹으면 된다.

스위스 치즈

스위스에서는 각 지역마다 독특한 맛과 특징을 가진 450종이 넘는 치즈가 생산되며 AOC(Appellation d'origine Contrôlée : 원산지 통제 명칭 제도)와 AOP(Appellation d'origine Protégée : 원산지 보호 표시 제도) 등으로 엄격하게 품질과 고유의 전통을 유지하고 있다. 가장 유명한 치즈로는 에멘탈Emmentaler AOC, 그뤼에르Le Gruyère AOP, 아펜첼러Appenzeller®, 테트 드 무안Tête de Moine AOP 등이 있다.

에멘탈
Emmentaler AOC

스위스 치즈의 왕이라 불리는 대표적인 치즈로 베른 주의 에메 계곡에서 유래했다. 이 치즈의 고유 특징은 발효 과정에서 생기는 구멍이며 적어도 4개월 정도 숙성되어야 특유의 부드러운 헤이즐넛 향이 풍긴다. 모든 에멘탈 치즈 AOC 생산자는 치즈 옆면에 Emmentaler AOC 마크와 생산자의 참조 번호를 넣어야 한다. 주로 조각이나 슬라이스를 내어 먹지만 퐁뒤 등에도 사용한다.

그뤼에르
Le Gruyère AOP

퐁뒤에 사용되는 대표적인 하드 치즈로 프리부르 주의 그뤼에르에서 유래했다. 900년이 넘는 긴 역사를 자랑함에도 그뤼에르 주변의 산악 마을에서는 여전히 전통 방식으로 치즈를 만든다. 긴 숙성 기간 동안 정기적으로 뒤집어주고 표면에 소금물을 발라주는 과정으로 독특한 풍미가 만들어지며 Le Gruyère AOP 레이블은 이 모든 까다로운 품질 기준을 통과한 것을 의미한다.

아펜첼러
Appenzeller®

스위스에서 자랑하는 전통 치즈 중 하나로 동부 아펜첼 지방에서 유래했다. 700년 넘게 이어져온 전통 제조 방법으로 만든 치즈는 톡 쏘는 듯한 스파이시한 맛과 독특한 향으로 유명하다. 숙성 과정 중에 정기적으로 허브 소금물을 발라주는데 이 소금물의 구성 성분은 철저히 비밀로 유지되며 나이 많은 아펜첼러 치즈 장인은 문화유산으로 여겨지기까지 한다.

테트 드 무안
Tête de Moine AOP

'수도승의 머리'라는 뜻의 특이한 이름을 지닌 치즈로 쥐라 산지에서 유래했다. 이 치즈를 먹을 때는 지롤르Girolle 또는 피루에트Pirouette라 불리는 특별한 기구를 이용하는데 장미꽃과 같이 섬세하고 아름다운 모양으로 치즈가 깎여 나온다. Tête de Moine AOP는 쥐라 지방 10개 미만의 마을에 있는 치즈 제조 업자들이 엄격하게 관리하고 있다.

스위스 와인

스위스 와인은 생산량이 많지 않아 대부분 스위스 내에서 소비되고 2%도 안 되는 적은 양만 수출되므로 다른 나라에서는 마셔보기가 쉽지 않다. 스위스 와인의 주요 생산 지역은 발레Valais, 보Vaud, 제네바Genèva, 뇌샤텔Neuchâtel과 세 호수 지역, 티치노Ticino 등 주로 서부와 남부에 위치한 주들이며 북동부의 독일어권 지역까지 포함해 크게 총 6개의 와인 생산 지역이 있다. 각 와인 산지별 특징과 와인의 종류를 알고 가면 스위스 여행 시 레스토랑에서 와인을 주문하거나 슈퍼마켓에서 구입할 때 많은 도움이 된다. @ swisswine.ch/en

발레 Valais

발레 주는 스위스 와인의 3분의 1을 생산하는 스위스 최대 와인 산지다. 이 지역의 포도밭은 론 강을 따라 광범위하게 펼쳐져 있으며 일부는 해발 1000m가 넘는 고지대에 있어 유럽에서 가장 높은 곳에 위치한 포도밭으로도 유명하다. 레드 와인의 대표 품종은 피노 누아Pinot Noir와 가메Gamay이며 여기에 이 지역 고유 품종인 후마뉴 루즈Humagne Rouge나 코르날랭Cornalin 등이 블렌딩되어 Dôle이라는 발레 주의 유명한 레드 와인이 탄생했다. 또한 팡당Fendant(샤슬라의 다른 이름), 아미뉴Amigne, 프티드 아르빈느Petite Arvine 등의 품종으로 만든 유명 화이트 와인도 있다.

보 Vaud

보 주는 스위스에서 두 번째로 큰 와인 산지로 레만 호수를 따라 펼쳐진 산비탈은 일조량이 풍부해 최적의 환경을 자랑한다. 이 지역은 과일 향이 풍부하고 산뜻한 맛의 화이트 와인이 유명하며 와인의 60% 이상이 샤슬라Chasselas 품종으로 만들어지기 때문에 와인 레이블에 품종 대신 뱅젤Vinzel, 페시Féchy, 에페스Epesses, 생사포랑St. Saphorin, 이보른느Yvorne, 에글르Aigle, 데잘레Dézaley 등 포도가 자란 테루아르를 표시한다. 라보Lavaux 지역의 계단식 포도밭인 Lavaux Vineyard Terraces는 2007년 유네스코 세계문화유산으로 등재되었으며 데잘레Dézaley와 칼라망Calamin은 그랑 크뤼 와인 산지로 유명하다.

제네바 Genèva

스위스에서 세 번째로 큰 제네바 주의 와인 산지는 크게 3개 지역으로 나뉜다. 이 중 다르다니Dardagny, 사티니Satigny, 페시Peissy 등 와인 생산지로 유명한 마을들이 포함된 망드망Mandement 지역은 스위스 프랑스어권 지역에서 가장 크다. 제네바 주에서는 샤슬라 이외에도 쇼이레베Scheurebe, 케르너Kerner, 리슬링-실바너Riesling-Sylvaner, 쇼비뇽 블랑Sauvignon Blanc 등 다양한 품종으로 화이트 와인을 생산하며 피노 누아, 가메, 메를로Merlot, 가마레Gamaret, 카베르네 프랑Cabernet Franc 등의 품종으로 만든 레드 와인도 생산한다.

뇌샤텔

Neuchâtel 세 호수 지역

세 호수 지역의 포도밭은 뇌샤텔, 베른, 프리부르, 보주에 걸쳐 넓게 흩어져 있으며 그 중 가장 넓은 경작 면적을 가진 지역은 뇌샤텔 주로 이 지역 와인의 약 3분의 2가 이곳에서 생산된다. 이 지역에서 두루 재배되는 주 품종은 샤슬라와 피노 누아이며 쇼비뇽 블랑, 가마레, 샤르도네Chardonnay, 가라누아Garanoir 등 스위스에 들어온 지 몇 년 안 되는 다양한 품종도 성공적으로 재배되고 있다. 이 지역에서 재배된 피노 누아는 레드 와인뿐 아니라 섬세하고 우아한 과일 향의 로제 와인 '오이 드 페르드리OEil-de-Perdrix'의 재료가 되기도 한다.

티치노

Ticino

티치노는 이탈리아와 국경을 접하고 있는 주로, 소프라체네리Sopraceneri라 불리는 북쪽 지역은 벨린조나에서 마조레 호수에 이르는 지역과 알프스의 산기슭에 포도밭이 있어 기후가 선선한 편이며 아직도 전통 방식으로 포도를 재배하는 곳이 많다. 반면 루가노에서 키아소까지 이르는 남쪽의 소토체네리Sottoceneri 지역은 지중해와 같이 따뜻하고 일조량이 풍부한 기후를 자랑하며 좀 더 현대적인 시스템으로 포도를 경작한다. 티치노 주에서는 메를로Merlot가 전체 포도 재배 면적의 약 82%를 차지하여 그만큼 메를로로 만든 뛰어난 레드 와인이 생산된다. 또한 메를로 품종으로 만든 메를로 비앙코Merlot Bianco 화이트 와인 역시 인기가 있다.

독일어권 지역

Swiss German Part

바젤에서 쿠어까지 스위스 북동부의 17개 독일어권 주를 모아놓은 지역으로 각각의 흩어져 있는 포도밭에서 특색 있는 와인을 생산한다. 건조하고 따뜻한 푄 바람이 중요한 역할을 하고 호수와 강, 시내들이 각 지역마다 서로 다른 기후를 만들어내는 요인이 된다. 이 지역에서는 블라우부르군더Blauburgunder라 불리는 피노 누아가 레드 와인의 주요 품종으로 총 경작 면적의 4분의 3에서 재배되고 있다. 화이트 와인은 총 생산량의 25%를 차지하는데 품종으로는 뮐러 트루가우Müller-Thurgau(리슬링 실바너의 다른 이름)가 대표적이다. 이 지역에서 가장 넓은 면적의 포도밭이 있는 곳은 취리히이며 그 다음으로 샤프하우젠, 그라우뷘덴, 아라우 순이다.

스위스 초콜릿

스위스는 남아메리카나 아프리카에 식민지가 있었던 스페인, 프랑스 등의 다른 유럽 국가들에 비해 상대적으로 늦게 초콜릿을 접한 나라이지만 지금은 유럽 어느 나라보다도 세계적으로 유명한 초콜릿 강국이 되었다. 스위스 초콜릿 역사가 본격적으로 시작된 것은 1819년 프랑소와 루이 카이에가 스위스 최초의 초콜릿 공장을 세운 때부터이며 스위스 초콜릿의 대명사인 밀크 초콜릿은 1875년 다니엘 페터가 수많은 시행착오 끝에 개발해낸 것이다. 유명 브랜드의 초콜릿들은 미그로Migros나 콥Coop 등의 슈퍼마켓과 기념품 상점에서도 손쉽게 구입할 수 있어 스위스 여행 선물로도 좋다.

린트 Lindt

www.lindt.ch

세계적으로 알려진 스위스 최고의 초콜릿 제조사로 프리미엄 초콜릿으로 유명하다.

토블론 Toblerone

www.toblerone.com

마터호른을 닮은 삼각형 모양에 아몬드와 꿀, 누가가 들어간 달콤한 초코바가 상징이다.

네슬레 Nestle

www.nestle.com

우리에게도 친숙한 세계적인 F&B 브랜드로 킷캣Kit Kat을 비롯해 다양한 초콜릿 제품을 생산한다.

카이에 Cailler

www.cailler.ch

스위스에서 가장 오래된 초콜릿 회사로 수출을 많이 하지 않아 스위스에서 맛보는 것이 좋다.

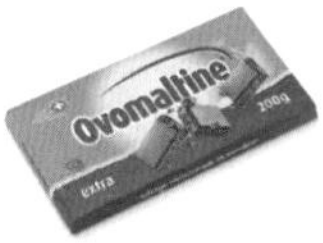

오보말틴 Ovomaltine

www.ovomaltine.ch

초콜릿 음료와 빵에 발라 먹는 크런치 크림이 유명하지만 초콜릿 바도 맛있다.

알프로제 Alprose

www.alprose.ch

루가노 근처에 본사와 초콜릿 박물관이 있는 제조사로 스위스 내에서는 꽤 유명하다.

프레이 Frey

www.chocolatfrey.ch

미그로Migros 그룹에 속한 스위스에서 3위안에 드는 초콜릿 제조사로 해외 50개국으로 수출된다.

카미유 블로크 Camille Bloch

www.camillebloch.swiss

스위스 내에서 유명한 초콜릿 제조회사로 라구사Ragusa 등의 프랄린 초콜릿이 특히 맛있다.

파바르저 Favarger

www.favarger.com/en

1826년에 설립된 회사로 코코아 빈의 선별부터 전통 레시피까지 생산의 모든 과정을 직접 관리한다.

빌라 Villars

www.villars.com

젖소를 상징하는 로고가 유명한 회사로 에델바이스가 새겨진 부드러운 밀크 초콜릿이 일품이다.

©THE CAMBRIAN

알프스를 바라보며 힐링하는 그곳

스위스의 온천 여행지

스위스의 온천은 역사가 로마 시대로 거슬러 올라갈 정도로 오랜 전통을 자랑하며 미네랄이 풍부한 스위스 온천수는 류머티즘, 피부 질환 등을 비롯한 각종 질병에 효과가 있다고 알려져 있다. 중세 시대에는 치료와 함께 사교의 장소로 이용되었으며 지금은 마을 내 대규모 대중 온천 센터가 있어 남녀노소 할 것 없이 편안하게 온천을 즐긴다. 특히 웅장한 알프스를 바라보며 야외 온천을 즐길 수 있는 알프스 온천 마을들은 겨울철에는 스키와 스파를 함께 즐길 수 있어 더욱 인기가 있다. 대부분의 온천이 수영복 착용이 원칙이므로 수영복을 꼭 준비해야 하며 로만 아이리시 바스 등의 특별 프로그램은 미리 예약해야 한다.

©Leukerbad Tourismus

로이커바트 Leukerbad

하루 약 390만 리터, 평균 온도 약 51℃의 온천이 솟아나는 알프스 최대 온천 리조트다. 다양한 온천풀로 가족 여행객에게 인기가 많은 로이커바트 테름Leukerbad Therme과 조용한 분위기의 발리서 알펜테름Walliser Alpentherme 등의 대중 온천 센터가 있다.

바트라가츠 Bad Ragaz

13세기 순례자들이 타미나 계곡 깊은 곳에 숨은 온천을 발견한 후 수세기에 걸쳐 유명 온천 리조트로 발전한 곳으로 대중 온천 센터인 타미나 테름Tamina Therme은 고급 호텔과 골프 코스까지 갖춘 '바트라가츠 리조트' 단지 내에 있다.

스쿠올 Scuol

19세기부터 비밀의 온천 마을로 유명해진 곳으로 엥가딘 지방의 독특한 전통을 그대로 고수하고 있는 예쁜 마을이다. 마을 곳곳에 있는 샘에서는 미네랄이 풍부한 광천수를 맛볼 수 있으며 마을 중심에 현대적 온천 센터 엥가딘 바트 스쿠올 Bogn Engiadina Scuol이 있다.

©Jeremy Mason McGraw

발스 Vals

그라우뷘덴 주의 깊은 계곡에 위치한 평화로운 마을 발스는 스위스 미네랄 워터 발저Valser가 생산되는 곳으로, 유명 건축가 페터 춤토르Peter Zumthor가 이 지역에서 나는 규암으로 지은 환상적인 온천 센터 테르메 발스Therme Vals로 유명하다.

바덴 Baden

2000년 전 로마 시대까지 거슬러 올라갈 만큼 역사가 깊으며 오늘날에도 18개 원천에서 스위스에서 미네랄이 가장 풍부한 47℃의 온천수가 솟아나오고 있다. 마을 내에 리마트호프 바덴 호텔 & 노붐 스파Limmathof Baden Hotel & Novum Spa 등을 비롯한 여러 스파 시설이 있다.

©Christof Sonderegger

이베르동 레 방 Yverdon-les-Bains

뇌샤텔 호숫가에 위치한 스위스 서부 지방의 가장 유명한 스파 리조트로 1500년 전부터 이미 온천 마을로 유명했던 곳이다. 2개의 야외풀과 1개의 실내풀, 월풀과 사우나 등의 시설을 갖춘 현 대적인 온천 센터 상트르 테르말 이베르동 레 방Centre Thermal Yverdon-les-Bains이 있다.

HOT **TIP**

로만-아이리시 바스 Roman-Irish Bath

고대 로마와 아일랜드의 전통 온천이 결합된 것으로 사우나, 스팀 바스, 다양한 온도의 온천풀, 마사지 등 10개 정도의 단계를 순서대로 거치며 몸과 마음을 모두 힐링하는 온천욕이다. 보통 2~3시간 정도 소요되며 모든 옷을 벗고 입장해야 한다. 로이커바트 발리서 알펜테름, 스쿠올 엥가딘 바트 스쿠올 등의 일부 온천 센터에서 즐길 수 있다.

낭만적인 기차 여행

스위스 4대 특급열차 여행

스위스 기차 여행의 하이라이트는 스위스 자연의 가장 웅장하고도 아름다운 경치를 감상할 수 있는 빙하 특급, 베르니나 특급, 골든패스 라인, 고타르드 파노라마 특급의 4대 특급열차이다. 이런 열차들은 스위스의 그림 같은 풍경을 마음껏 감상할 수 있도록 천장까지 유리로 된 파노라마 객차를 가지고 있으며 사전 좌석 예약이 필수다. 일부 열차는 유람선이나 포스트 버스로 갈아타고 이동하는 색다른 경험도 할 수 있으며 기차나 유람선 내에서 맛있는 식사를 할 수도 있다.

©Rhaetische Bahn/Andrea Badrutt

빙하 특급 Glacier Express

루트 | 체르마트-생모리츠(역방향 가능)
운행 거리 | 291km **소요 시간** | 약 8시간
최고 고도 | 해발 2033m **홈페이지** | www.glacierexpress.ch
가격 | 전체 구간 탑승 시 1등석 CHF268, 2등석 CHF152, 예약비 CHF29~49 별도, 스위스 트래블 패스 소지자는 예약비만 지불
하이라이트
① 파노라마 객차에서 감상하는 웅장한 경치
② 신선한 로컬 재료로 만든 전통 3코스 식사
③ 빙하 특급만의 시그니처 기념품

골든패스 익스프레스 Goldenpass Express

루트 | 몽트뢰-츠바이짐멘-그슈타드-인터라켄(역방향 가능)
운행 거리 | 115km **소요 시간** | 약 3시간 15분
최고 고도 | 해발 1274m **홈페이지** | www.gpx.swiss/en/
가격 | 전체 구간 탑승 시 1등석 CHF113, 2등석 CHF73, 예약비 포함, 스위스 트래블 패스 소지자는 예약비만 지불
하이라이트
① 높이가 40cm 더 높은 프레스티지 좌석
② 환승 없이 파노라마 풍경을 즐길 수 있는 열차
③ 캐비아, 샴페인을 비롯한 다양한 케이터링 메뉴

©Rhaetische Bahn/Peter Donatsch

베르니나 특급 Bernina Express

루트 | 쿠어/다보스/생모리츠-이탈리아의 티라노(역방향 가능, 여름 시즌에는 버스로 루가노 연결 가능)
운행 거리 | 156km **소요 시간** | 약 4시간 15분
최고 고도 | 해발 2253m **홈페이지** | www.rhb.ch
가격 | 쿠어-티라노 구간 1등석 CHF111, 2등석 CHF65, 티라노-루가노 구간 버스 CHF34, 예약비 CHF20~26 별도, 스위스 트래블 패스 소지자는 예약비만 지불
하이라이트
① 유네스코 세계문화유산으로 등재된 알불라/베르니나 구간
② 여름 시즌에만 운행하는 베르니나 익스프레스 버스
③ 6월 중순~9월 중순 다보스-티라노 열차에 추가된 천장이 없는 오픈 객차

고타르드 파노라마 특급 Gotthard Panorama Express

루트 | 루체른-플뤼엘렌-벨린조나 또는 루가노(역방향 가능)
운행 거리 | 182km **소요 시간** | 약 5시간 **최고 고도** | 해발 2100m
홈페이지 | www.gotthard-panorama-express.ch/en
가격 | 전체 구간 탑승 시 1등석 CHF160, 스위스 트래블 패스 1등석 소지자는 무료, 2등석 소지자는 예약비만 지불
하이라이트
① 루체른-플뤼엘렌 구간 클래식 유람선 탑승
② 고타르드 산악 루트를 따라가는 파노라마 열차
③ 스위스 남부 티치노의 이국적인 풍경

빙하 특급 Glacier Express

마터호른을 품은 무공해 알핀 리조트 체르마트와 세계적인 럭셔리 휴양지 생모리츠를 연결하는 특급열차. 평균 속도 34km로 느긋하게 달리는 세계에서 가장 느린 특급열차다. 291개의 다리와 91개의 터널을 지나는 8시간의 빙하 특급 여행은 울창한 삼림, 만년설이 덮인 산봉우리, 시원하게 뻗은 계곡, 수줍은 산악 마을까지 태고의 순수함을 그대로 간직한 스위스 자연의 경이로움을 새삼 느끼게 한다. 좀 더 특별한 경험을 하고 싶다면 새로 론칭한 엑설런스 클래스Excellence Class를 추천한다. 프라이빗한 공간에서 아뮤즈 부쉬와 샴페인, 와인이 곁들여진 5코스 요리, 마지막에 애프터눈 티까지 즐길 수 있다. 좌석이 20개뿐이니 여행 날짜가 정해졌다면 예약을 서두르자. 좌석 예약 및 추가 정보는 www.glacierexpress.ch 참고.

빙하 특급 Check Point!

1 열차 좌석 예약은 필수
2 스위스 트래블 패스 소지자의 경우 티켓은 무료, 예약비(CHF29~49)만 지불
3 1등석과 2등석에 각각 파노라마 객차가 있으므로 예약 시 참고
4 열차 내 식사는 좌석 예약 시 함께 예약(오늘의 요리 CHF30, 3코스 런치 CHF43)
5 10월 중순부터 12월 초에는 점검을 위해 운행 중단

빙하 특급 운행 시간표

5월 초~10월 말

900	902	904	906	도시명	901	903	905	907
07:52	08:52	09:52		체르마트		17:10	18:10	20:10
09:18	10:18	11:18	14:18	브리그	13:40	15:50	16:50	18:40
10:54	11:54	12:54	15:54	안데르마트	12:08	14:08	15:08	17:08
12:19	13:11	14:11	17:11	디센티스	10:37	12:37	13:37	15:37
13:24	14:34	15:34	18:58	쿠어	09:26	11:05	12:14	14:26
	16:37	17:37	21:00	생모리츠	07:02	08:15	09:48	

* 902, 904는 12월 중순~10월 중순 운행(겨울, 여름 시즌 모두 운행)
* 903, 905는 겨울 시즌에는 923, 925로 편명만 바꿔서 운행
* 열차 출발 시간 기준이며 하차만 가능한 역은 도착 시간 표기, 해마다 시간 및 편명 변동 있음

©Glacier Express/Stefan Schlumpf
Andermatt

©Glacier Express/Stefan Schlumpf
Oberalp Pass

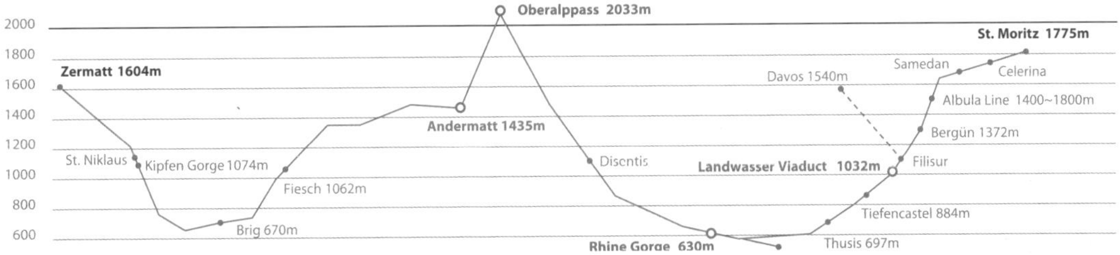

©Glacier Express/Stefan Schlumpf

Rhine Gorge

©Rhaetische Bahn/Christof Sonderegger

Landwasser Viaduct

©Rhaetische Bahn/ Peter Donatsch

베르니나 특급 Bernina Express

알프스를 종단하며 그라우뷘덴 주의 쿠어 또는 생모리츠에서 이탈리아의 티라노를 연결하는 특급열차. 빙하가 있는 해발 2253m의 베르니나 고개에서 온화한 기후의 남쪽 지역까지 루트에 모두 포함되어 있어 4대 특급열차 중에서도 창밖의 풍경이 가장 변화무쌍한 것으로 유명하다. 투시스에서 티라노까지의 알불라/베르니나 구간은 2008년 유네스코 세계문화유산으로 지정될 정도로 아름다운 풍경을 자랑하며 특히 360도를 우아하게 도는 브루시오 회전 고가교Brusio Circular Viaduct는 여행의 하이라이트다. 좌석 예약 및 추가 정보는 rhb.ch/en/home 참고.

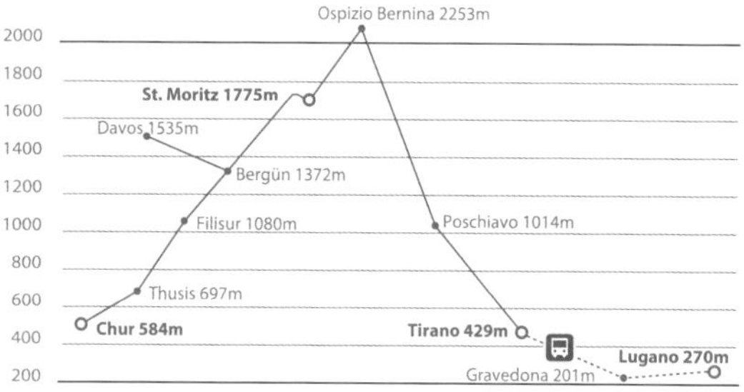

베르니나 특급 Check Point!

1. 열차와 버스 좌석 예약은 필수
2. 스위스 트래블 패스 소지자의 경우 티켓은 무료, 예약비(CHF20~26)만 지불
3. 3월 말~10월 말에는 티라노에서 루가노까지 베르니나 특급 버스도 운행
4. 이탈리아에 입국 후 다시 스위스로 돌아가게 되므로 여권은 반드시 지참
5. 6월 중순~9월 중순 다보스-티라노 열차에 추가된 천장이 없는 오픈 객차

©Rhaetische Bahn/ Peter Donatsch

베르니나 특급 운행 시간표

971***	951**	973***	955***	975*	도시명	950***	972*	974***	952**	976***
	08:28		13:34		쿠어	12:22			18:22	
	08:59		14:11		투시스					
	09:18		14:28		티펜카스텔	11:32			17:32	
	09:33				필리수르	11:17			17:17	
	09:47		14:57		베르귄	11:01			17:04	
09:17		13:17		16:14	생모리츠		12:35	15:45		18:25
09:28	10:25	13:28	15:41	16:23	폰트레지나	10:25	12:25	15:34	16:22	18:15
	10:42		16:06	16:39	베르니나 디아볼레차		12:00			
			16:19	16:52	오스피치오 베르니나	09:58				
10:06	11:01	14:07	16:28	17:00	알프 그륌	09:48	11:42	14:59	15:45	17:42
10:54	12:01	14:53	17:15	18:00	포스키아보	08:47	10:50	13:57	15:10	16:48
11:03	12:21	15:02	17:32		르 프레제	08:35	10:41	13:44	14:55	16:40
11:32	12:49	15:31	17:59	18:39	티라노	08:06	10:06	13:17	14:24	16:06

* 4월 초~10월 중순, 12월 초 한시적 운행 ** 연중 운행
*** 5월 중순~10월 중순 운행
해마다 시간 및 편명 변동 있음, 색 표시는 도착 시간

버스

Bus5951	도시명	Bus5950
14:20	티라노	13:00
17:30	루가노	10:00

* 3월 말 혹은 4월 초~10월 중순 매일 운행
2월 중순~3월 하순, 10월 하순~11월 하순은 목~일요일 운행

골든패스 라인 Goldenpass Line

스위스 중부지방의 역사적인 도시 루체른과 융프라우 지역의 관광 기점인 인터라켄 그리고 레만 호수 지방의 몽트뢰를 연결하는 매력적인 풍경열차. 우리나라에서 가장 인기 있는 대표 관광지를 운행하기 때문에 여행 일정 중에 한 번쯤은 이용할 가능성이 높다. 몽트뢰에서 인터라켄까지 환승 없이 연결해주는 골든패스 익스프레스를 이용해도 좋다. 좌석 예약 및 추가 정보는 journey.mob.ch/en 참고.

루체른 Luzern → **인터라켄** Interlaken
Luzern-Interlaken Express(약 2시간)

루체른을 출발한 기차는 푸른 초원과 예쁜 목조 샬레들로 채워진 평화로운 전원지대를 지나 브뤼니크 고개를 넘어간다. 마이링겐을 지나면 에메랄드빛으로 반짝거리는 브리엔츠 호수를 만나게 된다. 이때 원한다면 브리엔츠에서 하차해 인터라켄까지 유람선으로 이동해도 된다.

인터라켄 Interlaken → **몽트뢰** Montreux
Goldenpass Express (약 3시간 15분)

인터라켄을 출발해 툰 호수를 지난 후에는 울창한 숲과 목초지, 그 위에 방목되는 소 떼 등 스위스의 전형적인 목가적 풍경이 펼쳐진다. 츠바이짐멘에서 몽트뢰로 이어지는 하이라이트 구간까지 환승 없이 이용할 수 있다.

츠바이짐멘 Zweisimmen → **몽트뢰** Montreux
Goldenpass Belle Epoque / Goldenpass Panoramic(약 1시간 50분)

골든패스 라인의 하이라이트라고 불리는 구간으로 레만 호반에 펼쳐진 아름다운 계단식 포도밭의 풍경을 감상할 수 있다. 커다란 통창으로 되어 있는 골든패스 파노라믹과 로맨틱한 레트로 스타일의 골든패스 벨 에포크 Belle Epoque의 두 종류 기차가 있다. 골든패스 파노라믹 열차 맨 앞 칸 기관사와 같은 경관을 감상할 수 있는 VIP석은 이 열차의 백미다.

골든패스 라인 Check Point!

1. 스위스 트래블 패스 소지자는 좌석 예약 권장
2. 예약이 필수 사항은 아니지만 성수기에는 예약 권장
3. 골든패스 파노라믹 VIP석과 골든패스 익스프레스 프레스티지석은 예약 필수
4. 골든패스 익스프레스의 경우 좌석 예약비는 프레스티지석 CHF35, 1등석과 2등석은 CHF20

골든패스 익스프레스 운행 시간표

07:35	09:35	12:35	14:35	몽트뢰	12:20	14:20	17:20	19:20
08:23	10:23	13:23	15:23	몽보봉	11:36	13:36	16:36	18:36
08:41	10:41	13:41	15:41	샤토데	11:18	13:18	16:18	18:18
09:02	11:02	14:02	16:02	그슈타드	11:00	13:00	16:00	18:00
09:39	11:39	14:39	16:39	츠바이짐멘	10:30	12:30	15:30	17:30
10:23	12:23	15:23	17:23	슈피츠	09:38	11:38	14:38	16:38
10:50	12:50	15:50	17:50	인터라켄 동역	09:08	11:08	14:08	16:08

6월 중순~12월 초 운행. 그 외 기간은 운행 횟수 감소
주요 역만 표시했으며 해마다 시간 변동 있음

고타르드 파노라마 특급

Gotthard Panorama Express

독일어권인 스위스 중부지방과 이탈리아어권인 티치노 지역을 연결하는 특급열차. 우아한 클래식 증기선 여행과 고타르드 파노라마 특급열차 여행이 결합되어 있다. 역사적인 장소들과 인상적인 알프스 계곡, 세계에서 가장 긴 기차 터널인 고타르드 터널을 비롯해 여러 루프형 터널들이 루트에 포함되어 있다. 추가 정보는 www.gotthard-panorama-express.ch/en 참고.

고타르드 파노라마 특급 Check Point!

1 스위스 트래블 패스 소지자는 증기선 무료 탑승, 예약 불필요
2 증기선 여행 시 점심 식사 추가 가능
3 고타르드 파노라마 특급열차 구간은 예약 필수
4 고타르드 파노라마 특급열차는 1등석에만 파노라마 객차가 있으며 2등석 한 객차는 에어컨이 없고 창문이 열리는 Photo Coacs니 예약 시 참고
5 스위스 트래블 패스 2등석 소지자가 1등석 탑승을 원할 경우 좌석 승급 비용은 루체른~루가노 CHF29.5
6 여름 시즌에만 운행하며 열차 점검을 위해 월요일은 운행하지 않음

루체른 Luzern → 플뤼엘렌 Flüelen
루체른 호수 증기선(약 2시간 45분)

플뤼엘렌 Flüelen → 벨린조나 Bellinzona
고타르드 파노라마 특급(약 2시간)

플뤼엘렌 Flüelen → 루가노 Lugano
고타르드 파노라마 특급(약 2시간 30분)

고타르드 파노라마 특급 운행 시간표

4월중순~10월 중순 화~일요일

증기선+열차	도시명	열차+증기선
11:12	루체른	14:47
13:55	플뤼엘렌	12:00
14:09	플뤼엘렌	11:35
16:12	벨린조나	09:48
16:41	루가노	09:18

바다도 부럽지 않다

반짝반짝 빛나는 스위스 호수 즐기기

스위스에는 알프스 산속에 숨은 작은 빙하 호수들까지 포함해 1500개 정도의 호수가 있으며 바다같이 큰 호수인 제네바 호수와 보덴 호수가 양쪽 국경에 자리 잡고 있다. 스위스 사람들에게 호수는 그저 바라만 보는 장소가 아니라 삶을 즐기는 장소이고 여행자들은 맑은 호수를 가르는 낭만적인 유람선 여행으로 힐링의 시간을 가진다. 스위스 트래블 패스 소지자의 경우 패스 사용일에는 유람선(스페셜 크루즈는 제외)을 무료로 탑승할 수 있다. 스위스 여행 중 만나게 되는 대표 호수로는 취리히 호수, 루체른 호수, 툰과 브리엔츠 호수, 제네바 호수, 루가노 호수 등이 있다.

취리히 호수 Zürichsee

취리히, 장크트 갈렌, 슈비츠 주와 접하고 있는 취리히 호수는 호반을 빙 둘러 조성된 하이킹 코스와 유람선 여행을 모두 즐길 수 있는 호수로 호수의 서쪽 끝은 스위스 제일의 도시 취리히와 맞닿아 있다. 취리히에서 출발하는 취리히 호수 왕복 유람선 여행으로는 1시간 30분의 Short Round Trip, 3시간의 Medium Round Trip, 4시간의 Long Round Trip 등이 있으며 시즌에 따라 퐁뒤 크루즈, 선셋 크루즈, 새해 전야 크루즈 등의 스페셜 크루즈도 즐길 수 있다. 유람선 운행 시간표는 www.zsg.ch 참고.

루체른 호수 Luzernersee

'피어발트슈테터 호수Vierwaldstättersee'라고도 불리는 루체른 호수는 필라투스 산과 리기 산 등 유명 알프스 영봉들에 둘러싸여 있는 호수로 피오르를 연상시키는 변화무쌍한 풍경으로 유명하다. 루체른에서 리기 산, 필라투스 산으로의 다녀오는 라운드 트립에서 중간 지점까지 유람선을 이용할 수 있으며 루체른에서 플뤼엘렌을 거쳐 남부의 티치노까지 이르는 고타르드 파노라마 특급의 유람선 여행도 유명하다. 유람선 운행 시간표는 www.lakelucerne.ch 참고.

툰 & 브리엔츠 호수 Thunersee & Brienzersee

인터라켄을 가운데 두고 양쪽으로 자리 잡은 신비한 에메랄드빛의 툰과 브리엔츠 호수는 주변의 웅장한 알프스와 그림같이 아름다운 호반의 작은 마을들로 여행자의 마음을 설레게 한다. 툰 호수 쪽은 툰, 샤다우, 슈피츠 등 아름다운 중세 고성들이 있는 마을을 둘러보는 유람선 여행을, 브리엔츠 호수 쪽은 기스바흐 폭포와 로맨틱한 목공예 마을 브리엔츠에 다녀오는 유람선 여행을 추천한다. 유람선 운행 시간표는 www.bls.ch 참고.

제네바 호수 Lac de Genève

'레만 호수Lac Léman'라고도 불리는 제네바 호수는 북쪽 연안은 스위스, 남쪽 연안은 프랑스에 속하는 거대한 호수다. 제네바를 비롯해 니옹, 로잔, 브베, 몽트뢰 등의 도시들이 호반에 자리 잡고 있으며 프랑스령의 에비앙도 남쪽 호반에 있다. 로잔과 몽트뢰 사이의 라보 지구는 계단식으로 되어 있는 포도밭과 호수가 만나 환상적인 풍경을 자랑한다. 각 도시간을 다니는 정기 유람선은 물론 런치 또는 디너 크루즈, 치즈 퐁뒤 크루즈 등 다양한 스페셜 크루즈도 운행된다. 유람선 운행 시간표는 www.cgn.ch 참고.

루가노 호수 Lago di Lugano

스위스와 이탈리아 국경에 자리한 루가노 호수는 이름이 같은 호반 도시 루가노를 더 낭만적으로 만든다. 로맨틱한 호반 산책로와 열대식물이 만발한 공원, 유람선을 타고 소풍을 다녀올 수 있는 간드리아나 모르코테, 캄피오네 등의 아기자기한 어촌 마을은 남부 스위스를 즐길 수 있는 최선의 선택이다. 파라디소 지구의 호숫가에는 멋진 호수 경치를 감상할 수 있는 고급 레스토랑이 많으며 디너와 음료, 살사 또는 탱고 등을 즐길 수 있는 나이트 크루즈도 연인들을 유혹한다. 유람선 운행 시간표는 www.lakelugano.ch 참고.

스위스 하이킹

하이킹의 천국 스위스에는 전국에 걸쳐 6만 km에 이르는 하이킹 트레일이 있으며 아이들도 함께 걸을 수 있는 아주 쉬운 코스부터 전문 장비를 갖추어야만 도전할 수 있는 힘든 코스까지 난도도 매우 다양하다. 우리나라 여행객에게 가장 인기 있는 하이킹 트레일은 융프라우 지역과 체르마트 주변의 알프스에서 즐기는 알핀 하이킹 트레일들로, 하이킹하는 중에 웅장한 알프스의 영봉과 그림같이 맑은 호수, 야생화가 만발한 초원을 모두 만날 수 있다. 지역별로 추천하는 하이킹 트레일은 각 지역 본문의 하이킹 정보를 참고하자. 스위스 하이킹 트레일에 대한 정보는 관광청 홈페이지에 자세히 제공된다.

초보자도 도전해볼 수 있는 스위스 하이킹 트레일 베스트 3

융프라우 지역

멘리헨Männlichen → 클라이네 샤이덱Kleine Scheidegg : 약 1시간 30분

케이블카나 곤돌라로 멘리헨 전망대에 오른 후 클라이네 샤이덱 전망대까지 내려오는 약 1시간 30분 정도의 트레일이다. 아이들과 함께 걸어도 될 정도로 완만한 길이 이어지며 아이거, 묀히, 융프라우의 파노라믹 경치와 들판에 핀 예쁜 야생화들을 감상할 수 있다.

체르마트 주변 알프스

로텐보덴Rotenboden → 리펠베르그Riffelberg : 약 1시간

고르너그라트 전망대에 오르기 바로 전 정차 역인 로텐보덴에서 출발해 다음 역인 리펠베르그까지 걷는 하이킹 트레일로 리펠 호수의 길Riffelseeweg이라 불린다. 리펠 호수는 주변의 오염되지 않은 풍경과 함께 잔잔한 수면에 마터호른이 거꾸로 비치는 가장 아름다운 사진을 찍을 수 있는 곳으로 손꼽힌다.

라보 지역

쉐브레 → 에페스 → 뀌이 : 약 2시간

쉐브레에서 에페스를 지나 뀌이까지 이어지는 이 트레일 코스는 라보 하이킹의 모든 매력을 만끽할 수 있는 코스다. 쉐브레 마을에서 출발해 레만 호수와 포도밭의 파노라믹 전망을 감상하며 에페스에 도착하면 잠시 꺄보에 들러 와인 시음을 즐긴 후 뀌이까지 하이킹을 계속하자.

스위스 하이킹, 이것만은 알고 가자!

1 스위스 하이킹 시즌은 6월~10월 초

스위스 알프스의 하이킹 트레일들은 5월까지도 눈이 녹지 않거나 눈이 녹는 중이라 땅이 질퍽거리고 미끄러운 경우가 많아 6월 이후가 되어야 길 상태가 좋아진다. 또한 4월~5월 중순과 10월 말~11월에는 점검으로 케이블카를 운행하지 않는 전망대도 많다.

2 자신에게 맞는 트레일 선택하기

스위스의 하이킹 트레일은 난도에 따라 크게 아래와 같이 3종류로 나뉜다. 인기 있는 트레일은 대부분 아이와도 함께 걸을 수 있는 쉬운 코스이지만 일부 산악 코스는 초보자는 부담스러울 수 있으므로 자신의 수준에 맞는 트레일을 선택하자.

Hiking Trail
온 가족이 함께 즐길 수 있는 쉬운 하이킹 트레일

Mountain Hiking Trail
험난한 산악 지형의 난도가 높은 하이킹 트레일

Alpine Hiking Trail
전문적인 지식과 안전 장비를 갖추어야 하는 마운틴 트레일

3 하이킹 트레일 표지 숙지하기

스위스의 하이킹 트레일 표지에는 현재 위치의 고도와 목적지까지의 방향, 이동시간 등이 표시되어 있다. 표지 보는 법은 옆의 설명을 참고하자. 길을 잃거나 위험할 수 있으므로 절대로 트레일을 벗어나는 일은 하지 말아야 한다.

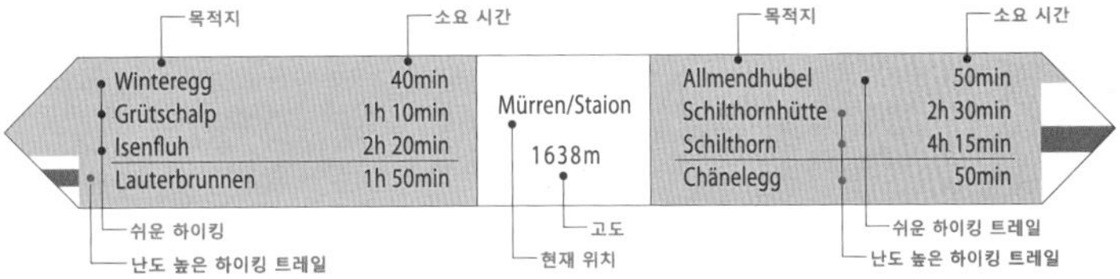

하이킹 코스 중간중간에 표시된 쉬운 코스 표지판

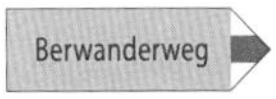

하이킹 코스 중간 중간에 표시된 난도 높은 표지판

4 하이킹하기 전 날씨 확인하기

하이킹 전에 날씨 확인은 필수다. 스위스 알프스 고산지대는 날씨가 변화무쌍해서 아래에서는 좋다가도 고지대로 올라가면 안개가 끼거나 비가 부슬부슬 내리는 경우가 많으므로 전망대 날씨를 실시간으로 보여주는 웹캠이나 케이블카 역의 현황판 등으로 미리 확인하는 것이 좋다.

5 옷 따뜻하게 입고 장비 제대로 챙기기

쉬운 하이킹 코스를 걷는다고 해도 방수와 미끄럼 방지가 되는 등산화를 신는 것이 좋다. 또한 방수, 방풍이 되는 점퍼, 초경량 패딩, 선글라스와 모자, 구급약, 물병, 작은 배낭 등 필요한 장비를 꼼꼼히 챙기자.

6 하이킹 중 휴식 취하고 수분 섭취하기

예상 소요 시간은 휴식 시간을 포함하지 않은 평균 시간이므로 그것보다 여유롭게 하이킹 시간을 잡는 것이 좋다. 트레일 중간중간에 있는 벤치나 휴게소에 앉아 경치를 감상하며 쉬고 충분한 수분을 섭취하자. 배낭에 과일이나 초콜릿 바, 간단한 간식을 준비해가면 더 좋다.

7 노약자는 고산병 주의하기

해발 1000m 이상의 전망대에 갑자기 오르면 노약자는 두통, 구토, 어지럼증 등의 고산병 증상이 나타날 수 있다. 수분을 섭취하면서 쉬면 증상이 좀 나아지지만 그래도 좋아지지 않으면 무리하게 하이킹을 강행하지 말고 등산철도나 케이블카를 타고 바로 내려오는 것이 좋다.

알프스 정상에서 보내는 짜릿한 하룻밤

Hotel Pilatus Kulm

알프스 정상에서 맞는 짜릿한 아침

1890년에 문을 연 역사적인 호텔을 독특하고 스타일리시하게 꾸민 마운틴 호텔이다. 2132m의 필라투스 전망대에 있어 루체른과 주변 알프스의 드라마틱한 전경을 감상할 수 있으며 모던 알핀 스타일의 객실은 군더더기 없는 깔끔한 디자인으로 푹신하고 넓은 침대와 산악 호텔의 분위기가 물씬 풍기는 가구로 꾸며져 있다.

- 🏠 Pilatus Kulm, 6010 Kriens
- ☎ +41 41 329 12 12
- @ www.pilatus.ch

Special Point!

- 필라투스 정상에서 감상하는 루체른과 주변 알프스의 드라마틱한 전경
- 파노라믹 일몰과 반짝이는 별빛을 감상하며 보내는 동화 같은 하룻밤
- 케이블카 운행 시간이 지나면 투숙객만 필라투스 독점

3100 Kulmhotel Gornergrat

알프스 영봉 위에 별이 빛나는 밤

스위스 알프스에서 가장 높은 곳에 있는 호텔인 3100 쿨름 호텔 고르너그라트는 마터호른을 비롯해 29개의 4000m급 위풍당당한 발레 알프스 영봉들의 한가운데에서 밤을 보낼 수 있는 곳이다. 독보적인 위치 덕분에 전망에 대해선 두말하면 잔소리고 산 정상에 있다는 것이 의심스러울 정도로 시크하고 내추럴한 인테리어도 우리의 관심을 끌기에 충분하다.

Gornergrat 3100m, 3920 Zermatt ☎ +41 27 966 64 00
@ www.gornergrat-kulm.ch

Special Point!

- 커피나 와인 한잔을 즐기며 마테호른과 빙하를 감상하기에 제격인 대형 선 테라스
- 객실 창문으로 감상하는 4000m급 알프스 영봉들의 파노라마
- 전문가와 함께하는 호텔 천문대 투어와 별 관찰 투어

Riffelhaus 1853

알프스와 하나 되는 전망 좋은 테라스

고르너그라트 철도가 생기기 전 문을 연 호텔로 체르마트에서는 두번째로 역사 깊은 숙소로 해발 2582m의 리펠베르그Riffelberg에 위치해 마터호른을 더 가까이에서 감상할 수 있다. 리펠베르그역에서 호텔까지 이어지는 길이 고르지 않아 미리 도착 시간을 알려주고 짐 셔틀 서비스를 신청하면 좋다. 석양에 물들어가는 마터호른을 바라보며 즐기는 스파는 잊지 못할 순간을 안겨준다.

Riffelberg 2500m, 3920 Zermatt
☎ +41 27 966 65 00
@ riffelhaus.ch

Special Point!

- 웅장한 마터호른과 주변 알프스의 파노라마 풍경 감상하며 즐기는 스파
- 밤에는 마터호른 위로 쏟아지는 별의 향연 만끽
- 쉬운 하이킹 코스인 리펠제베그Riffelseeweg를 비롯한 다양한 하이킹 코스

평생 잊지 못할 이글루에서의 특별한 하룻밤

Iglu Dorf

알프스의 하얀 이글루 마을

에스키모의 이글루에서 모티브를 딴 독특한 콘셉트의 이글루 도르프는 스위스에는 그스타드, 체르마트, 다보스, 스토크호른에 겨울 시즌에만 만들어진다. 매년 3000톤의 눈으로 새롭게 만들어지고 봄이 되면 완전히 녹아 없어지기 때문에 해가 바뀌면 똑같은 이글루 빌리지를 경험할 수 없다는 점이 재미있다. 이글루 호텔, 이글루 바, 자쿠지 등으로 구성되어 있다. 가장 기본적인 시설만 갖춘 6인용 객실 스탠더드 이글루, 프라이빗한 숙박을 할 수 있는 로맨틱 이글루, 전용 화장실이 딸린 로맨틱 이글루 플러스 등의 객실이 있다.

Rotenboden, 3920 Zermatt
☎ +41 41 612 27 28
@ www.iglu-dorf.com

Special Point!

- 이글루 바와 레스토랑에서 펼쳐지는 퐁뒤 파티
- 한밤중에 차가운 눈 속에서 연인과 단둘이 즐기는 로맨틱한 자쿠지
- 알프스의 무공해 천연설 위에서 만끽하는 스노 스포츠

Whitepod

환경을 생각하는 하이테크 이글루

스위스 발레 주 해발 1200~1400m의 한적한 고지대에 있는 화이트팟은 18개의 지오데식 돔으로 만들어진 독특한 숙박 시설과 마운틴 롯지, 샬레 레스토랑, 스키 슬로프, 스파 등을 갖추고 있는 에코 럭셔리 호텔이다. 최고의 에너지 효율을 자랑하는 기하학적 구 형태의 Pod 내부에는 장작 스토브와 포근한 오가닉 베드, 샤워 부스가 있는 욕실이 갖추어져 있다.

Route des Cerniers, 1871 Monthey
☎ +41 24 471 38 38
@ www.whitepod.com

Special Point!

- 독채형 하이테크 이글루에서 만끽하는 럭셔리하고 프라이빗한 휴식
- 7km의 스키 슬로프와 개썰매, 하이킹 등 다양한 액티비티
- 여행의 피로를 날려버리는 전문 스파 마사지와 사우나

영혼까지 힐링 되는 꿈같은 하룻밤

Hotel Villa Honegg

인피니티풀과 테라스에서 감상하는 환상적인 풍경

오드리 헵번이 결혼한 작은 성당이 있는 산악 마을 뷔르겐슈톡 산 정상에 위치한 럭셔리 부티크 호텔이다. 1905년에 지어진 아르누보 스타일 빌라를 2011년 정비 후 재오픈했다. 특히 루체른 호수의 환상적인 경치가 굽어보이는 인피니티풀로 명성이 자자하다. 해발 914m에 달하는 서머 테라스에서도 최고의 파노라믹 전망을 즐길 수 있다. 호텔 숙박객이 아니라도4 시간 동안 유효한 호텔의 스파 티켓(CHF90)으로 빌라 호네그 스파를 경험해볼 수 있다. 대중교통을 이용해서 간다면 슈탄스Stans 기차역 앞에서 311번 버스를 타고 Ennetbürgen, Post 정류장에서 내린 후 호텔의 무료 픽업서비스를 이용하면 된다.

🏠 Honegg, 6373 Ennetbürgen ☎ +41 41 618 32 00

@ villa-honegg.ch

Special Point!

- 루체른 호수 위를 떠다니는 기분을 느낄 수 있는 야외 인피니티풀
- 햇살 좋은 날 서머 테라스에 앉아 맛보는 달콤한 케이크와 차 한잔
- 프랑스 레스토랑 가이드북《고미요Gault-Millau》에 소개된 수준 높은 레스토랑

Bürgenstock Hotel & Alpine Spa

평화로운 뷔르겐슈톡의 초호화 휴식처

루체른에서 대중교통으로 약 45분 떨어진 역사 깊은 뷔르겐슈톡 리조트의 중심에 있는 호텔로 루체른 호수와 웅장한 알프스가 한눈에 들어온다. 리조트 안에는 5개의 숙박 시설과 3개의 스파, 다양한 레스토랑, 바, 라운지, 테니스 코트, 골프장 등이 모여 있어 휴식을 즐기기에 제격이다. 리조트 안, 솔밭 사이에 자리 잡은 예배당은 1954년에 오드리 헵번이 결혼식을 올린 곳이기도 하다. 1만㎡가 넘는 규모의 알파인 스파는 절대 놓치지 말자.

🏠 6363 Obbürgen ☎ +41 41 612 60 00

@ burgenstockresort.com/en

Special Point!

- 루체른 호수가 내려다보이는 인피니티 풀에서 즐기는 낭만적인 휴식
- 취향에 따라 고를 수 있는 다양한 레스토랑과 액티비티
- 어린이를 위한 다양한 프로그램 및 키즈 클럽

영혼까지 힐링 되는 꿈같은 하룻밤

7132 Hotel

독보적인 럭셔리 스파의 품격

알프스 중턱 발스 계곡에 있는 현대적인 디자인 호텔로 세계적인 건축가 안도 타다오, 켄고 쿠마, 톰 메인, 페터 춤토르가 디자인에 참여했다. 알프스 설산이 한눈에 보이는 호텔 온천은 페터 춤토르가 설계하였으며 이는 많은 관광객이 호텔을 찾는 이유 중 하나다. 싱글 룸부터 패밀리 스위트, 펜트하우스 스위트 등 8개의 카테고리로 나뉜 세련된 객실도 돋보인다. 쿠어Chur에서 기차와 버스를 타고 가면 한 시간 남짓 소요된다.

🏠 7132 Vals ☎ +41 58 713 20 00
@ 7132.com/en

Special Point!

- '프리츠커 건축상'을 받은 스파 센터에서 누리는 달콤한 휴식
- 수요일, 금요일, 일요일 특정 시간에 투숙객만 이용할 수 있는 온천
- 미슐랭 2스타 레스토랑부터 캐주얼한 분위기의 레스토랑까지 갖춘 미식 공간

House of Architects by 7132 Hotel

유명 건축가가 디자인한 객실에서 보내는 특별한 휴식

5성급의 7132 호텔이 부담스럽다면 4성 호텔인 하우스 오브 아키텍츠가 대안이 될 수 있다. 객실은 건축에 참여한 건축가의 이름을 붙여서 안도Ando, 쿠마Kuma, 메인Mayne, 춤토르Zumthor로 나뉜다. 크기는 모두 20㎡로 넓은 편은 아니나 각 건축가의 매력을 느낄 수 있다. 7132 호텔과 마찬가지로 6세 미만 어린이는 온천장을 이용할 수 없으니 참고하자.

🏠 7132 Vals
☎ +41 58 713 20 00
@ 7132.com/en

Special Point!

- 세계적인 건축가의 손길을 느낄 수 있는 안락한 객실
- 잔디로 덮인 온천 센터 지붕 위에 누워 즐기는 휴식
- 건축과 자연이 완벽히 조화된 공간에서 만끽하는 평화로움

Huus Gstaad

알프스 깊은 산속 산장으로의 초대

알프스의 전통 산장인 샬레 스타일로 지어진 후스 그스타드는 알프스의 절경이 내려다보이는 해발 1111m, 그스타드 근처 베르너 오버란트 Berner Oberland에 있다. 사우나와 실내 수영장을 갖춘 근사한 스파 공간, 벽난로와 약 500권의 책이 빼곡하게 들어찬 라운지에서 휴식을 즐기거나 봄과 여름에는 하이킹과 래프팅, 겨울에는 250km에 이르는 스키 슬로프에서 스키를 타며 알프스가 주는 여유를 만끽할 수 있다.

- Schönriedstrasse 74, 3792 Saanen-Gstaad
- ☎ +41 33 748 04 04
- @ huusgstaad.com

Special Point!

- 래프팅과 알파인 워킹 투어, 스키 등 계절별로 만끽하는 다양한 액티비티
- 가족 여행객에게 반가운 미니 사우나와 어린이 온천, 어린이 놀이 공간
- 벽난로와 안락한 소파가 있는 라이브러리 라운지

Hotel Lavaux

와이너리와 호수의 멋진 하모니

라보 지역의 중심 마을인 뀌이Cully에 있는 호텔 라보는 유네스코 세계문화유산에 등재된 라보의 계단식 포도밭과 레만 호수 사이에 자리 잡아 그야말로 라보 지역을 즐기기에 완벽한 입지를 자랑하는 호텔이다. 더블룸은 남쪽의 호수 전망 객실과 북쪽의 포도밭 전망 객실로 나뉘는데, 가능하면 객실에서도 호수를 감상할 수 있는 남쪽 객실을 추천한다.

- Route de Vevey 51, 1096 Cully
- ☎ +41 21 799 93 93
- @ www.hotellavaux.ch

Special Point!

- 세계적인 건축가의 손길을 느낄 수 있는 안락한 객실
- 잔디로 덮인 온천 센터 지붕 위에 누워 즐기는 휴식
- 건축과 자연이 완벽히 조화된 공간에서 만끽하는 평화로움

Swiss Shopping

스위스에 가면 꼭 사야 할 대표 기념품

소중한 사람에게 선물하거나 행복했던 스위스 여행의 추억으로 간직하고 싶은 스위스 기념품들. 세계 최고로 손꼽히는 스위스 시계부터 깜찍한 전통 기념품까지 스위스에서 구입할 만한 기념품은 가격대와 종류가 매우 다양하다. 가격이 조금 부담이 될 만한 고가의 제품은 면세 혜택 등 가격을 꼼꼼히 따져보고 구입하는 것이 좋고 가능하면 스위스에서만 구할 수 있는 품목들로 선택하자.

아미 나이프

남자에게 선물하기 좋은 대표 아이템. 빅토리녹스Victorinox가 대표적인 브랜드

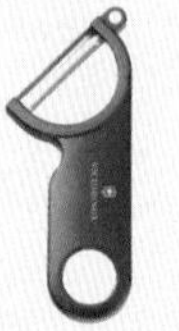

포테이토 필러

감자 깎는 칼은 스위스가 원조. 저렴한 가격에 뛰어난 성능으로 선물용으로 최고

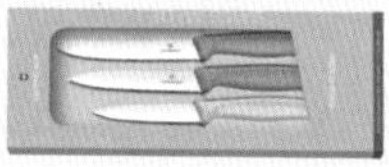

주방용 칼

스위스의 국민 주방 용품 브랜드인 쿤 리콘Kuhn Rikon의 소장욕을 자극하는 주방용 칼

룩셈부르겔리Luxemburgerli

1836년에 창업한 초콜릿의 명가 슈프륑글리Sprüngli의 앙증맞은 미니 마카롱

오르골

전통 방식으로 장인의 손끝에서 만들어지는 150년 전통의 루즈Reuge사의 오르골

몬데인Mondaine **시계**

스위스 기차역마다 걸려 있는 스위스 국영 철도청의 공식 시계로 심플한 시그너처 디자인이 매력적

카렌다쉬 색연필

비싼 가격이 아깝지 않은 명품 색연필. 특히 마터호른이 그려진 제품이 인기

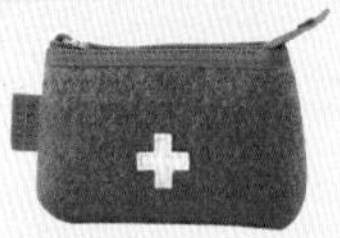

카렌 스위스 Karlen Swiss **가방**

스위스 군용 모포를 재활용하여 만든 카렌 스위스의 독특한 가방과 소품

프라이탁 가방

산업 폐기물을 재활용한 가방으로 단순하면서도 감각적인 디자인과 강한 내구성으로 유명

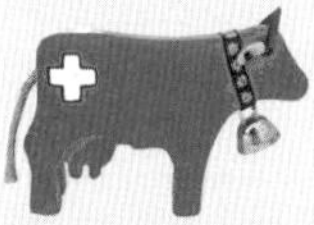

목각 공예품

스위스의 대표적인 수공예품으로 장식용
목각 인형부터 장난감, 교구까지 다양

카우벨 기념품

스위스의 푸른 초원이 생각나는 카우벨 열쇠고리와
수집가를 위한 빈티지 카우벨

스노볼

스위스 알프스의 눈이 내리는 풍경을 그대로 담아
선물할 수 있는 로맨틱한 기념품

부르거슈타인 셀라 비타민 Burgerstein Cela Vitamin

스위스에서 9년 연속 브랜드 상을 받은 유명한 천연 비타민.
가족들 선물용으로 최고

무어멜리 연고 Murmeli-kräutersalbe

근육과 관절 통증에 좋은 마모트 오일과
약초로 만든 천연연고. 핫과 쿨 두 가지 종류

실리시아 플러스 립스틱 Silicea Plus Lipstick

민감한 피부에도 부담 없이 사용할 수 있는
순한 립밤으로 보습 지속력도 우수

루이스 비드마 실버 크림

Louis Widmer Silver

승무원 크림으로 유명한 보습 크림.
튜브형으로 되어 있어 사용하기도 편리

지그Sigg **물통**

재활용 알루미늄을 사용하는 친환경 물통.
스위스 엠블렘이 있는 클래식 제품이 인기

뻐꾸기 시계 Kuckucksuhr

단순한 시계를 넘어 장식품으로도 사랑받는 시계.
단, 부피와 높은 가격은 부담 요소

여행 선물 고민 끝!

스위스 슈퍼마켓 쇼핑 아이템

물가가 비싼 스위스에서 상대적으로 저렴하게 여러 가지 식료품과 기념품을 구입할 수 있는 슈퍼마켓은 여행자들의 보물 창고라고 할 수 있다. 대부분은 도시마다 있는 스위스의 양대 슈퍼마켓 체인인 미그로Migros와 콥Coop을 이용하게 되는데, 어느 곳을 가도 상관없지만 미그로는 주류를 판매하지 않으며 각각 판매하는 브랜드가 조금씩 다르므로 쇼핑 시 참고하자.

What

무엇을 사야 할까?

스위스 초콜릿

초콜릿 바부터 프랄린 초콜릿까지 간식으로도 선물로도 최고! 대표 초콜릿 브랜드인 린트와 토블론은 콥에서만 판매.
토블론 밀크 초콜릿 100g CHF2.2

스위스 와인

생산량이 적어 스위스에서만 맛볼 수 있는 스위스 와인도 슈퍼마켓 인기 구입 아이템. 미그로는 주류를 판매하지 않아 콥에서만 구입 가능.
레드 와인 75cl CHF8.95~

스위스 맥주

귀여운 다람쥐 로고의 아이호프Eichhof나 스위스 최대 양조장에서 생산되는 펠트슐뢰스헨Feldschlösschen 등 호텔에서 마시기 좋은 다양한 스위스 맥주.
50cl 캔 6개 팩 CHF10.5

스위스 치즈

에멘탈, 그뤼에르, 아펜첼러 등 고소하고 독특한 향의 스위스 치즈도 슈퍼마켓 인기 쇼핑 품목.
250g CHF6.15~

카오티나Caotina 코코아 파우더

찬 우유에도 잘 녹는 맛있는 코코아 파우더. 오리지널, 다크 초콜릿, 화이트 초콜릿, 무가당 등 종류도 다양.
500g CHF8.4~9.2

리콜라 캔디

유칼립투스, 세이지, 글래시어 민트 등 우리나라에서는 판매하지 않는 다양한 맛의 리콜라 허브 캔디. 예쁜 패키지로 선물용으로도 굿!
50g 2개 묶음 CHF3.95~4.5

라우쉬Rausch 헤어 토닉

두피의 순환 촉진으로 모근 강화와 발모 효과가 입증된 라우쉬 헤어 토닉.
헤어 토닉 200ml CHF28.95

허브 티

콥에서 판매하는 에델바이스와 알프스 고산 식물로 만든 프로 몬타냐Pro Montagna 유기농 허브 티.
15개입 CHF5.8

오보말틴Ovomaltine 크런치 크림

누텔라보다 더 맛있어 악마의 초코 크림이라는 별명을 가진 초콜릿 스프레드. 바삭한 헤이즐넛 크런치가 일품.
400g CHF4.15

토미Thomy 머스터드 소스

네슬레사에서 만드는 토미의 여러 가지 맛 머스터드 소스. 알프스 허브가 들어간 머스터드와 허니 머스터드가 인기.
100g CHF2.2

하이디Heidi 드링크

미그로에서 판매하는 최고의 스위스 마운틴 밀크로 만든 음료. 초콜릿 우유 맛과 딸기 우유 맛 두 가지 종류.
330ml CHF1.7

파프리카Paprika 칩

츠바이펄Zweifel사에서 나오는 대표 스위스 칩. 아이들도 좋아하고 맥주에 곁들여 먹는 안주로도 최고.
90g CHF2.3

미니픽Minipic

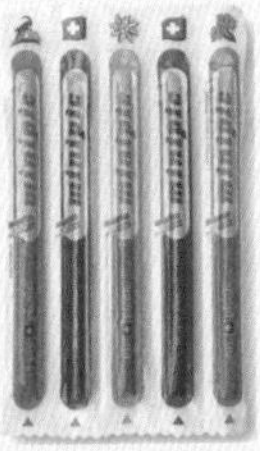

안주로도 좋고 간식으로도 좋은 육포 맛 소시지.
먹기 편하게 개별 포장되어 있어 하이킹할 때도 안성맞춤.
5개(90g) CHF3.3

납작 복숭아

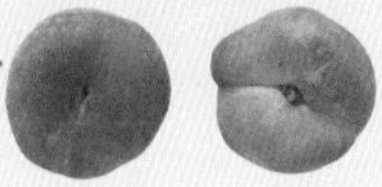

달콤한 맛과 풍부한 과즙으로 유럽 여행 중 간식으로 즐기기 가장 좋은 과일. 여름철이 더 맛있음.
1kg CHF3.95

리벨라Rivella

스위스 알프스의 밀크 세럼이 함유된 스위스 국민 탄산 음료. 독특하면서도 개운한 맛이며 레드, 블루, 그린, 옐로 등 7가지 종류.
50cl 6개 팩 CHF8.4

Where

어디에서 사야 할까?

MIGROS

미그로

스위스 최대의 슈퍼마켓 체인으로 독자적으로 제작하는 PB 제품이 많다. 창립자의 철학에 따라 주류와 담배를 판매하지 않는다. 다만 같은 계열사의 할인 슈퍼마켓 체인인 데너Denner에서는 주류를 판매한다.

coop

콥

스위스 제2의 슈퍼마켓 체인으로 관광지에 대형 매장이 있어 우리나라 관광객들이 많이 이용한다. 제품 종류가 다양하고 가격도 저렴하며 우리나라 라면도 판매하는데 가격이 많이 비싸다.

스위스 추천 여행 일정

스위스 여행 일정 짜기 TIP

1 자신의 휴가 기간에 맞춰 여행 기간을 정한다.
2 알프스, 스파, 특급열차, 하이킹 등 여행 중 꼭 즐기기 원하는 테마를 고른다.
3 자신이 고른 테마에 따라 가보고 싶은 지역을 골라 스위스 전도에 표시한다.
4 www.sbb.ch/en에서 도시간 이동 시간을 확인해 여행할 순서를 정한다.
5 지역마다 관광에 소요될 시간을 대략적으로 계산해 체류 시간을 정한다.
6 각 지역의 중심이 되는 도시나 마을을 숙박지로 정한다.
7 여행 기간에 맞춰 상세 일정을 최종 확정한다.

스위스 3박 4일 / 4박 5일

프랑스, 이탈리아, 동유럽 등 다른 나라와 스위스를 함께 여행할 경우에 활용할 수 있는 일정으로
짧은 시간 안에 스위스의 대표 관광지를 알차게 돌아볼 수 있는 일정이다. 그래도 아쉬움이 남는다면 다음 스위스 여행을 기약하자.

루체른과 융프라우요흐

취리히 - 루체른(1박) - 인터라켄(2박) : 융프라우요흐 - 몽트뢰

스위스의 가장 유명한 도시들을 알차게 돌아볼 수 있을 뿐만 아니라 리기, 필라투스, 융프라우요흐 등의 전망대에도 오를 수 있다. 루체른-인터라켄, 인터라켄-몽트뢰 구간은 골든패스 라인을 따라 이동하며 창밖으로 펼쳐지는 멋진 경치도 감상하자.

Day 1 취리히 도착, 시내 관광 후 루체른으로 이동해 시내 관광 후 숙박
Day 2 산들의 여왕 '리기'나 악마의 산 '필라투스' 반일 투어 후 인터라켄으로 이동
Day 3 유럽의 지붕 융프라우요흐 등정, 융프라우 지역 알핀 하이킹 즐기기
Day 4 몽트뢰로 이동해 레만 호수 지역 관광

융프라우요흐와 체르마트

취리히 - 루체른 - 인터라켄(2박) : 융프라우요흐 - 몽트뢰 - 체르마트(2박) : 고르너그라트 - 베른

스위스 북서부의 주요 관광지 대부분을 돌아볼 수 있는 일정으로 융프라우요흐와 고르너그라트 전망대에 올라
알프스 영봉을 감상하고 골든패스 라인의 열차도 즐길 수 있다.

Day 1 취리히 도착, 루체른으로 이동해 시내 관광 후 인터라켄으로 이동
Day 2 유럽의 지붕 융프라우요흐 등정, 유람선을 타고 브리엔츠, 툰 등 주변 마을 관광
Day 3 골든패스 열차로 몽트뢰로 이동해 호숫가 산책, 시옹 성 관광 후 체르마트로 이동
Day 4 고르너그라트 전망대에 올라 마터호른 감상, 오후에는 무공해 알핀 리조트 체르마트 산책
Day 5 베른으로 이동해 유네스코 세계문화유산으로 지정된 구시가 관광

스위스 5박 6일

스위스만 여행할 경우 가장 많이 활용할 수 있는 일정들로 취향에 따라 여행 일정을 조금씩 다르게 잡으면 된다.
일반적으로 알프스 전망대를 포함한 일정에 스파, 하이킹, 풍경열차, 하이디 등의 테마를 추가할 수 있다.

스위스 알핀 스파

취리히 - 루체른(1박) - 인터라켄(2박) : 융프라우요흐 - 몽트뢰 - 체르마트(1박) : 고르너그라트 - 로이커바트(1박)

유명 전망대에 올라 알프스를 감상하는 일정에 알프스 최대 규모의 온천 리조트 로이커바트를 추가한 일정으로 겨울철에는 윈터 스포츠를 즐긴 후 마지막에 로이커바트 스파로 여행의 피로를 풀면 더할 나위 없이 좋다.

Day 1 | 취리히 도착, 루체른으로 이동해 시내 관광 후 숙박
Day 2 | 산들의 여왕 '리기'나 악마의 산 '필라투스' 반일 투어 후 인터라켄으로 이동
Day 3 | 유럽의 지붕 융프라우요흐 등정, 하산 시 알핀 하이킹 즐기기
Day 4 | 골든패스 열차로 몽트뢰로 이동, 시옹 성 관광 후 체르마트로 이동
Day 5 | 고르너그라트 전망대에 올라 마터호른 감상, 로이커바트로 이동
Day 6 | 로이커바트 하이킹 및 알핀 스파 즐기기

융프라우요흐와 초콜릿 열차

취리히(1박) - 루체른 - 인터라켄(2박) : 융프라우요흐 - 몽트뢰(2박) : 초콜릿 열차 - 베른

유럽의 지붕 융프라우요흐 여행 후에 입과 눈이 즐거운 테마 열차인 초콜릿 열차를 타고 네슬레사의 초콜릿 공장을 방문하는 특별한 체험을 할 수 있는 일정으로 아이들과 함께하는 가족 여행에 추천한다.

Day 1 | 취리히 도착, 시내 관광 후 숙박
Day 2 | 루체른으로 이동해 구시가 관광 후 골든패스 열차로 인터라켄 이동
Day 3 | 유럽의 지붕 융프라우요흐 등정, 유람선을 타고 브리엔츠, 툰 등 주변 마을 관광
Day 4 | 골든패스 열차로 몽트뢰로 이동, 시옹 성 관광 및 호숫가 산책
Day 5 | 초콜릿 열차를 타고 중세 도시 그뤼에르의 치즈 공장과 브록의 초콜릿 공장 방문
Day 6 | 베른으로 이동해 유네스코 세계문화유산으로 지정된 구시가 관광

빙하 특급과 하이디랜드

취리히 - 인터라켄 or 그린델발트(2박) : 융프라우요흐 - 몽트뢰 - 체르마트(2박) : 마터호른 글래시어 파라다이스 - 빙하 특급 - 바트라가츠(1박) : 마이언펠트

빙하 특급을 타고 하이디랜드로 이동해 동화 같은 하이디 마을 마이언펠트 하이킹과 <알프스 소녀 하이디>에서 클라라가 요양하기 위해 머물렀던 스파 리조트 바트라가츠의 온천을 즐기는 일정이다.

Day 1 | 취리히 도착, 시내 관광 후 인터라켄이나 그린델발트로 이동
Day 2 | 유럽의 지붕 융프라우요흐 등정, 그린델발트, 라우터브룬넨 등 주변 마을 관광
Day 3 | 골든패스 열차로 몽트뢰로 이동, 시옹 성 관광 후 체르마트로 이동
Day 4 | 마터호른 글래시어 파라다이스 또는 고르너그라트 전망대에 올라 웅장한 마터호른 감상
Day 5 | 빙하 특급을 타고 쿠어에서 환승해 바트라가츠로 이동, 스파 즐기기
Day 6 | 하이디 마을 마이언펠트로 소풍 다녀오기

스위스 하이킹 투어

취리히 - 루체른(1박) - 그린델발트(2박) : 피르스트, 융프라우요흐 - 체르마트(1박) : 수네가, 고르너그라트 - 몽트뢰 or 로잔(1박) - 라보 지역

융프라우 지역과 체르마트 주변 알프스의 웅장한 산봉우리들과 야생화가 만발한 푸른 초원, 그림같이 아름다운 빙하 호수 등을 모두 감상할 수 있는 알핀 하이킹과 라보 와이너리 하이킹을 즐길 수 있는 일정이다.

Day 1 | 취리히 도착, 루체른으로 이동해 시내 관광 후 숙박
Day 2 | 그린델발트로 이동해 피르스트 등정, 바흐알프제까지 알핀 하이킹 즐기기
Day 3 | 유럽의 지붕 융프라우요흐 등정, 하산 시 아이거글레처에서 클라이네 샤이덱까지 하이킹
Day 4 | 체르마트 이동, 수네가 전망대에 오른 후 핀델른 마을을 거쳐 체르마트까지 하이킹
Day 5 | 고르너그라트 전망대에 올라 마터호른 감상, 몽트뢰 또는 로잔으로 이동
Day 6 | 레만 호수와 포도밭의 멋진 전경을 감상하며 라보 와이너리 하이킹

스위스 7박 8일

스위스 일주에 활용할 수 있는 일정으로 이동 시간이 길어 부담스러울 수 있는 특급열차나 교통이 불편해서 가보기를 망설였던 작은 마을들을 포함해 볼 수 있다. 이 일정이 너무 여유가 없게 느껴진다면 앞서 소개한 5박 6일 일정들에 원하는 곳에서의 숙박을 추가해 좀 더 느긋하게 여행하는 것도 좋은 방법이다.

스위스 환상 일주

취리히 - 베른 - 인터라켄(2박) : 융프라우요흐 - 몽트뢰 - 체르마트(2박) : 고르너그라트 - 첸토발리 익스프레스 - 루가노(2박) - 팜 익스프레스 - 생모리츠 - 스쿠올(1박) : 과르다, 센트

스위스 전역의 유명 관광지를 원형으로 연결한 일정으로 알프스와 호수, 스파, 하이디 등 전형적인 스위스 모습뿐만 아니라 이탈리아를 넘나드는 특급열차인 첸토발리 익스프레스와 유명한 포스트 버스 루트인 팜 익스프레스도 경험해볼 수 있다. 여행 중 잠시 국경을 넘었다 오니 여권을 반드시 지참해야 한다.

Day 1 | 취리히 도착, 베른으로 이동해 구시가 관광 후 인터라켄으로 이동
Day 2 | 유럽의 지붕 융프라우요흐 등정, 그린델발트, 라우터브룬넨 등 주변 마을 관광
Day 3 | 골든패스 열차로 몽트뢰로 이동, 시옹 성 관광 후 체르마트로 이동
Day 4 | 고르너그라트 전망대 또는 마터호른 글래시어 파라다이스에 올라 웅장한 마터호른 감상
Day 5 | 브리그를 경유해 도모도솔라로 이동, 첸토발리 익스프레스를 타고 루가노로 이동
Day 6 | 루가노 호수 주변의 예쁜 마을과 로카르노, 벨린조나 등 티치노 관광
Day 7 | 팜 익스프레스 버스로 생모리츠로 이동, 호숫가 산책과 시내 관광 후 스쿠올로 이동
Day 8 | 과르다, 센트 등 주변 마을 관광 및 스쿠올 온천 즐기기

고타르드 파노라마 특급과 베르니나 특급

제네바 - 몽트뢰(1박) - 골든패스 특급 - 인터라켄 or 그린델발트(2박) : 융프라우요흐 - 골든패스 특급 - 루체른(1박) : 리기 or 필라투스 - 고타르드 파노라마 특급 - 루가노(2박) - 베르니나 특급 - 쿠어 - 바트라가츠(1박) : 마이엔펠트 - 취리히

골든패스 특급, 고타르드 파노라마 특급, 베르니나 특급을 타고 스위스 서부와 중부, 남부, 동부를 여행하는 일정으로 열차, 유람선, 버스를 모두 탈 수 있다. 융프라우 지역과 중부의 알프스, 맑은 스위스의 호수, 스위스 속 이탈리아 티치노 주, 동부의 하이디랜드까지 다양한 매력을 만날 수 있다.

Day 1 | 제네바 도착, 몽트뢰로 이동해 숙박
Day 2 | 시옹 성 관광 후 골든패스 특급열차로 인터라켄 또는 그린델발트로 이동
Day 3 | 유럽의 지붕 융프라우요흐 등정, 그린델발트, 라우터브룬넨 등 알프스 산악 마을 관광
Day 4 | 골든패스 특급열차로 루체른 이동, 리기 또는 필라투스 반일 투어 및 구시가 관광
Day 5 | 고타르드 파노라마 특급의 유람선과 열차를 이용해 루가노로 이동, 시내 관광
Day 6 | 로카르노, 벨린조나 등 스위스 속 이탈리아 티치노 관광
Day 7 | 베르니나 특급 버스를 타고 티라노로 이동, 기차로 환승 후 쿠어를 거쳐 바트라가츠로 이동
Day 8 | 하이디 마을 마이엔펠트로 소풍 다녀오기, 온천욕을 즐긴 후 취리히로 이동, 시내 관광

로맨틱 스파와 하이킹

취리히 - 루체른 - 그린델발트(3박) : 피르스트, 융프라우요흐 - 체르마트(2박) : 수네가, 고르너그라트 - 아델보덴(1박) - 몽트뢰(1박) - 라보 와이너리 - 제네바

알핀 하이킹과 라보 와이너리 하이킹, 스파를 즐길 수 있는 일정으로 그린델발트에서 3박을 하면서 여유롭게 하이킹 할 수 있다. 최고의 여름 휴양지인 아델보덴은 평화롭고 아름다운 전원 풍경과 스파 호텔로 유명하다.

Day 1 | 취리히 도착, 루체른으로 이동해 시내 관광 후 그린델발트로 이동
Day 2 | 피르스트 등정, 바흐알프제까지 알핀 하이킹 즐기기, 그린델발트 산책
Day 3 | 유럽의 지붕 융프라우요흐 등정, 하산 시 아이거글레처에서 클라이네 샤이덱까지 하이킹
Day 4 | 체르마트 이동, 수네가 전망대에 오른 후 핀델른 마을을 거쳐 체르마트까지 하이킹
Day 5 | 고르너그라트 전망대에 올라 마터호른 감상, 하산 시 리펠베르그에서 리펠알프까지 하이킹
Day 6 | 아델보덴으로 이동, 마을 산책 후 환상적인 전망의 알핀 스파 즐기기
Day 7 | 몽트뢰로 이동, 시옹 성, 브베 관광 및 라보 와이너리 하이킹
Day 8 | 제네바로 이동해 구시가 관광

스위스 9박 10일

휴가를 길게 내어 스위스 전역을 돌아보고 싶은 사람들을 위해 추천하는 일정으로 짧은 일정에서는 도저히 포함할 수 없는 4대 풍경열차를 마음껏 활용해 일정을 짤 수 있다. 융프라우요흐와 고르너그라트 전망대에 이미 올랐던 경험이 있다면 쉴트호른, 마터호른 글래시어 파라다이스 등 다른 전망대에 올라보자.

스위스 낭만열차 일주

취리히 - 인터라켄(2박) : 융프라우요흐 - 골든패스 라인 - 몽트뢰 - 체르마트(2박) : 고르너그라트 - 빙하 특급 - 생모리츠(2박) : 스쿠올 - 베르니나 특급 - 루가노(2박) - 고타르드 파노라마 특급 - 루체른(1박) - 베른

4대 풍경열차를 타고 스위스 전역을 누비는 일정으로 이동하는 동안에도 풍경열차의 파노마라 창으로 아름다운 경치를 감상하며 지루하지 않게 여행할 수 있다. 알프스, 호수, 스파, 아웃렛 쇼핑 등 다른 관광 요소도 모두 포함되며 원한다면 융프라우 지역이나 체르마트에서 하이킹을 즐겨도 된다.

Day 1 | 취리히 도착, 시내 관광 후 인터라켄으로 이동
Day 2 | 유럽의 지붕 융프라우요흐 등정, 그린델발트, 라우터브룬넨 등 주변 마을 관광
Day 3 | 골든패스 열차로 몽트뢰로 이동, 호숫가, 시옹 성 관광 후 체르마트로 이동
Day 4 | 고르너그라트 전망대 또는 마터호른 글래시어 파라다이스에 올라 웅장한 마터호른 감상
Day 5 | 빙하 특급열차를 타고 생모리츠로 이동, 시내 관광 및 호숫가 산책
Day 6 | 스쿠올로 이동해 마을 산책 및 스파를 즐긴 후 생모리츠로 귀환
Day 7 | 베르니나 특급열차와 버스를 타고 티라노를 경유해 루가노로 이동
Day 8 | 로카르노, 벨린조나 등 티치노 관광 및 폭스 타운 아웃렛 쇼핑
Day 9 | 고타르드 파노라마 특급열차와 유람선을 이용해 루체른으로 이동, 구시가 관광
Day 10 | 베른으로 이동해 구시가 관광

Zürich

세련되고 멋스러운 메트로폴리탄 시티

스위스 대표 공항인 취리히 국제공항과 스위스에서 가장 큰 기차역을 가진 스위스 최대의 도시 취리히는 수도인 베른보다 더 많이 알려진 곳이다. 취리히 중앙역 앞에서부터 호수까지 시원하게 뻗은 반호프 거리는 세련된 메트로폴리탄 시티의 면모를 유감없이 보여주고 구시가의 좁은 골목길과 광장들은 중세 도시 취리히의 낭만을 느끼게 한다. 스위스 라이프스타일의 수도답게 50개가 넘는 박물관과 100개가 넘는 갤러리에서 문화생활을 즐길 수 있으며 트렌디한 바와 라운지도 넘쳐난다. 세계에서 가장 살기 좋은 도시로 손꼽히는 이곳에서 취리히 사람들의 여유로운 생활 방식을 체험해보자.

취리히 관광청 | www.zuerich.com

취리히

찾아가기

항공

취리히 공항Flughafen Zürich(www.flughafen-zuerich.ch)은 유럽의 중심에서 허브 역할을 담당하며 하루에 725편 이상의 비행편이 운행되는 스위스 제1의 국제공항이다. 우리나라에서는 대한항공이 매주 화, 목, 토요일에 취리히까지 직항편을 운항하며 12시간이 소요된다. 유럽 대도시들에서는 1시간 30분~2시간 30분 정도에 이동할 수 있다.

공항에서 시내로

취리히 공항 지하에 있는 취리히 공항역Zürich Flughafen에서 시내에 있는 취리히 중앙역Zürich Hauptbahnhof(Zürich HB)까지 기차로 9~13분 소요된다.

기차

스위스 최대의 기차역이자 가장 오래된 역 중 하나인 취리히 중앙역은 파리, 밀라노, 슈투트가르트, 인스부르크, 부다페스트 등의 유럽 대도시와 직행 기차로 연결된다. 역 내에는 티켓 오피스와 관광 안내소, 환전소, 코인 로커 등의 기차역 편의 시설은 물론 180개의 상점과 50개의 레스토랑이 있으며 11월 말부터 크리스마스이브까지 크리스마스 마켓이 열리는 곳이기도 하다.

취리히 중앙역 관광 안내소

- 1층 중앙홀Haupthalle의 Brasserie Federal 옆에 위치
- 5~10월 월~토요일 08:00-20:30, 일요일 08:30-18:30 / 11~4월 월~토요일 08:30-19:00, 일요일 09:00-18:00

주요 도시-취리히 열차 이동 시간

제네바 : 약 2시간 40분
베른 : 56분~1시간 20분
루체른 : 약 50분
인터라켄 동역 : 약 2시간
파리 : 4시간 3분(TGV)
밀라노 : 3시간 20분(EuroCity)

버스 취리히는 뮌헨, 프랑크푸르트, 프라하, 자그레브 등의 유럽 도시에서 Eurolines, Flixbus 등의 장거리 버스를 타고 이동할 수 있다. 취리히의 실콰이 장거리 버스 터미널Bus-Parkplatz Sihlquai은 중앙역 뒤편 도보 5분 거리에 있다.

주요 도시-취리히 버스 이동 시간	**뮌헨**: 3시간 40분 **프랑크푸르트**: 6시간 30분~8시간 **프라하**: 9시간 30분(야간 버스) **밀라노**: 약 4시간

렌터카 스위스를 렌터카로 여행할 경우 대부분은 취리히 공항에서 차를 픽업하게 되는데 렌터카 사무소들은 Airport Center 2층에 모두 위치한다. 취리히 공항에서 스위스 중부나 서부로 이동할 때에는 A1 고속도로나 A4, A8 고속도로를 이용하게 되며 동부로는 A3 고속도로를 이용하여 이동한다.

주요 도시-취리히 자동차 이동 시간	**베른**: 1시간 30분 **루체른**: 약 50분 **인터라켄**: 약 2시간 **제네바**: 3시간 10분 **쿠어**: 1시간 40분

시내 교통

취리히 중앙역에서 취리히 호수까지 이어지는 반호프 거리 주변과 리마트 강 건너편 구시가까지의 취리히 도심 지역은 도보로도 충분히 관광할 수 있다. 호텔이 도심과 조금 먼 곳에 있다면 트램을 이용해 보자. 취리히 도심은 모두 Zone 110에 속하지만 2개의 Zone으로 간주되어 취리히 공항(Zone 121)으로 이동할 때는 3개 Zone을 커버할 수 있는 티켓을 구입해야 한다. 티켓은 승강장의 티켓 발매기에서 구입하면 된다. 취리히 트램의 자세한 노선 정보 및 가격은 www.zvv.ch 참고. 스위스 트래블 패스를 사용하는 날이라면 취리히 시내 교통을 무료로 이용할 수 있다.

CHF 1회권 CHF2.7(단거리권, 30분 유효), CHF4.4(1시간 유효) / 1일권 CHF8.8(24시간 유효)

HOT TIP

취리히 카드
Zürich Card

취리히와 외곽 지역 내 기차, 트램, 버스 등 대중교통 무제한 이용, 취리히 호수 유람선 Short Trips과 리마트 강 크루즈 이용, 41개 박물관 무료 또는 할인 입장, 취리히 구시가 워킹 투어 50% 할인 등의 혜택이 있는 카드. 취리히에서 박물관을 2개 이상 관람할 예정이라면 구입을 고려해보자.

CHF 24시간 이용권 CHF27, 72시간 이용권 CHF53

취리히 구역 한눈에 보기

취리히는 행정적으로 12개 구역으로 분류되며 각 구역은 다시 나뉘어 총 34개 지역으로 분류된다. 관광객이 많이 찾는 곳은 취리히 중심지인 1번, 취리히 웨스트 지역이 포함된 4, 5번 구역으로 관광지 외에 특색 있는 취리히 구역도 같이 살펴보자.

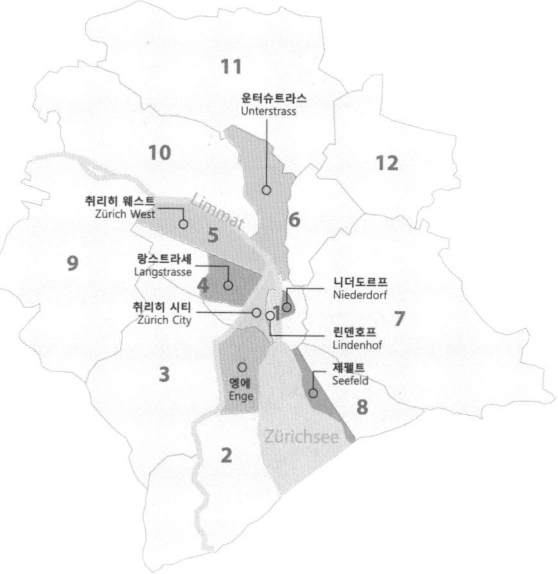

1 취리히 시티 Zürich City

스위스 국립박물관 위쪽부터 취리히 중앙역과 뢰벤스트라세Löwenstrasse를 지나 취리히 호수가 있는 뷔르클리 광장Bürkliplatz까지 이어지는 구역으로 반호프스트라세와 인접해 있다

2 린덴호프 Lindenhof

취리히 관광에서 빼놓을 수 없는 구역으로 장크트 페터 교회, 프라우뮌스터, 고풍스러운 느낌의 렌베그Rennweg 거리, 취리히 구시가 풍경을 마음껏 감상할 수 있는 뷰 포인트 등이 공존한다.

3 니더도르프 Niederdorf

보물찾기하듯 좁은 골목을 누비며 상점, 바, 레스토랑 찾는 재미를 한껏 느끼기 좋은 곳으로 저녁에는 한잔 기울이기 위해 삼삼오오 모여든다.

4 제펠트 Seefeld

취리히 호수를 마주하고 있는 지역으로 석양에 물들어가는 취리히의 예쁜 풍경을 감상할 수 있다. 부자들이 선호하는 동네이기도 하며 여행자들은 여유롭게 산책하기에 좋다.

5 랑 거리 Langstrasse

과거에 홍등가였던 곳으로 지금은 취리히에서 가장 화려하고 다채로운 매력을 뽐낸다. 바, 레스토랑, 클럽 등 먹거리와 즐길 거리로 가득하며 늦은 밤까지 문을 여는 곳이 많다.

6 취리히 웨스트 Zürich West

과거에 공장 지대였던 곳으로 현재는 128m 높이의 프라임 타워를 비롯해 학교, 문화 기관, 디자이너 숍 등이 들어서면서 힙한 지역으로 탈바꿈한 곳이다.

7 엥에 Enge

제펠트 맞은편 지역으로 여름에는 호숫가 수영장인 Seebad Enge와 Strandbad Mythenquai가 수영과 선탠을 하는 현지인들로 붐벼 더욱 핫해진다. 티치노 지방의 화강암으로 지어진 엥에 기차역, FIFA 세계 축구 박물관 등도 만날 수 있다.

8 운터슈트라스 Unterstrass

취리히 중심부와 인접한 6구역에 속해 있으며 대학 지구로 잘 알려진 곳이자 주거 지역으로도 인기가 많다. 여름에 방문한다면 취리히에서 최고의 강변 수영장으로 꼽히는 플루스바트 오버러 레텐Flussbad Oberer Letten에서 현지인처럼 즐겨봐도 좋겠다.

· 취리히 도심 일일 여행 추천 루트 ·

1 취리히 중앙역

2 반호프 거리

3 아우구스티너가세

4 린덴호프

5 장크트 페터 교회

1

2

3

4

5

6

7

8

6
프라우뮌스터

7
그로스뮌스터

8
니더도르프

9
스위스 국립박물관

10
리마트 강 유람선

반호프 거리 Bahnhofstrasse

중앙역에서 호수까지 이어지는 약 1.3km의 번화한 쇼핑가인 반호프 거리는 백화점, 명품 부티크, 시계 보석점 등의 각종 고급 상점이 줄지어 있는 취리히의 중심 거리다. 유럽의 가장 아름다운 쇼핑 거리 중 하나로 손꼽히며 트램 이외에 대부분의 차량이 통제된다.

📍 취리히 중앙역 앞에서 호수까지

아우구스티너가세 Augustinergasse

취리히에서 가장 아름다운 골목으로 손꼽히는 아우구스티너가세는 고풍스러운 좁은 거리에 아름다운 퇴창(외부로 돌출된 창)을 가진 컬러풀한 중세의 건물들이 양쪽으로 가득 들어선 곳이다. 반호프 거리에서 취리히 구시가를 관통해 장크트 페터 교회 앞까지 연결된다.

📍 반호프 거리와 장크트 페터 교회 사이

린덴호프 Lindenhof

취리히의 멋진 전망을 감상할 수 있는 뷰 포인트. 린덴호프에 오르면 구시가, 그로스뮌스터, 시청사, 리마트 강, 취리히 대학 등이 한눈에 들어온다. 4세기에는 로마의 성채가 있었던 곳이며 지금은 취리히 시민들의 휴식 공간으로 사용되고 있다.

- 아우구스티너가세에서 비더가세 쪽으로 빠진 후 왼쪽 오르막길인 팔츠가세Pfalzgasse를 따라 도보 1분

장크트 페터 교회 Kirche St. Peter

취리히에서 가장 오래된 교회로 알려져 있으며 1911년까지 화재 감시탑으로 사용되던 높은 첨탑에 지름 8.7m의 유럽 최대 문자판을 가진 시계가 있는 것으로 유명하다. 취리히의 초대 시장이었던 루돌프 브룬Rudolf Brun이 이곳에 묻혔으며 외벽에는 그의 기념비가 있다.

- 반호프 거리와 시청사 다리 사이
- 월~금요일 08:00-18:00, 토요일 10:00-16:00, 일요일 11:00-17:00

프라우뮌스터 Fraumünster

그로스뮌스터와 함께 취리히의 랜드마크로 유명한 교회. 853년에 동프랑크 왕국의 루트비히 2세의 명으로 수녀원 부속 교회로 건축되었으며 종교개혁 이후 교회와 수녀원의 소유권이 취리히 시로 넘어갔다. 로마네스크 양식의 성가대석과 고딕 양식의 높은 아치형 트랜셉트를 가지고 있다. 교회의 가장 큰 자랑은 성당을 장식하고 있는 스테인드글라스인데 북쪽 트랜셉트의 창은 아우구스토 자코메티Augusto Giacometti가, 성단 위의 5개 부분으로 구성된 창문과 남쪽 트랜셉트의 장미창은 샤갈이 특유의 아름다운 색채와 그림으로 장식했다.

- 반호프 거리의 파라데 광장Parade Platz에서 리마트 강변 쪽으로 도보 2분
- 3~10월 10:00-18:00, 11~2월 10:00-17:00

그로스뮌스터 Grossmünster

취리히의 대표적인 랜드마크인 인상적인 2개의 쌍둥이 탑을 가진 스위스 최대의 로마네스크 양식 교회. 전설에 의하면 샤를마뉴 대제가 취리히의 수호성인 성 펠릭스와 성녀 레굴라의 무덤을 발견한 장소에 이 교회를 세웠다고 한다. 16세기 종교개혁가 울리히 츠빙글리Ulrich Zwingli와 하인리히 불링거Heinrich Bullinger에 의한 스위스 종교개혁의 스타팅 포인트가 되었던 곳이기도 하다. 취리히와 호수, 알프스의 경관이 한눈에 들어오는 남쪽 탑인 카를스툼Karlsturm 전망대는 본당에서 187개 계단으로 올라갈 수 있다.

- 프라우뮌스터에서 뮌스터 다리Münster Brücke를 건너 도보 3분
- **교회** 3~10월 월~토요일 10:00-18:00 / 11~2월 월~토요일 10:00-17:00, 일요일은 예배 후
  탑 3~10월 월~토요일 10:00-17:30, 일요일 12:30-17:30 / 11~2월 월~토요일 10:00-16:30, 일요일 12:30-16:30
- CHF 탑 성인 CHF5, 6~16세 CHF2

니더도르프 Niederdorf

리마트 강 동쪽에 있는 취리히 구시가인 니더도르프는 좁은 골목 곳곳에 개성 있는 상점과 레스토랑, 바, 호텔이 모여 있는 곳으로 낮에는 구경하는 재미가 쏠쏠하고 저녁이 되면 바를 찾는 많은 사람과 거리 예술가들로 더욱 활기를 띤다. 강변 산책로인 리마트케Limmatquai와 함께 돌아보면 더 좋다.

- 중앙역 앞에서 리마트 강 쪽으로 이동해 반호프 다리Bahnhof Brücke를 건넌 후 호수 방향으로 이동

HOT TIP

폴리반 Polybahn

니더도르프 초입의 센트랄Central에서 취리히 연방 공과 대학까지 연결된 깜찍한 빨간색 푸니쿨라다. 연방 공과 대학생들이 주로 이용하지만 취리히의 상징으로 자리 잡으면서 관광객들에게도 인기가 높다. 전망 좋은 정상까지 3분이면 올라간다.

- 월~금요일 06:30-21:00, 토요일 07:30-21:00, 일요일, 공휴일 09:00-21:00
- CHF CHF 편도 1.2, ZVV Zone 110 1일권, 취리히 카드, 스위스 트래블 패스 이용 가능

스위스 국립박물관
Landesmuseum Zürich

스위스 역사와 문화에 관련된 가장 포괄적인 컬렉션을 자랑하는 스위스 국립박물관은 19세기에 지어진 중세의 성과 같이 멋진 건물에 자리 잡고 있다. 탑으로 둘러싸인 아름다운 안뜰은 특별한 이벤트가 열리는 장소로 이용되며 내부 전시실에는 선사시대부터 현대에 이르기까지의 고고학 유물, 고딕 미술품, 텍스타일과 전통 의상, 도자기와 유리공예품, 무기, 가구 등 84만 점이 넘는 다양한 전시품이 14개 분야로 나뉘어 전시되어 있다.

- 취리히 중앙역 뒤쪽
- 화~일요일 10:00-17:00(목요일은 19:00까지), 월요일 휴관
- CHF 성인 CHF10, 16세 이하 어린이, 스위스 트래블 패스 소지자, 취리히 카드 소지자 무료
- @ www.landesmuseum.ch/en

리마트 강 유람선 Limmat Schifffahrt

취리히 구시가를 관통하며 유유히 흐르는 리마트 강에는 윗면이 유리로 된 3대의 유람선이 운행되고 있다. 스위스 국립박물관에서 출발해 취리히 호수의 Zürichhorn Casino까지 운행되는데 편도는 25분, 왕복은 약 50분이 소요된다. 자세한 유람선 운행 시간표는 www.zsg.ch 참고.

- 스위스 국립박물관 앞 Zürich Landesmuseum 선착장에서 출발
- 4월 초~10월 하순
- CHF 성인 CHF4.4, 6~16세 CHF3.1, 110 Zone 내 ZVV 티켓이나 취리히 카드 사용 가능

뷔르클리 광장 Bürkliplatz

취리히 호수 유람선 선착장이 있는 뷔르클리 광장은 취리히의 재미있는 시장 구경을 할 수 있는 대표적인 장소이기도 하다. 화요일과 금요일 오전 6시~11시까지는 유럽의 다른 시장들과 마찬가지로 싱싱한 꽃과 채소, 과일은 물론 다양한 치즈나 유기농 제품, 지역 특산물을 구입할 수 있는 시장이 열리고 5~10월의 매주 토요일 오전 6시~오후 5시까지는 옷, 가방, 액세서리, 그릇, 예쁜 장식품 등을 파는 벼룩시장이 열려 잘 고르면 제법 쓸 만한 아이템을 고를 수 있다.

- 반호프 거리의 끝, 취리히 호수 바로 앞 / 취리히 중앙역 앞에서는 트램 11번을 타고 Bürkliplatz 하차

©Anita Affentranger

취리히 미술관 Kunsthaus Zürich

근현대 미술 분야의 중요한 컬렉션을 많이 보유하고 있는 것으로 알려진 취리히 미술관은 호들러, 세간티니, 자코메티를 비롯한 스위스 작가들의 작품은 물론 방대한 뭉크 컬렉션으로도 유명하다. 입구 오른쪽에는 높이 7m에 이르는 웅장한 로댕의 조각 작품 '지옥의 문'이 세워져 있다.

- 📍 그로스뮌스터에서 도보 7분, 취리히 중앙역 앞에서 트램 3번을 타고 Kunsthaus 하차 / 파라데 광장에서 트램 9번을 타고 Kunsthaus 하차
- 🕓 화요일, 금~일요일 10:00-18:00, 수~목요일 10:00-20:00, 월요일 휴관
- CHF 전시회에 따라 요금 변동.
특별전시과 상설전시를 모두 관람할 수 있는 Collection PLUS Ticket 성인 CHF 23, 17세 이하 무료
- @ www.kunsthaus.ch

©FIFA Museum

FIFA 세계 축구 박물관 FIFA World Football Museum

축구와 월드컵, 국제 축구 연맹 FIFA의 역사를 멀티미디어 전시로 한눈에 볼 수 있는 박물관이다. 오리지널 월드컵 트로피, 피파 회원국들의 유니폼, 실제 경기에서 사용되었던 축구공, 축구화를 비롯해 1000점이 넘는 아이템이 전시되어 있으며 축구 게임을 체험해볼 수 있는 공간도 있다. 축구 팬이라면 한번 들러볼 만하고 아이들과 함께 방문해도 좋다.

- 📍 반호프 거리Bahnhofstrasse/HB에서 트램 3번을 타고 Bahnhof Enge 하차
- 🕓 10:00-18:00, 월요일, 12월 25일 휴관
- CHF 성인 CHF 24, 7~15세 CHF14, 6세 이하 어린이, 스위스 트래블 패스 소지자 무료, 취리히 카드 소지자 30% 할인
- @ www.fifamuseum.com

취리히 호수 유람선 Zürichsee Schifffahrt

짧은 시간에 취리히 호수를 제대로 감상하고 싶다면 유람선이 최선의 선택이다. 취리히 호수 유람선은 반호프 거리 끝에 있는 뷔르클리 광장 앞 선착장에서 출발하는데 1시간 25분의 짧은 왕복 코스인 Short Round Trips부터 3시간, 4시간, 7시간까지 다양한 왕복 코스가 있다. 퐁뒤 크루즈, 브런치 크루즈, 선셋 크루즈 등의 테마 크루즈는 '드림 크루즈'라는 이름으로 운행되고 있다.

- 📍 반호프 거리의 끝, 뷔르클리 광장 앞 선착장에서 출발
- 🕓 4월 초~10월 중순(10월 하순~3월 말 일부 운행)
- CHF Short Round Trips 성인 CHF8.8, 6~16세 CHF4.4, 110, 140, 150 Zone 사용 가능한 ZVV 티켓이나 취리히 카드 사용 가능
- @ www.zsg.ch

©Zürich Tourism

르 코르뷔지에관 Pavillon Le Corbusier

호숫가의 한적한 공원에 있는 이 박물관은 르 코르뷔지에의 마지막 작품으로 콘크리트, 철근, 에나멜, 유리로 지어졌는데 색색의 큐브를 쌓아 올린 듯한 독특한 외관, 자유로운 공간을 창출하는 가변형 문, 옥상 정원 등 곳곳에서 그의 건축 철학이 엿보인다. 내부에는 그의 친구이자 열렬한 팬이었던 하이디 베버가 수집한 르 코르뷔지에의 그림과 드로잉, 가구, 조각품, 책 등이 전시되어 있다.

- 📍 취리히 중앙역에서 반호프 다리를 건너 Central에서 트램 4번을 타고 Höschgasse 하차
- 🕓 4/21~11/26 12:00-18:00(목요일은 20시까지), 월요일 휴관
- CHF 성인 CHF 8, 16세 이하 무료, 스위스 트래블 패스, 취리히 카드 소지자 무료
- @ pavillon-le-corbusier.ch/en/

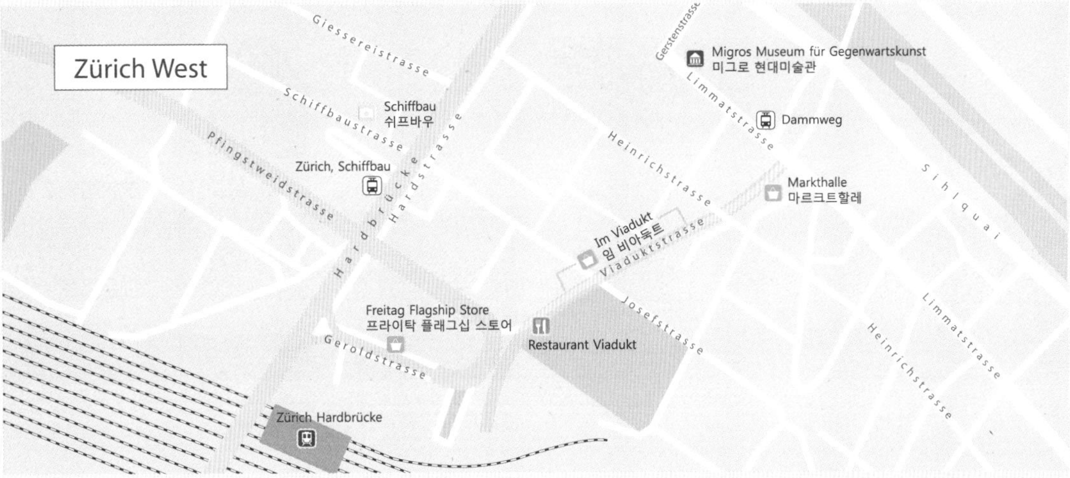

Zürich West

취리히 웨스트

취리히 도심의 서쪽 외곽인 취리히 웨스트는 과거에 조선소와 공장이 있던 공업 지구였던 곳으로 제조업이 쇠퇴하고 공장들이 문을 닫은 후 그곳에 힙한 레스토랑과 쇼핑센터들이 들어서면서 취리히에서 가장 트렌디한 지구로 새롭게 태어났다. 우리가 익히 아는 취리히와는 다른 젊고 핫한 취리히를 만나고 싶다면 취리히 웨스트로 발길을 돌려보자.

1 지역철도 취리히 중앙역에서 교외선인 S Bahn을 타고 Zürich Hardbrücke역 하차(2분 소요)

2 트램 취리히 중앙역 뒤편 Sihlquai/HB에서 트램 4번을 타고 Zürich, Schiffbau역 하차(7분 소요)

프라이탁 플래그십 스토어 Freitag Flagship Store

취리히 웨스트의 상징과도 같은 프라이탁 플래그십 스토어는 19개의 화물 컨테이너 박스를 층층이 쌓아 만든 독특한 건물이다. 4층으로 이루어진 이 상점에서는 방수포 등 버려지는 산업 폐기물을 재활용해 만드는 유니크한 가방 브랜드인 프라이탁의 다양한 제품을 만나볼 수 있다. 뒤쪽에는 야외 레스토랑과 숍들이 있는 문화 공간인 프라우 게롤드 가르텐Frau Gerolds Garten이 있는데 여름철에는 컨테이너 루프톱에서 맥주를 마시는 젊은이들로 항상 붐빈다.

- Zürich Hardbrücke역에서 도보 5분 / 트램 Schiffbau역에서 도보 7분
- Geroldstrasse 17, 8005 Zürich
- +41 43 366 95 20
- 월~금요일 11:00-19:00, 토요일 10:00-18:00, 일요일 휴무
- @ www.freitag.ch/en

©Zürich Tourism

임 비아둑트 Im Viadukt

'고가교 안에'라는 뜻의 이름처럼 기차 선로가 있는 고가교 아래의 아치 부분에 있는 실내 시장 겸 쇼핑센터다. 다양하고 개성 있는 패션 부티크와 인테리어 가구 용품점, 빈티지 숍 등에서 쇼핑을 즐길 수 있으며 각종 식료품점이 있는 실내 시장인 마르크트할레Markthalle도 재미있게 둘러볼 수 있다. 쇼핑 후에는 분위기 좋은 Restaurant Viadukt의 야외석에서 식사도 즐겨보자.

- Zürich Hardbrücke역에서 도보 5~10분 / 트램 4, 13, 17번 Dammweg역에서 도보 3분
- Viaduktstrasse, 8005 Zürich
- **상점** 월~금요일 11:00-19:00, 토요일 10:00-18:00
  레스토랑과 실내 시장 월~토요일 09:00-20:00 (상점과 레스토랑마다 조금씩 다르므로 홈페이지에서 확인 요망)
- @ www.im-viadukt.ch

©Zürich Tourism

미그로 현대미술관 Migros Museum für Gegenwartskunst

스위스 최대 소비자 협동조합인 미그로의 창업자, 고틀리프 두트바일러Gottlieb Duttweiler가 1950년대부터 수집한 작품을 기반으로 1996년에 개관한 미술관이다. 스위스 국민이 뽑은 역사적 인물 10인 안에 들기도 한 두트바일러는 사회 공헌에 최우선 목적을 둔 기업인으로 문화·예술 분야에도 그 영향이 고스란히 남아 있다. 미그로 현대미술관은 신예 작가들이 발돋움할 수 있는 공간이자 20세기 이후 현대 예술 작품과 독특하고 창조적인 기획 전시를 선보이는 예술의 장이다.

- 트램 4, 13, 17번 Dammweg역에서 도보 1분
- Limmatstrasse 270, 8005 Zürich
- +41 44 277 20 50
- 화~일요일 11:00-18:00(목요일 20:00까지), 월요일, 8/1, 12/25 휴관
- CHF 성인 CHF12, 16세 이하, 스위스 패스 소지자, 목요일 17:00-20:00 무료
- @ www.migrosmuseum.ch

쉬프바우 Schiffbau

조선소를 개조한 복합 문화 공간인 쉬프바우는 취리히 도시 재생 성공 사례의 대표작이다. 창문, 노출된 배관 파이프, 크레인 운전석 등 조선소의 특색을 살린 공간이 매력적이며 스위스에서 가장 큰 연극 무대, 쉬프바우할레Schiffbauhalle를 포함한 3개의 공연장은 시민들의 문화 안식처로 각광받고 있다. 꼭 공연이 아니더라도 라이브 공연이 열리는 재즈 클럽, 프렌치 레스토랑 겸 바인 라살 LaSalle 등을 찾는 사람들도 많다. 자세한 공연 스케줄은 www.schauspielhaus.ch/en 참고.

- Zürich Hardbrücke역에서 도보 6분 / 트램 4, 8번 Schiffbau역에서 도보 2분
- Schiffbaustrasse 4, 8005 Zürich
- **라살** +41 44 258 70 71
- **라살** 월~금요일, 11:00-23:30, 토~일요일 휴무
- @ **라살** www.lasalle-restaurant.ch

©Zürich Tourism

초이크하우스켈러 Zeughauskeller

취리히 최고의 중심가이자 쇼핑 거리인 반호프 거리의 파라데 광장 근처에 있는 활기찬 분위기의 비어홀 겸 레스토랑이다. 1487년에 만들어진 무기고를 개조한 넓고 고풍스러운 내부 좌석과 여름철에만 이용할 수 있는 외부의 테라스 좌석이 있다. 수제 송아지 고기와 돼지고기, 소시지 요리 등의 전통 요리를 즐길 수 있으며 한국어 메뉴가 있어 주문하기에도 편하다. 다양한 생맥주도 유명하니 식사에 곁들여 즐겨보자.

- Bahnhofstrasse 28a, Beim Paradeplatz 8001 Zürich
- +41 44 220 15 15
- 매일 11:30-23:00
- CHF 런치 메뉴 CHF23.5, 게쉬닛첼테스(취리히식 송아지 고기 덮밥) CHF36.5, 숯불구이 소시지 요리 CHF31, 생맥주(3dl) CHF5.2
- @ www.zeughauskeller.ch

스위스 추치 Swiss Chuchi

니더도르프에 위치한 아들러Adler 호텔에서 운영하는 스위스 요리 전문 레스토랑으로 퐁뒤, 라클렛, 뢰스티 등 정통 스위스 요리를 맛볼 수 있다. 다른 전통 레스토랑에 비해 가격이 비싸지 않은 편이라 구시가 관광 중에 점심 식사를 즐기기에도 좋고 분위기 좋은 야외 테라스석에서 저녁을 즐겨도 좋다.

- Rosengasse 10, 8001 Zürich
- +41 44 266 96 96
- 월~금요일 11:30-23:15, 토~일요일 12:00-23:15
- CHF 런치 메뉴 CHF19, 치즈 퐁뒤 CHF33.5, 기본 라클렛 CHF31.5
- @ www.hotel-adler.ch

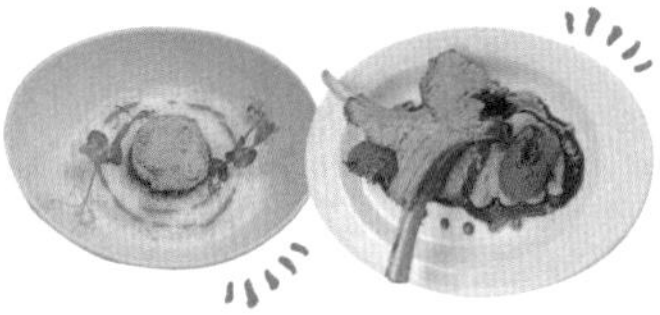

디디스 프리든 Didi's Frieden

맛있기로 소문난 유럽 퓨전 요리 레스토랑으로 햇살 좋은 여름에는 아담한 안뜰의 테라스석이 인기가 있다. 코스 메뉴로 먹는 가격이 부담스럽다면 점심시간의 런치 메뉴를 이용해보자. 취리히 중앙역 뒤편의 Walchebrücke를 건너 조금만 걸어가면 된다.

- 🏠 Stampfenbachstrasse 32, 8006 Zürich
- ☎ +41 44 253 18 10
- 🕓 월~금요일 11:00-14:30, 17:00-24:00, 토요일 18:00-24:00, 일요일 휴무
- CHF 런치 메뉴 CHF37~39
- @ www.didisfrieden.ch

라클렛 팩토리 Raclette Factory

스위스 전통 요리인 라클렛을 현대적으로 재해석한 레스토랑으로 심플하면서도 시크한 인테리어가 돋보인다. 라클렛은 맛은 좋은데 양이 좀 적은 편이라 라클렛과 알자스식 피자인 타르트 플랑베Tarte Flambée를 섞어서 주문하면 좋다. 특별히 원하는 치즈가 있다면 2가지 이상 골라 라클렛 타파스를 주문할 수도 있다.

- 🏠 Rindermarkt 1, 8001 Zürich
- ☎ +41 44 261 04 10
- 🕓 일~목요일 11:30-22:30, 금~토요일 11:30-23:30
- CHF 클래식 라클렛 CHF16.9~29.9, 타르트 플랑베 CHF21.9~22.9
- @ www.raclette-factory.ch/englisch

하우스 힐틀 Haus Hiltl

1898년에 오픈한 세계 최초의 채식 레스토랑으로 기네스북에 오른 곳이다. 현재는 여러 개의 레스토랑과 카페, 상점, 클럽, 쿠킹 스튜디오까지 운영하는데 그 중 오가닉 재료로 만든 100가지가 넘는 홈메이드 채식 요리를 마음대로 골라 즐길 수 있는 뷔페가 가장 인기 있다. 접시에 원하는 음식을 담은 후 무게대로 값을 지불하면 된다.

- 🏠 Sihlstrasse 28, 8001 Zürich ☎ +41 44 227 70 00
- 🕓 월~목요일 07:00-20:00, 금요일 07:00-23:00, 토요일 08:00-23:00, 일요일, 공휴일 10:00-22:00
- CHF 100g당 CHF5.8, 무제한 뷔페 1인 CHF63
- @ www.hiltl.ch

홀리 카우 Holy Cow

취리히와 제네바, 로잔 등에 지점이 있는 스위스 수제 버거 전문점으로 신선한 재료로 만든 두툼하고 큼지막한 버거와 맛있는 감자튀김이 일품이다. 취리히에는 공항까지 포함해 4개의 지점이 있는데 그중 니더도르프에 있는 지점은 관광 중에 들르기에도 좋다. 국제학생증이 있으면 할인을 받을 수 있다.

- 🏠 Zähringerstrasse 28, 8001 Zürich
- ☎ +41 21 312 24 04
- 🕒 일~수요일 11:00-22:00, 목~토요일 11:00-23:00
- CHF 버거 단품 CHF11.9~20.9, 세트 메뉴 CHF16.9~25.9
- @ www.holycow.ch

카페 & 콘디토레이 1842 Café & Conditorei 1842

19세기 중반에 과자점으로 오픈한 전통 있는 디저트 카페다. 과일이 듬뿍 올려진 타르트나 케이크 등 먹기 아까울 정도로 예쁜 디저트들과 수제 초콜릿, 브런치 메뉴를 판매한다. 고풍스럽고 우아한 인테리어도 인기에 한몫한다. 우리나라 방송 프로그램 <원나잇 푸드 트립>에 소개되기도 했다. 취리히 구시가 중심에 있어 관광 중 지쳤을 때 들러 당을 충전하기 좋다.

- 🏠 Napfgasse 4, 8001 Zürich ☎ +41 44 251 51 50
- 🕒 09:00-19:00
- CHF 디저트류 CHF10~
- @ www.cafe1842.ch/

콩피즈리 슈프륑글리 Confiserie Sprüngli

초콜릿의 명가 슈프륑글리에서 운영하는 디저트 카페 겸 레스토랑으로 파라데 광장점 매장과 같이 운영된다. 먹기 아까울 정도로 예쁜 케이크와 다양한 초콜릿 디저트, 유명한 마카롱 룩셈부르겔리를 커피를 비롯한 다양한 음료와 함께 즐길 수 있으며 브런치 메뉴도 판매한다. 상점이 함께 있어 수제 초콜릿이나 룩셈부르겔리를 선물로 구입할 수 있다.

- 🏠 Bahnhofstrasse 21, CH 8001 Zürich
- ☎ +41 44 224 46 16
- 🕒 월~금요일 07:00-18:30, 토요일 09:00-18:00, 일요일 09:00-17:00
- CHF 디저트류 CHF5~, 쇼콜라쇼 CHF7.9
- @ www.confiserie-spruengli.ch

로프트 파이브 Loft Five

중앙역에서 멀지 않은 곳에 있는 세련된 분위기의 바다. 주중에는 매일 다른 종류의 런치 메뉴를 판매하고 토요일에는 오픈 시간부터 오후 2시까지 브런치 메뉴도 판매해 점심을 즐기러 오는 사람들이 많으며 늦은 저녁 시간에는 맥주와 함께 스낵을 즐기기에도 좋다. 버거 메뉴가 유명한데 가격이 만만치 않다.

- 🏠 Europaallee 15, 8004 Zürich
- ☎ +41 44 755 50 50
- 🕒 월~목요일 11:30-24:00, 금요일 11:30-02:00, 토요일 10:30-02:00, 일요일 휴무
- CHF 런치 메뉴 CHF27~38, 버거 메뉴 CHF29~38
- @ www.loftfive.ch

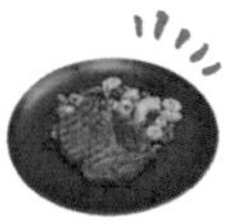

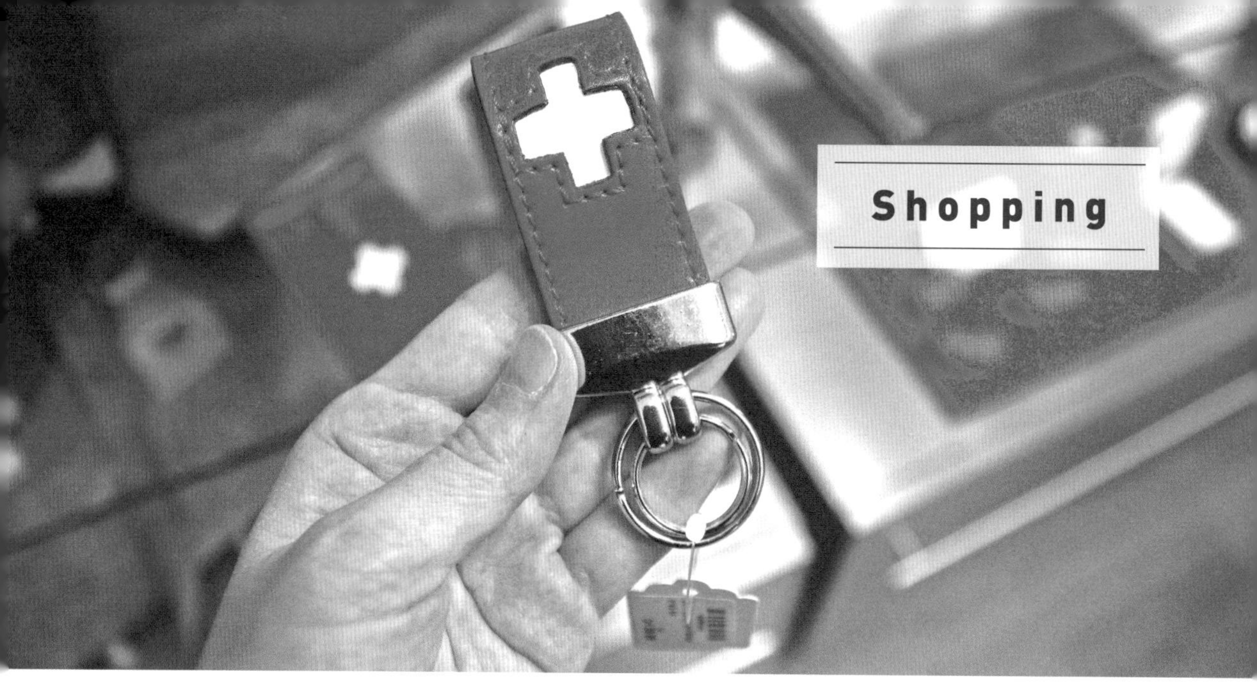

하이마트베르크 Heimatwerk

고급 핸드메이드 스위스 제품을 찾는다면 꼭 들러야 할 곳이다. 최고의 품질에 멋스러운 디자인을 입힌 스위스다운 수공예품이 가득한 곳으로 장난감, 카우벨, 아동복, 액세서리, 뮤직박스, 뻐꾸기시계 등 구경하는 재미도 쏠쏠하다. 가격은 비싼 편이나 남다른 선물이나 기념품을 장만하기에 더없이 좋으며 루체른, 취리히 공항, 제네바 공항에도 입점해 있다.

- 취리히 중앙역에서 리마트 강 쪽으로 이동해 루돌프 브룬 다리 방향으로 도보 7분
- Uraniastrasse 1, 8001 Zürich
- 10:00-19:00, 일요일 휴무
- @ www.heimatwerk.ch/

빅토리녹스 플래그십 스토어 Victorinox Flagship Store

전 세계에 70개가 넘는 매장이 있는 빅토리녹스는 흔히 맥가이버 칼로 불리는 스위스 아미 나이프가 유명한데 시계, 향수, 커트러리, 트래블 기어 등의 제품도 판매한다. 매장에 들어서면 1만 5824개의 빨간색 포켓 나이프가 기둥을 둘러싸서 지구를 표현한 모습이 인상적이다. 취리히 플래그십 스토어에서는 색상, 크기, 기능을 취향대로 골라 자신만의 스위스 아미 나이프를 제작할 수 있다. 각인 서비스는 취리히 매장을 비롯해 제네바, 루체른 등 5곳의 지점에서만 제공한다.

- 취리히 중앙역에서 반호프 거리를 따라 도보 7분
- Rennweg 58, 8001 Zürich
- 월~금요일 10:00-19:00, 토요일10:00-18:00, 일요일 휴무
- @ www.victorinox.com

프란츠 칼 베버 Franz Carl Weber

1881년에 문을 연, 세계에서 가장 오래된 장난감 가게 중 하나다. 120년 넘게 반호프 거리 62번지에 있다가 2016년에 반호프 광장으로 옮겨왔으며 여전히 장난감 천국의 면모를 자랑한다. 눈을 사로잡는 셀 수 없는 장난감은 물론 인형 옷처럼 앙증맞은 아동복, 파티 용품 등은 전 연령층을 들뜨게 만든다.

- 취리히 중앙역 앞 반호프 광장에 위치
- Bahnhofplatz 9, 8001 Zürich
- 09:30-19:00, 일요일 휴무
- @ www.fcw.ch/franz-carl-weber-zurich.html

토이셔 수제 초콜릿

Teuscher Chocolate

토이셔는 세계 각지에서 공수한 최고급 재료로 만든 명품 수제 초콜릿이다. 방부제, 화학 재료를 첨가하지 않아 신선도를 유지하기 위해 취리히에서 서울을 포함한 해외 18개 매장에 항공편으로 배송한다. 창시자인 아돌프 토이셔Adolf Teuscher는 샴페인 초콜릿을 처음 개발했으며 현재는 아들이 뒤를 이어 전통 수제 초콜릿 제작 방식을 고수하고 있다. 취리히에는 프라우뮌스터 근처의 본점 외에 반호프 거리 46번지에서도 만날 수 있다.

- 프라우뮌스터에서 도보 2분
- Storchengasse 9, 8001 Zürich
- 월~금요일 10:00-18:30, 토요일 10:00-18:00, 일요일 12:00-18:00
- @ www.teuscher-zurich.ch

취리히 추천 숙소

The Dolder Grand ★★★★★

취리히 도심과 호수, 알프스가 어우러진 환상적인 전망을 자랑하는 럭셔리 스파 호텔로 취리히 공항에서 차로 20분 거리에 있다. 고급스러운 객실, 4000m² 규모의 스파 시설, 고미요 포인트 19점 및 미슐랭 2스타에 빛나는 유명한 레스토랑을 자랑한다. 취리히 도심까지 무료 셔틀버스가 운행되어 관광하기에도 편리하다.

🏠 Kurhausstrasse 65, 8032 Zürich

☎ +41 44 456 60 00

@ www.thedoldergrand.com

Storchen Zürich ★★★★★

그로스뮌스터 맞은편 리마트 강가에 있는 660년 전통의 최고급 호텔이다. 파라켈수스, 바그너 등 수많은 세계의 유명 인사들이 숙박했던 곳으로 그야말로 취리히의 역사와 함께한 호텔이라고 할 수 있다. 객실은 구시가 전망과 리마트 강 전망으로 나뉘는데 가격은 좀 더 비싸지만 리마트 강 전망 객실을 추천한다. 여름철에는 취리히에서 가장 아름다운 강변 테라스에서 아침 식사를 즐길 수도 있다.

🏠 Weinplatz 2, 8001 Zürich ☎ +41 44 227 27 27

25hours Hotel Zürich Langstrasse ★★★★

취리히 웨스트 지역에 있는 25hours Hotel Zürich West에 이어 취리히에 두 번째로 오픈한 25hours 호텔로 역시나 개성 있고 톡톡 튀는 인테리어를 자랑한다. 스타일리시하면서도 편안한 객실, 맛있는 음식을 자랑하는 레스토랑, 친절한 직원들의 서비스로 투숙객 만족도가 매우 높다. 취리히 중앙역에서 도보 15분 정도의 거리라 캐리어를 가지고 걷기는 좀 힘들 수 있다.

- Langstrasse 150, 8004 Zürich
- ☎ +41 44 576 50 00
- @ www.25hours-hotels.com

Radisson Blu Hotel, Zürich Airport ★★★★

이탈리아 건축가이자 인테리어 디자이너인 마테오 툰Matteo Thun이 디자인한 호텔로 취리히 공항 터미널과 바로 연결되어 있어 스위스 여행 첫날이나 마지막 날 숙박하면 매우 편리하다. 미니멀한 디자인의 객실은 넓고 쾌적하며 아침 뷔페도 푸짐하다. 유리로 만들어진 16m 높이의 와인 타워가 있는 바에서 저녁 시간에 와인이나 칵테일을 즐겨 보자.

- PO Box 295, 8058 Zürich
- ☎ +41 44 800 40 40
- @ www.radissonblu.com/en/hotel-zurichairport

B2 Boutique Hotel+Spa ★★★★

맥주 양조장이었던 유서 깊은 건물을 개조한 스타일리시한 부티크 호텔로 끝내주는 전망의 루프톱 야외풀을 가진 스파가 유명하다. 3만 3000권의 책이 있는 와인 라이브러리는 조식 뷔페 레스토랑인 동시에 저녁 시간에 와인이나 맥주를 마시며 휴식을 취할 수 있는 공간이다. 취리히 도심에서 조금 벗어난 곳에 있어 자동차 여행에 더 추천한다.

- Brandschenkestrasse 152, 8002 Zürich
- ☎ +41 44 567 67 67
- @ www.b2hotel.ch/

Glockenhof ★★★★

취리히 도심에 있는 호텔로 예쁜 정원이 있는 유서 깊은 건물을 깔끔하게 리노베이트했다. 객실은 넓고 청결하며 정원에 있는 가든 레스토랑은 분위기 있는 식사를 즐기기에 좋다. 취리히 중앙역에서 도보 10분 정도 소요되며 최고의 쇼핑가인 반호프 거리에서는 도보 2분 거리에 있어 관광과 쇼핑하기에 매우 편리하다.

- Sihlstrasse 31, 8001 Zürich
- ☎ +41 44 225 91 91
- @ www.glockenhof.ch

Hotel Schweizerhof Zürich ★★★★

취리히 중앙역 바로 앞 반호프 광장에 있는 클래식한 분위기의 호텔이다. 140년 전통의 호텔이지만 객실은 리노베이션을 거쳐 안락하고 편리한 시설을 모두 갖추고 있다. 맛있는 조식 뷔페와 프로페셔널한 직원들의 태도도 높은 평가를 받고 있다. 무엇보다 기차 여행을 하는 사람들에게는 호텔의 편리한 위치가 최고의 장점으로 다가온다.

- Bahnhofplatz 7, 8001 Zürich
- ☎ +41 44 218 88 88
- @ www.hotelschweizerhof.com

Marktgasse Hotel ★★★★

취리히 시청 근처, 니더도르프 중심에 있는 부티크 호텔이다. 1291년에 지어진 건물을 완벽하게 리노베이트하여 모던하고 트렌디한 호텔로 거듭났다. 객실은 디자인 요소를 살리면서도 과하지 않은 장식으로 매우 안락하고 조식도 맛있기로 유명하다. 취리히 구시가지의 분위기를 제대로 느끼며 숙박하기를 원한다면 탁월한 선택이 될 것이다.

- Marktgasse 17, 8001 Zürich
- ☎ +41 44 266 10 10
- @ www.marktgassehotel.ch

Sorell Hotel Rütli ★★★

니더도르프 거리와 매우 가까운 곳에 있는 호텔로 주변에 레스토랑과 상점들이 많아 식사와 쇼핑을 즐기기에 편리하며 모던하고 깔끔한 인테리어를 자랑한다. 58개 객실에서는 플랫 스크린 TV, 미니바, 커피 머신, 무료 Wi-Fi, 무료 생수 등을 이용할 수 있다.

🏠 Zähringerstrasse 43, 8001 Zürich

☎ +41 44 254 58 00

@ sorellhotels.com/en

Hotel Rössli ★★★

취리히 시내 그로스뮌스터 성당 근처에 위치한 사랑스러운 디자인 호텔로 14~15세기에 지어진 역사적 건물에 있다. 아기자기하면서도 스타일리시한 인테리어로 꾸며져 있으며 주니어 스위트 이상의 객실들은 루프톱 테라스가 있어 취리히의 멋진 전망을 감상할 수 있다.

🏠 Rössligasse 7, 8001 Zürich

☎ +41 44 256 70 50

@ www.hotelroessli.ch

Hotel Adler ★★★

취리히 구시가 니더도르프의 중심에 있는 호텔로 아름다운 중세 건물에 자리 잡고 있다. 객실은 2014년에 새 단장을 마쳤으며 1층에 있는 스위스 전통 레스토랑 스위스 추치Swiss Chuchi도 맛있기로 유명하다. 주변에 바와 펍이 많아 늦은 시간까지 취리히의 밤을 즐기기에 좋다.

🏠 Rosengasse 10, 8001 Zürich

☎ +41 44 266 96 96

@ www.hotel-adler.ch

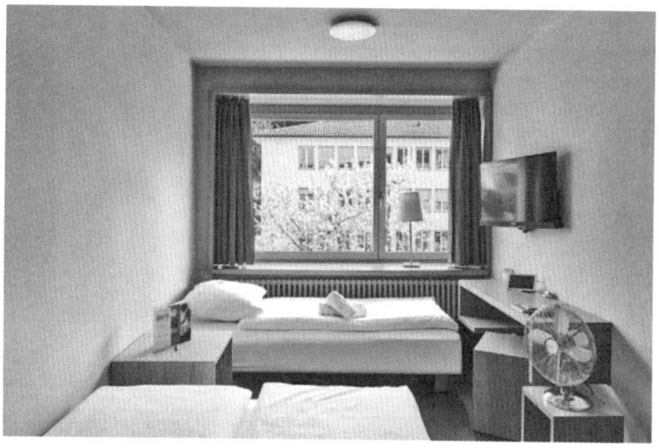

Hotel Marta ★★

니더도르프의 초입, 폴리반 근처에 있는 아담하고 예쁜 호텔이다. 아늑한 분위기의 모든 객실에는 욕실이 딸려 있으며 가격 대비 훌륭한 조식 뷔페와 중앙역에서 도보 7~8분이면 닿을 수 있어 인기가 높다. 단, 객실에 에어컨 대신 선풍기가 있으니 더운 시즌은 피해서 예약하는 것이 좋다.

🏠 Zähringerstrasse 36, 8001 Zürich

☎ +41 44 269 95 95

@ www.hotelmarta.ch

Zürich
❶ ~ ❿ 취리히 도심 일일 여행 추천 루트
Radisson Blu Hotel, Zürich Airport
9 스위스 국립박물관
Landesmuseum Zürich
Museumstrasse
10 리마트 강 유람선
Limmat Schifffahrt
Didi's Frieden
Stampfenbachstrasse
1 취리히 중앙역
Zürich Hauptbahnhof
Loft Five
25hours Hotel Zürich Langstrasse
반호프 광장
Bahnhof Platz
Sihl River
Franz Carl Weber
Hotel Schweizerhof Zürich
Bahnhof Brücke
Central
폴리반 Polybahn
스위스 취리히 연방 공과대학교
리마트 강
Limmat
Bahnhof Quai
2 반호프 거리 Bahnhofstrasse
Linthescher gasse
Globus
백화점
Sorell Hotel Rütli
8 니더도르프 거리 Niederdorfstrasse
Hotel Marta
Zähringerstrasse
Holy Cow
취리히 대학
Lindenhofstr
Uraniastrasse
Rudolf Brun Brücke
Victorinox Flagship Store
Predigerkirche
Zähringerplatz
Jelmoli
백화점
Oetenbachgasse
Heimatwerk
Lindenhofstr
The Dolder Grand
Haus Hiltl
Sihlstrasse
Hirschenplatz
Hotel Adler
4 린덴호프
Lindenhof
Glockenhof
Swiss Chuchi
Raclette Factory
Rindermarkt
3 아우구스티너가세
Augustinergasse
Marktgasse Hotel
Augustinerkirche
Rathaus Brücke
Münzplatz
시청
Rathaus
Storchen Zurich
Café & Conditorei 1842
장크트 페터 교회
Kirche St.Peter
5
Münstergasse
Teuscher Chocolate
Zwingliplatz
Kirchgasse
취리히 미술관
Kunsthaus
Zeughauskeller
Münsterhof
Münster Brücke
7 그로스뮌스터
Grossmünster
파라데 광장
Paradeplatz
6
Wasserkirche
Kirchgasse
Hotel Rössli
프라우뮌스터
Fraumünster
Confiserie Sprüngli
Limmatquai
반호프 거리 Bahnhofstrasse
Rämistrasse
벨뷰 광장
Bellevue Platz
Quai Brücke
뷔르클리 광장
Bürkli Platz
취리히 호수
Zürich See
Opernhaus
FIFA World Football Museum
FIFA 세계 축구 박물관
B2 Boutique Hotel+Spa
Pavillon Le Corbusier
르코르뷔지에관

• 스위스 동북부 도시 •

Schaffhausen

샤프하우젠

언덕 위 높이 솟은 무노트 요새와 경사로를 따라 자리 잡은 포도밭, 멋진 프레스코화와 분수가 가득한 구시가지가 매력적인 중세 도시. 이 도시를 즐기는 가장 좋은 방법은 골목길을 여기저기 어슬렁거리다가 이 지역에서 생산되는 와인을 곁들여 식사를 하는 것이다. 시간이 된다면 근처에 있는 라인 폭포까지 다녀와도 좋다.

샤프하우젠 관광청 | www.schaffhauserland.ch

찾아가기

취리히 중앙역 → (직행 기차로 약 40분 / 편도 CHF11.6~) → **샤프하우젠역**

Travel Highlight

황금 황소의 집 Haus zum Goldenen Ochsen

샤프하우젠 구시가지에서 가장 웅장하고 화려한 집. 17세기에 지금의 모습으로 재건축되었는데 외벽 프레스코화에 트로이 전쟁의 영웅을 비롯한 고대 바빌론, 그리스의 인물들과 함께 금색 황소가 그려져 있어 황금 황소의 집이라 불린다. 프레스코화와 더불어 우아하고 아름다운 퇴창이 시선을 잡아끈다.

📍 샤프하우젠 기차역에서 도보 2분

무노트 요새 Munot

높은 언덕 위에 우뚝 서 있는 샤프하우젠의 랜드마크. 반지 모양의 요새로 1564~1589년에 건축되었다. 포도밭 사이로 난 가파른 계단을 오르면 요새 입구가 나오고 안으로 들어가 다시 나선형 계단으로 지붕에 오르면 샤프하우젠 마을 풍경과 라인강의 360도 전망을 감상할 수 있다. 지금도 매일 저녁 9시, 무노트 가드가 과거에 도시의 문과 여관 폐장을 알리던 무노트 종을 울린다.

📍 샤프하우젠 기차역에서 보더 거리Vordergasse를 지나 도보 12분

🕒 10~4월 09:00-17:00, 5~9월 08:00-20:00

CHF 무료 @ www.munot.ch

©Hauserphoton

기사의 집 Haus zum Ritter

샤프하우젠 구시가지 중심에 있는 최고의 관광 스폿. 1566년 한스 폰 발트키르흐Hans von Waldkirch가 위층을 증축하고 1568~1570년에 토비아스 슈티머Tobias Stimmer가 외벽에 아름다운 프레스코화를 그렸다. 프레스코화의 원본은 1935년 근처의 알러하일리겐 박물관Museum zu Allerheiligen으로 옮겨졌으며 지금 있는 것은 20세기에 다시 그려진 것이지만 중세 느낌이 물씬 나는 건물은 감탄을 자아낸다. 내부에 들어가려면 사전에 예약을 해야 한다.

📍 샤프하우젠 기차역에서 도보 5분

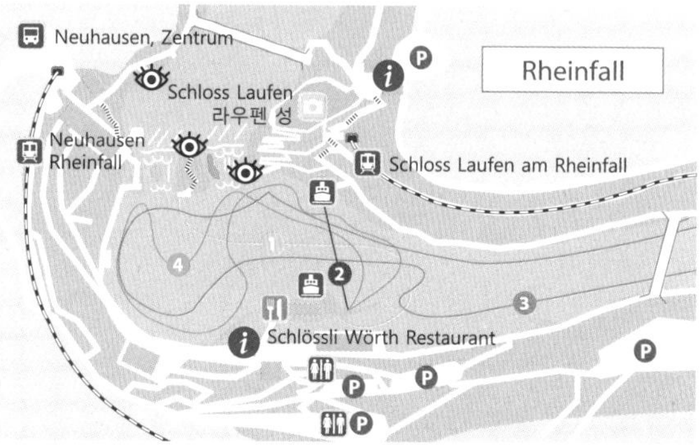

라인 폭포 Rheinfall

높이 23m, 너비 150m의 유럽 최대의 폭포. 높이가 높지 않아 언뜻 작아 보일 수 있지만 가까이에서 보면 초당 60만 리터의 엄청난 수량과 소리가 압도적으로 느껴진다. 북쪽 강변과 남쪽의 라우펜 성Schloss Laufen 전망대에서 라인 폭포를 감상할 수 있으며, 유람선을 타면 라인 폭포를 바로 앞에서 볼 수 있는 것은 물론 투어에 따라 중간에 있는 바위섬 정상에 올라가볼 수도 있다. 라우펜 성 티켓을 사면 전망 플랫폼과 함께 성 내의 전시관도 둘러볼 수 있으며 통유리로 된 엘리베이터도 이용할 수 있다. 좀 더 자세한 정보는 홈페이지(www.schlosslaufen.ch) 참고.

- ① 남쪽 강변(라우펜 성) 샤프하우젠 기차역에서 S33 열차를 타고 Schloss Laufen am Rheinfall역 하차(5분 소요) / ② 북쪽 강변 샤프하우젠 기차역에서S9 열차를 타고 Neuhausen Rheinfall역 하차(4분 소요) / 샤프하우젠 기차역 앞에서 1번 또는 7번 버스를 타고 Neuhausen, Zentrum 하차(13~17분 소요)
- 북쪽 강변 연중 오픈, 라우펜 성 티켓 오피스 6~8월 08:00-19:00, 9~10월과 4~5월 09:00-18:00, 11월과 2~3월 09:00-17:00, 12~1월 09:00-17:00(전망 플랫폼은 24시간 오픈)

CHF 북쪽 강변 무료, 라우펜 성 성인 CHF5, 6~15세 CHF3 @ www.rheinfall.ch

HOT TIP

라인 폭포 유람선 Rhyfall-Mändli

여러 가지 코스가 있는데, 가장 인기 있는 것은 폭포 가운데 있는 바위섬에 다녀오는 노란색 배의 1번 코스다. 유람선 티켓은 라우펜 성과 맞은편의 뵈르트 성 Schlössli Wörth 아래 유람선 선착장에서 구입할 수 있다.

- 4월, 10~11월 11:00-17:00, 5~9월 09:30-18:30

CHF 코스에 따라 성인 CHF8~20

@ www.rhyfall-maendli.ch

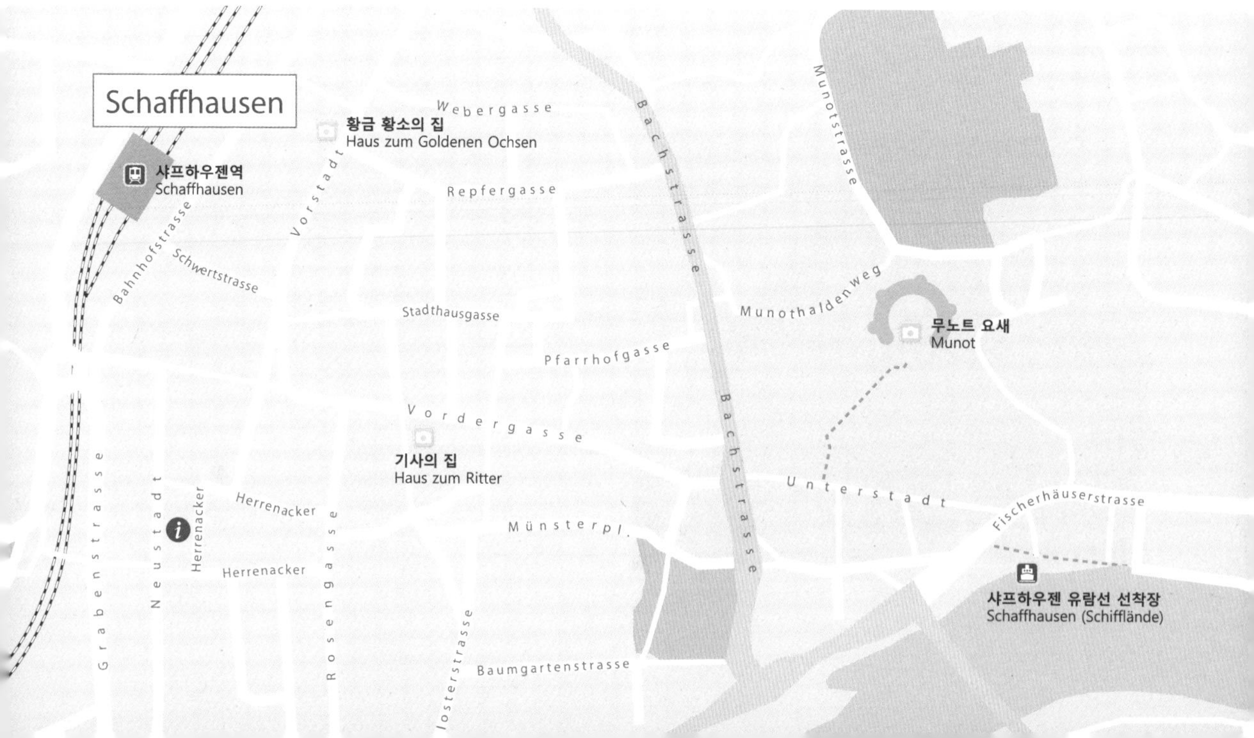

• 스위스 동북부 도시 •

Stein am Rhein

슈타인 암 라인

라인 강변에 있는 도시들 중에서 중세 모습이 가장 잘 보존된 구시가를 가진 도시. 기차역에서 내려 라인강 쪽으로 내려간 후 다리를 건너면 구시가지로 들어서게 되는데, 구시가의 중심인 시청사 광장에 서면 중세로 시간 여행을 떠난 듯한 기분이 든다.

슈타인 암 라인 관광청 | schaffhauserland.ch/en/regions/stein-am-rhein.html

찾아가기

샤프하우젠 —S1 기차로 약 23분 / 편도 CHF4.8→ **슈타인 암 라인역**

시청사 광장 Rathausplatz

슈타인 암 라인 구시가의 하이라이트로 시청사를 비롯해 화려한 프레스코화와 퇴창으로 장식된 집들에 둘러싸여 있다. 시청사 건물은 1539~1542년에 상점과 시청 등의 용도로 지어진 것으로 지금도 시청사로 이용되고 있다. 시청사를 비롯해 광장 주변을 둘러싼 건물들은 모두 다른 매력을 뽐내는데 각각의 건물은 프레스코화에 그려진 그림에 따라 이름이 붙여져 있다. 특별히 눈여겨봐야 할 건물로는 스위스 르네상스의 가장 오래된 프레스코화가 있는 바이서 아들러Weisser Adler(흰 독수리), 마을에서 가장 오래된 선술집이었던 로터 옥센Rother Ochsen(붉은 황소) 등이 있다. 여름철에는 광장의 노천 레스토랑에 앉아 식사나 커피를 즐길 수도 있다.

📍 슈타인 암 라인 기차역에서 다리를 건너 도보 7분

· 스위스 동북부 도시 ·

St. Gallen

장크트 갈렌

보덴 호수Bodensee와 아펜첼 사이에 있는 스위스 북동부의 중심 도시. 유네스코 세계문화유산으로 등재된 수도원과 부속 도서관, 과거의 영광을 그대로 간직한 아름다운 구시가, 텍스타일 박물관에서 이 도시의 오랜 역사와 문화를 짐작할 수 있다. 기차역에서 구시가까지는 도보로 5분 정도 소요된다.

장크트 갈렌 관광청 | www.st.gallen-bodensee.ch/en

찾아가기

취리히 중앙역 → 직행 기차로 약 1시간 10분 / 편도 CHF15.5~ → **장크트 갈렌역**

대성당과 수도원 부속 도서관 Kathedrale & Stiftsbibliothek

612년 아일랜드 수도사인 갈루스Gallus가 기도의 은신처로 삼았던 곳으로 8세기에 수도원이 처음 세워졌다. 9~11세기에는 유명한 수도사들이 이 수도원에서 수도 생활을 하고 귀족 자제들의 학교 역할을 하면서 중세 유럽의 학문과 예술의 중심지였다고 한다. 1805년 수도원이 없어진 후 대성당이 되었으며 카롤링거 왕조 시대 수도원의 전형으로 여겨진다. 대성당 뒤쪽에 있는 수도원 부속 도서관은 스위스에서 가장 오래된 도서관으로 5세기까지 거슬러 올라가는 약 17만 권의 귀중한 필사본과 자료, 고서들을 소장하고 있다. 하지만 어떤 소장품보다도 방문자들의 시선을 끄는 것은 약 3만 권의 책과 자료, 2700년 전 이집트 미라가 보관되어 있는 화려함의 극치인 바로크 홀이다. 대성당과 수도원 부속 도서관은 1983년 유네스코 세계문화유산에 등재되었다.

- 장크트 갈렌 기차역에서 도보 10분 / 구시가지 중심에 위치
- 수도원 부속 도서관 10:00-17:00, 12/24~12/25 휴무, 재정비를 위해 11월 또는 12월 중 비정기 휴무
- CHF 성인 CHF18, 학생 CHF12
- @ www.stibi.ch

구시가 Historische Altstadt

보행자 전용 구역으로 지정되어 있는 장크트 갈렌의 구시가에는 17~18세기 부유한 상인들이 자신들의 집을 꾸미기 위해 화려하게 장식한 111개의 퇴창이 지금까지도 잘 보존되어 있다. 그중 제일 유명한 것이 슈미트 거리Schmiedgasse 15번지에 있는 펠리칸의 집Haus zum Pelikan, 쿠겔 거리Kugelgasse 10번지에 있는 백조의 집Haus zum Schwan, 슈피저 거리Spisergasse 22번지에 있는 낙타 퇴창Kamel Erker 등이다.

- 장크트 갈렌 기차역에서 도보 8분

텍스타일 박물관 Textile Museum

면직물, 레이스, 자수 등 예부터 직물 공업이 발달한 상업 도시인 장크트 갈렌과 잘 어울리는 박물관으로 스위스 텍스타일의 전통과 역사를 한눈에 볼 수 있는 곳이다. 고대 이집트 무덤에서 발굴된 직물부터 14세기 자수, 세계 최고의 손뜨개 레이스 컬렉션, 의복, 자수 기계 등 3만 점이 넘는 전시품을 자랑한다. 상설 전 외에 현대 직물 관련 전시회도 별도로 개최된다.

- 샤프하우젠 기차역에서 도보 2분
- 10:00-17:00, 12/24~12/25 휴무
- CHF 성인 CHF12, 26세 이하 학생 CHF5, 18세 이하, 스위스 트래블 패스 소지자 무료
- @ www.textilmuseum.ch

· 스위스 동북부 도시 ·

Appenzell

아펜첼

나지막한 구릉들이 완만하게 이어진 평야 지대에 둘러싸인 평화로운 마을. 직접민주주의의 현장인 란츠게마인데 광장, 메인 스트리트인 하우프트 거리, 세계적으로 유명한 아펜첼 치즈가 유명하다. 아직까지도 전통 생활 방식이 많이 남아 있는데 대표적인 것이 5월에서 6월 초에 목동들이 알프스 고원에 있는 목초지로 가축 떼를 몰고 올라갔다가 8월 중순에서 9월에 마을로 돌아오는 행사다. 이 기간에 아펜첼을 방문하면 화려한 전통 의상을 입은 목동과 하얀 염소, 커다란 카우벨을 단 소들의 행렬을 구경할 수 있다.

아펜첼 관광청 | www.appenzell.ch

찾아가기

취리히 중앙역 —기차로 약 1시간 50분 / 편도 CHF9.4~→ **아펜첼역**

Travel Highlight

하우프트 거리 Hauptgasse

아펜첼의 메인 스트리트인 하우프트 거리는 아들러 광장Adlerplatz에서 란츠게마인데 광장Landsgemeindeplatz 사이의 보행자 전용 도로를 말한다. 길 양쪽에는 전통 양식의 호텔, 상점, 레스토랑, 카페 등 컬러풀한 집이 가득해서 산책을 즐기거나 사진 촬영을 하기에 좋다. 가장 눈에 띄는 건물은 붉은 바탕에 화려한 약초 그림이 그려진 뢰벤 약국Löwen Drogerie, 전면 벽에 아름다운 그림이 그려진 시청사 건물 등이다.

📍 아펜첼 기차역에서 포스트 거리Poststrasse를 따라 도보 5분

란츠게마인데 광장 Landsgemeindeplatz

매년 4월의 마지막 일요일 아침이면 아펜첼 이너로덴 주의 참정권을 가진 주민들이 모여 마을의 중요한 문제에 대해 결의하거나 주 정부의 각료를 선출하는 란츠게마인데가 열리는 곳이다. 모든 결의는 공개적으로 거수를 통해 이루어지며 원래는 남성만 참가할 수 있었으나 1991년부터 여성도 참정권을 갖게 되었다.

📍 하우프트 거리 투어리스트 인포메이션에서 도보 2분

아펜첼 박물관 Museum Appenzell

시청사 옆 건물에 자리 잡고 있는 아펜첼 박물관은 아펜첼 이너로덴Appenzell Innerrhoden 주의 문화 역사 박물관이다. 아펜첼 자수 수공예품, 전통 의상, 가구 공예품 등을 전시하며 1층에는 투어리스트 인포메이션이 있다.

- 하우프트 거리 시청사와 가톨릭 성당 사이
- 4~10월 월~금요일 10:00-12:00 & 13:30-17:00, 토~일요일 11:00-17:00 / 11~3월 화~일요일 14:00-17:00, 1/1, 12/25 휴관
- CHF 성인 CHF7, 학생 CHF4, 어린이 CHF3

가톨릭 성당 Kath. Kirche mit Krypta

하우프트 거리의 시작점인 아들러 광장에 있는 가톨릭 성당은 성 마우리티우스(독일어로는 St. Moritz)에게 헌정된 곳으로 예쁜 시계탑이 돋보인다. 성당 근처에는 아름답게 꾸며진 공동묘지가 자리 잡고 있다.

- 하우프트 거리 초입의 아들러 광장

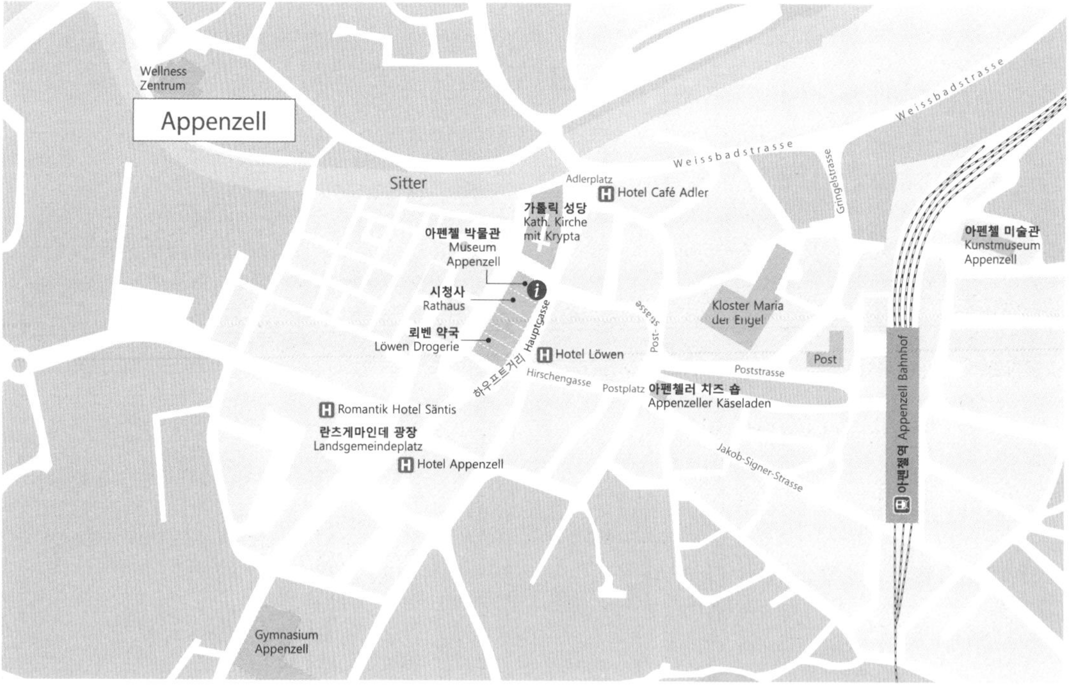

Basel

바젤

라인 강변의 예술적 중세 도시

스위스, 프랑스, 독일 국경에 자리 잡은 바젤은 도시를 관통하며 도도하게 흐르는 라인강을 빼놓고는 말할 수 없는 곳이다. 'Riviera'로 불리는 강변에는 산책을 즐기는 연인, 휴식을 즐기기 위해 나온 학생과 직장인들로 넘쳐나고 19세기부터 운행되는 나룻배 형식의 페리 보트를 타면 아름다운 강변의 경치를 천천히 감상하며 강을 건널 수 있다. 강 남쪽 구시가의 고풍스러운 15세기 중세 건물에는 맛있는 레스토랑, 분위기 좋은 카페나 바들이 당신을 기다리고 있다.

바젤 관광청 | www.basel.com

찾아가기

항공

바젤 시내에서 자동차로 10분 거리에 있는 유로 에어포트Euro Airport(www.euroairport.com)는 프랑스와 스위스가 함께 운영하는 국제공항으로 프랑크푸르트에서는 50분, 뮌헨, 파리에서는 1시간, 암스테르담, 런던, 로마에서는 1시간 15~40분 정도면 이동할 수 있다.

공항에서 시내로

바젤 공항에서 스위스/프랑스 기차역Basel SBB / SNCF까지는 50번 버스가 운행되며(가격 CHF6.1) 택시를 이용할 경우 CHF50 정도의 요금이 나온다.

기차

바젤은 스위스, 프랑스, 독일 3개국이 맞닿아 있는 지역인 만큼 기차역이 스위스와 프랑스의 국철이 함께 이용하는 남쪽 기차역(SBB/SNCF)과 독일 기차역인 북쪽 기차역(BBF: Basel Badische Bahnhof)으로 나뉘어 있다. 남쪽 기차역의 경우 스위스 내 도시에서 이동할 때는 Basel SBB 쪽을 이용하며 프랑스에서 도착하는 열차는 Basel SNCF로 도착한다.

주요 도시-바젤 열차 이동 시간

취리히 : 약 1시간 5분
루체른 : 약 1시간
베른 : 약 55분
프랑크푸르트 : 약 3시간
파리 리옹역 : 약 3시간

자동차

바젤은 프랑스나 독일의 도시들에서 고속도로를 이용해 쉽게 이동할 수 있으며 취리히에서는 3번 고속도로, 루체른에서는 2번 도로를 이용한다. 바젤 시내에는 약 4000대의 차를 세울 수 있는 5개의 대형 주차 시설이 있다. 자세한 정보는 www.parkhaeuser.bs.ch(독일어) 참고.

주요 도시-바젤 자동차 이동 시간

취리히 : 약 1시간 10분
루체른 : 약 1시간 50분
베른 : 약 1시간 15분
프랑크푸르트 : 약 3시간 40분
스트라스부르크 : 약 1시간 30분

· 바젤 구시가 일일 여행 추천 루트 ·

1 바젤 스위스/프랑스 기차역에서
트램 8번 또는 11번을 타고 Marktplatz 하차

2 마르크트플라츠

3 시청사

4 대성당

시내 교통

바젤은 남쪽 기차역과 북쪽 기차역 사이에 구시가가 있어 도보로만 관광하기보다는 버스나 트램을 이용하는 것이 좋으며 바젤 카드와 스위스 트래블 패스 소지자(사용일인 경우)는 바젤 시내 교통을 무료로 이용할 수 있다. 교통권이 없을 경우, 시내에서만 이동한다면 단거리 티켓 또는 1개 Zone 내에서 유효한 티켓을 구입하면 된다. 바젤 시내에서 운행되는 트램과 버스의 자세한 노선 정보 및 가격은 www.bvb.ch 참고.

CHF 1회권 CHF2.3(4정거장 이내, 30분 유효), CHF3.8(1 Zone), CHF4.7(2 Zones) / 1일권 CHF9.9(바젤 시내와 주변 지역, 24시간 유효)

HOT TIP

바젤 카드 Basel Card

바젤에서 숙박하는 모든 투숙객이 체크인 시 무료로 제공받을 수 있는 카드로 숙박 기간 동안 바젤과 주변 지역의 대중교통을 무제한 이용할 수 있으며 박물관, 동물원, 바젤 극장, 2시간 관광버스 투어와 구시가 워킹 투어 등을 50% 할인받을 수 있다.

Travel Highlight

하우프트 거리 Hauptgasse

일요일을 제외한 평일 오전에는 매일 신선한 채소와 과일, 예쁜 꽃을 파는 시장이 열리는 마르크트플라츠, 즉 시장 광장은 구시가의 중심이다. 이 광장에서 바르퓌서 광장Barfüsserplatz까지 이어지는 구시가의 거리는 관광객과 쇼핑객들에게 인기 있는, 바젤에서 가장 번화한 곳이다.

📍 남쪽 기차역(Bahnhof SBB) 앞에서 트램 8, 11번을 타고 Marktplatz 하차

5 바르퓌서 교회, 역사 박물관

6 팅겔리의 카니발 분수

7 바젤 미술관에서 다리를 건너 Wettsteinplatz에서 31번 또는 38번 버스를 타고 Tinguely Museum 하차

8 팅겔리 미술관

대성당 페리 Münsterfähre

대성당의 팔츠에서 계단을 내려오면 바젤 시내 라인강을 가로지르는 4개의 나룻배 모양의 페리 보트 중 가장 인기 있는 뮌스터페레Münsterfähre 'LEU'의 선착장을 발견할 수 있다. 관광객이 주로 이용하는 이 페리 보트는 강을 가로지르는 긴 케이블에 연결되어 천천히 라인강을 건너는데, 운치 있는 라인 강변 경치를 여유롭게 감상하기에 더할 나위 없이 좋다.

- 대성당 뒤편 Pfalz 아래 선착장
- 여름철 09:00-20:00, 겨울철 11:00-17:00, 바젤 카니발 등 이벤트 기간 운행 시간 변경

CHF 성인 CHF2, 어린이 CHF1 @ www.leu-faehri.ch

대성당 Münster

구시가 라인 강변의 언덕에 있는 인상적인 대성당으로 바젤의 상징이다. 붉은 사암으로 지어진 외벽, 멀티 컬러의 타일로 된 지붕, 2개의 쌍둥이 탑이 아름답게 조화를 이루며 납골당, 성가대석, 에라스무스의 묘, 로마네스크 양식의 정교한 문, 회랑 등에서 여러 세기에 걸친 개축의 흔적을 찾을 수 있다. 팔츠Pfalz라고 불리는 대성당 뒤편의 테라스에서는 바젤 구시가의 조용한 모습과 라인강은 물론 3국 국경 지점까지 조망할 수 있다.

- 마르크트 광장에서 도보 5분
- 여름철 월~금요일 10:00-17:00, 토요일 10:00-16:00, 일요일과 공휴일 11:30-17:00 / 겨울철 월~토요일 11:00-16:00, 일요일, 공휴일 11:30-16:00, 바젤 카니발 기간 11:00-14:00, 1/1, 성금요일, 12/24 휴무

CHF 성당 무료

시청사 Rathaus

마르크트 광장에 있는 바젤의 시청사는 우선 강렬한 붉은색으로 시선을 확 사로잡는다. 고딕과 르네상스 양식이 결합된 건물은 화려한 금색 탑과 벽면을 장식한 프레스코화로 한층 더 아름다움을 뽐낸다. 개별적으로는 안뜰까지 무료로 입장할 수 있고 바젤 관광청의 가이드 투어를 예약하면 건물 내부도 관람할 수 있다.

- 마르크트 광장 바로 앞
- 월~금요일 08:00-12:00, 13:30-17:00, 토~일요일 휴무

팅겔리의 카니발 분수 Tinguely Fasnachts Brunnen

스위스 현대 조각 예술을 대표하는 조각가 팅겔리는 바젤 시민이 가장 사랑하는 예술가 중 한 사람이다. 그는 이 분수를 위해 거대한 풀 안에 9개의 움직이는 기계 작품을 배치했는데 각각의 작품은 마치 무대에서 배우와 댄서들이 서로 무언의 대화를 나누듯이 경쾌하게 서로 소통한다. 구시가 극장 광장Theaterplatz에 있어서 관광 중에 쉽게 만날 수 있다.

- 마르크트 광장에서 도보 10분 / 트램 6, 10, 16번 Theater역

바젤 문화·감성 충전 100%

바젤은 박물관을 사랑하는 사람들에게 파라다이스와 같은 곳이다. 바젤 미술관, 팅겔리 미술관, 바이엘러 재단 미술관 등의 수준 높은 미술관과 독특하고 다양한 40개가 넘는 박물관들이 이 도시의 매력을 배가시킨다. 스위스 트래블 패스 소지자가 무료로 입장할 수 있는 박물관이 많으며 바젤 카드가 있으면 50% 할인받을 수 있어 부담 없이 여러 박물관을 관람할 수 있다. 좀 더 많은 바젤의 박물관, 미술관을 알아보고 싶다면 바젤 관광청 박물관 홈페이지(www.basel.com/en/art/Museums)를 참고하자.

©Kunstmuseum

©2011 Museum Tinguely/Samuel Oppliger

©Kunstmuseum

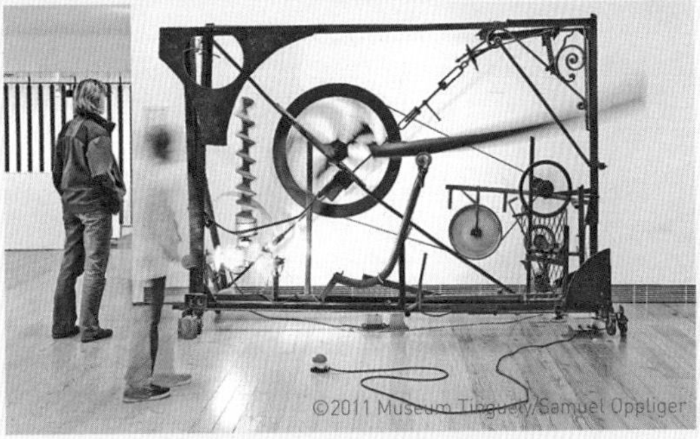
©2011 Museum Tinguely/Samuel Oppliger

바젤 미술관 Kunstmuseum Basel

1661년에 창설된 미술관으로 한스 홀바인의 '그리스도의 유해'를 비롯해 홀바인 일가의 작품에 대해서는 세계에서 가장 방대한 컬렉션을 자랑한다. 고흐, 고갱, 세잔, 모네, 루소, 피카소 등 19~20세기 인상파와 입체파 작가들의 작품으로도 유명하다. 1936년에 지어진 본관과 2016년 본관 맞은편에 지어진 컨템포러리 디자인의 별관 건물, 도보로 10분 정도 떨어진 곳에 있는 현대미술관까지 3개의 전시 공간으로 구분되어 있다.

- 마르크트 광장에서 도보 10분 / 트램 1, 2, 15번 Kunstmuseum역
- 본관 및 별관 화요일, 목~일요일 10:00-18:00, 수요일 10:00-20:00 / 현대미술관 화~일요일 11:00-18:00, 월요일 휴관
- CHF 성인 CHF16(특별전 포함 All in One 티켓 CHF26), 13~19세, 20~30세 학생 CHF8, 바젤 카드 소지자 50% 할인, 13세 이하, 스위스 트래블 패스 소지자 무료, 매달 첫째 일요일과 화~금요일 17시 이후 무료 입장
- @ www.kunstmuseumbasel.ch

팅겔리 미술관 Museum Tinguely

스위스 조각가 장 팅겔리의 삶과 작품에 대한 박물관인 팅겔리 미술관은 유명 건축가 마리오 보타가 설계한 라인 강가의 아름다운 미술관 건물로도 잘 알려져 있다. 20세기의 가장 혁신적이고 위대한 스위스 예술가였던 팅겔리는 키네틱 아트 Kinetic Art의 대가로 여러 가지 폐기계를 조합해 동력으로 움직이는 금속 조각 작품을 만들어냈다. 그의 다양하고 유쾌한 작품뿐만 아니라 일러스트, 사진 등도 전시하고 있다.

- 남쪽 기차역(Bahnhof SBB) 앞에서 트램 2번을 타고 Wettsteinplatz역에서 하차 / 버스 31번 또는 38번으로 환승 후 Tinguely Museum 하차
- 화~일요일 11:00-18:00(목요일은 21:00까지), (목요일은 21:00까지), , 월요일, 12/25 휴관
- CHF 성인 CHF18, 학생 CHF12, 16세 이하 무료, 바젤 카드 소지자 50% 할인, 스위스 트래블 패스 소지자 무료
- @ www.tinguely.ch

©Fondation Beyeler/Mark Niedermann

바이엘러 재단 미술관 Fondation Beyeler

자연과 예술, 건축(렌조 피아노Renzo Piano가 설계한 아름다운 미술관 건물)까지 3가지가 완벽하게 조화를 이룬 이 미술관은 바젤의 독일 기차역 근처 한적한 곳에 있다. 세계에서 가장 유명한 개인 컬렉션 중 하나로 세잔, 고흐, 클레, 미로에서 워홀과 로스코까지 수없이 많은 거장들의 작품을 전시하고 있다. 메세 바젤Messe Basel에서도 멀지 않은 곳에 있어 행사에 참가하기 위해 바젤을 찾은 사람들도 시간을 내어 들러보기 좋다.

- 남쪽 기차역(Bahnhof SBB) 앞에서 트램 2번을 타고 Badischer Bahnhof에서 6번으로 환승한 후 Fondation Beyeler역 하차
- 매일 10:00-18:00(수요일은 20:00, 금요일은 21:00까지), 연중무휴
- CHF 성인 CHF25(화요일에는 CHF20), 25세까지 무료, 바젤 카드 소지자 50% 할인
- @ www.fondationbeyeler.ch

비트라 디자인 미술관 Vitra Design Museum

세계에서 가장 중요한 디자인 박물관 중 하나로 바젤에서 가까운 독일의 국경 도시 바일 암 라인Weil am Rhein에 있다. 미국의 대표적인 건축가 프랭크 게리Frank Gehry가 설계한 박물관 건물은 보는 각도에 따라 다르게 보여 마치 하나의 역동적인 조각 작품처럼 보인다. 박물관 내부에는 세계적인 가구 회사인 비트라의 역사적인 자료들이 전시되어 있으며 가구와 조명 등 주요 전시품은 헤르조그와 드뫼롱Herzog & de Meuron이 디자인한 건물인 비트라 스차우디포Vitra Schaudepot에서 볼 수 있다. 이 외에도 주변 부지에는 니콜라스 그림쇼Nickolas Grimshaw, 안도 타다오Ando Tadao, 자하 하디드Zaha Hadid 등 세계적인 건축가들의 작품이 있어 건축에 관심이 있다면 꼭 방문해볼 만한 곳이다. 국경을 넘어가니 여권을 꼭 소지하자.

- 북쪽 기차역(BBF) 앞에서 55번 버스를 타고 Vitra 정류장 하차
- 매일 10:00-18:00, 12/24 10:00-14:00, 연중무휴
- € 박물관+스차우디포 성인 €21(박물관 €15, 스차우디포 €12), 12세 이상 학생 €19(박물관 €12, 스차우디포 €9), 12세 미만 무료, 바젤 카드 소지자 50% 할인
- @ www.design-museum.de

바르퓌서 교회, 역사 박물관
Barfüsserkirche, Museum für Geschichte

프란체스코파의 교회로 사용되었던 곳으로 현재는 바젤의 역사 박물관 중 하나다. 스위스, 독일, 프랑스 3개국의 국경에 있는 바젤의 역사적 역할을 엿볼 수 있는 상설 전시품이 많다. 주요 전시품으로는 바젤 대성당의 보물과 중세 태피스트리, 르네상스와 바로크 시대의 지구본, 상아 세공품, 시계, 박제 동물, 과학 기구들로 가득찬 호기심의 방 등이 있다.

- 마르크트 광장에서 도보 7분 / 트램 3, 6, 8, 11, 14, 15, 16 ,17번 Barfüsserplatz역 하차
- 화~일요일 10:00-17:00, 월요일 휴관
- CHF 성인 CHF15, 13~20세 청소년 CHF8, 12세 이하 어린이 무료, 매달 첫 번째 일요일 무료(특별전 제외), 스위스 트래블 패스 소지자 무료, 바젤 카드 소지자 50% 할인
- @ www.hmb.ch/en/museums/barfuesserkirche/

장난감 세계 박물관

Spielzeug Welten Museum

약 2500점의 유럽 최대 규모 앤티크 테디 베어 컬렉션을 비롯해 19세기 초~20세기 중반까지 독일과 프랑스 등에서 만들어진 인형, 섬세함의 극치인 인형의 집과 미니어처까지 6000점이 넘는 전시품을 자랑하는 박물관이다. 아이들은 물론 앤티크에 관심 있는 어른들도 충분히 좋아할 만한 박물관이다.

- 마르크트 광장에서 도보 8분 / 트램 3, 6, 8, 11, 14, 15, 16,17번 Barfüsserplatz역 하차
- 화~일요일 10:00-18:00, 월요일 휴관(12월 매일 10:00-18:00), 1/1, 12/25, 12/26, 바젤 카니발 기간 휴관
- CHF 성인 CHF7, 16세 이하와 스위스 트래블 패스 소지자 무료, 바젤 카드 소지자 50% 할인
- @ www.spielzeug-welten-museum-basel.ch

바젤 파스나흐트 Basler Fasnacht

스위스 3대 카니발로 꼽히는 바젤 파스나흐트는 사순절의 첫날인 재의 수요일을 보낸 직후 첫 번째 월요일 새벽 4시에 시작된다. 4시 정각에 도시의 모든 조명이 꺼지고 어둠 속에서 등불 행렬인 모르게슈트라이히Morgestraich가 행진하며 북과 피콜로 연주로 잠자는 도시를 깨운다. 새벽 행렬이 서막이라면 본막인 거리 행진, 코르테주Cortège는 월요일, 수요일 오후 1시 30분에 시작한다. 목요일 새벽 4시, 카니발의 막이 내리는 순간까지 다채로운 가면과 복장, 공들여 만든 등불이 바젤 곳곳을 가득 메운다. 축제 기간 동안에 판매하는 갈색 밀가루 수프인 멜주페Mehlsuppe, 양파 타르트 츠비벨쿠헨Zwiebelkuchen, 치즈 파이 케제쿠헨Käsekuchen 등도 빼놓을 수 없다.

Restaurant & Café

아틀리에 Atelier

바젤의 디자인 호텔 Der Teufelhfof에서 운영하는 독특한 콘셉트의 레스토랑으로 '작업실'이라는 뜻의 이름에 걸맞게 화가의 작업실에 들어온 듯한 인테리어가 흥미롭다. 바젤 주변 지역에서 생산되는 신선한 재료로 만든 스위스와 인터내셔널 요리를 즐길 수 있고 다양한 와인 셀렉션도 유명하다. 호텔의 또 다른 레스토랑 Bel Étage에 비해 캐주얼한 분위기로 런치 메뉴가 따로 있어 관광 중에 들러 점심 식사를 즐기기에 좋다.

- 🏠 Leonhardsgraben 49, 4051 Basel
- ☎ +41 61 261 10 10
- 🕒 런치 12:00-14:00, 디너 18:30-24:00
- CHF 런치 메뉴 CHF28, 디너 2코스 메뉴 CHF61
- @ www.teufelhof.com

슈발 블랑 Cheval Blanc

바젤 최고 럭셔리 호텔인 Grand Hotel Les Trois Rois의 프렌치 레스토랑으로 스타 셰프 피터 크노글Peter Knogl과 그의 팀이 만드는 수준 높은 요리를 맛볼 수 있다. 미슐랭 3스타와 고미요 포인트 19점을 자랑하는 최고급 레스토랑이므로 가격이 많이 높은 편이다. 로맨틱하고 특별한 저녁 식사를 원할 경우 방문해보자.

- 🏠 Blumenrain 8, 4001 Basel
- ☎ +41 61 260 50 07
- 🕒 화~토요일 12:00-14:00, 19:00-22:00, 일~월요일 휴무
- CHF 디너 5코스 메뉴 CHF260, 디너 6코스 메뉴 CHF290
- @ www.chevalblancbasel.com

네기시 스시 바 Negishi Sushi Bar

바젤 시내에만도 3개의 지점이 있는 스시 레스토랑이다. 저렴한 가격에 다양한 스시를 맛볼 수 있으며 테이크 아웃도 가능하다. 런치 메뉴가 있어 간단하게 점심을 해결하기 좋다.

- 🏠 Stänzlergasse 7, 4051 Basel
- ☎ +41 61 271 64 46
- 🕒 월~토요일 11:00-23:00, 일요일 12:00-22:00
- CHF 런치 메뉴 CHF22.5~23.5
- @ www.negishi.ch

아르티지아노 카페 Artigiano Café

파스타, 리소토, 피자 등 맛있는 이탈리아 요리를 맛볼 수 있는 레스토랑으로 구시가와 기차역 사이에 있다. 직접 반죽한 도우로 만드는 피자가 특히 맛있어서 아이들과 함께 방문하면 좋다.

- 🏠 Im Birsigparkplatz 26, 4051 Basel
- ☎ +41 61 271 15 76
- 🕒 월~금요일 11:00-14:30, 17:30-24:00, 토~일요일 11:00-24:00
- CHF 피자 CHF22.5~31.5
- @ www.artigiano-pizzeria.com/

Basel

Basel
❶ ~ ❽ 바젤 구시가 일일 여행 추천 루트
비트라 디자인 미술관 방면
Vitra Design Museum
바이엘러 재단 미술관 방면
Fondation Beyeler
Schönaustrasse
Maulbeerstrasse
바젤 독일국철역
Badischer Bahnhof
Mattenstrasse
Feldbergstrasse
메세 바젤
Messe Basel
Riehenring
Rosentalstrasse
Johanniterbrücke
Messeplatz
Clarastrasse
Riehenstrasse
바젤 대학병원
Blumenrein
Cheval Blanc
Mittlere Rheinbrücke
Wettstein-platz
바젤 대학교
시청사
Rathaus
마르크트플라츠
Marktplatz
대성당 페리
Münsterfähre
팅겔리 미술관
Museum tinguely
Freiestrasse
Schaffhauserrheinweg
Münster-platz
대성당
Münster
Wettsteinbrücke
라인강 Rhine
Atelier
Leonhardsgraben
Gerbergasse
Leonhardsstrasse
ST. Alban-rheinweg
바르퓌서 교회, 역사 박물관
Barfüsserplatz
Barfüsserkirche, Museum für Geschichte
장난감 세계 박물관
Spielzeug Welten Museum
Steinenberg
ST. Alban-vorstadt
바젤 미술관
Kunstmuseum
Theatre
Malzgasse
Negishi Sushi Bar
팅겔리의 카니발 분수
Tinguely Fasnachts Brunnen
Heuwaage-Viadukt
Elisabethenstrasse
ST. Albananlage
Artigiano Café
Aeschengraben
바젤 프랑스국철역
Bâle SNCF
Centralbahnstrasse
바젤 스위스국철역
Basel Bahnhof SBB
Güterstrasse

Bern

베른

곰이 사는 스위스의 수도

스위스의 수도이자 베른 주의 주도이기도 한 베른은 아름다운 숲과 U자형의 푸른 아레 강에 둘러싸여 있는 구시가가 매력적인 곳이다. 15세기의 중세풍 거리가 완벽하게 보존되어 있는 베른 구시가는 1983년 유네스코 세계문화유산으로 지정되었으며 대성당의 첨탑이나 언덕 위에 자리 잡은 장미 공원에 오르면 아름다운 구시가의 지붕들과 웅장한 베르너 오버란트의 알프스가 어우러진 멋진 경치를 감상할 수 있다. 2~3시간이면 주요 관광지를 충분히 돌아볼 수 있지만 아케이드에 숨어 있는 트렌디한 카페와 바, 개성 있는 부티크들을 탐험하려면 좀 더 많은 시간을 할애해야 할 수도 있다.

베른 관광청 | www.bern.com

찾아가기

기차 베른은 스위스 교통의 요지로 스위스 내 모든 주요 도시들에서 직행 기차가 연결되어 있으며 운행 편수도 많아 대부분의 경우 30분 간격으로 기차가 운행된다.

주요 도시-베른 열차 이동 시간

취리히 : 약 1시간 20분 **루체른** : 약 1시간
바젤 : 약 55분 **인터라켄 동역** : 약 54분

자동차 베른은 A1 고속도로로 취리히, 제네바 국제공항에서 쉽게 이동할 수 있으며 융프라우 지역으로는 A6 고속도로를 이용하여 1시간 이내에 이동이 가능하다. 체르마트에서 이동할 때도 A6 고속도로를 이용하는데 이 루트에서는 차에 탑승한 채로 15분 정도 차량 운반용 기차를 타고 통과하는 뢰치베르그 터널Lötschberg Tunnel을 지나게 된다. 베른 구시가 관광에는 차가 필요하지 않으므로 자동차는 호텔이나 주차장에 세우는 것이 좋다.

주요 도시-베른 자동차 이동 시간

취리히 : 약 1시간 40분 **제네바** : 약 2시간
루체른 : 약 1시간 15분 **체르마트** : 약 2시간 30분 **인터라켄** : 약 50분

시내 교통

베른의 시내 중심부는 다른 도시들과 마찬가지로 도보로 다 돌아볼 수 있으나 장미 공원이나 곰 공원 등 좀 떨어진 관광지에 가려면 버스를 이용하는 것이 편하다. 가장 좋은 방법은 버스를 타고 장미 공원까지 간 후 베른 기차역까지 걸어서 돌아오는 방법이다. 베른 시내의 숙박 시설에서 1박 이상 묵는 모든 투숙객은 100/101 Zone의 시내 교통을 무료로 이용할 수 있는 베른 티켓Bern Ticket을 호텔 체크인 시 제공받을 수 있다. 스위스 트래블 패스 소지자도 패스를 사용하는 날에는 베른 시내 교통을 무료로 이용할 수 있다. 교통권을 구입해야 한다면 트램이나 버스 정류장에 있는 티켓 발매기나 베른 기차역 내에 있는 리베로 숍LIBERO Shop에서 구입하면 된다. 베른의 버스와 트램 노선 정보 및 자세한 가격은 www.mylibero.ch 참고.

CHF 1회권 CHF2.6(단거리, 30분 유효), CHF4.6(1-2 Zones, 1시간 유효) / 1일권 CHF13(1-2 Zones, 24시간 유효)

©Bern Tourism

· 베른 구시가 일일 여행 추천 루트 ·

1. 베른 기차역에서 10번 버스를 타고 Rosengartem 정류장 하차

2. 장미 공원

3. 곰 공원

4. 대성당

5. 구시가지 분수

Travel Highlight

마르크트 거리 Marktgasse

감옥탑부터 시계탑까지 이어지는 베른 구시가의 중심 거리인 마르크트 거리는 양쪽으로 유명한 회랑형 석조 아케이드가 쭉 이어져 있고 그 안에는 각종 상점과 레스토랑, 카페들이 자리 잡고 있어 언제나 활기가 넘친다. 비가 오더라도 젖을 걱정 없이 구경할 수 있다는 것이 장점이다.

📍 베른 기차역에서 도보 5분 거리의 감옥탑부터 시작

감옥탑 Käfigturm

이름에서 알 수 있듯이 원래 감옥으로 지어진 탑이다. 아래의 게이트는 시계탑에 이어 베른의 두 번째 서쪽 출구로 이용되었으며 그 후 1405년부터 1897년 새 감옥이 생길 때까지 감옥으로 사용되다가 1999년부터는 연방의 정치적인 포럼이나 정기적인 전시, 이벤트 등이 열리는 장소가 되었다.

- 베른 기차역에서 도보 5분, 베른플라츠Bärenplatz에 위치
- 전시나 행사 중에만 오픈, 월요일 14:00-18:00, 화~금요일 10:00-18:00, 토요일 10:00-16:00
- CHF 무료

연방의사당 Bundeshaus

스위스연방 정부와 의회가 자리 잡고 있는 연방의사당은 1852년에 시작되어 1902년에 이르기까지 세 부분으로 구성된 현재의 복합건물로 완성되었으며 스위스 전국에서 총 38명의 아티스트가 건물 장식에 참여했다. 의사당 앞에 있는 광장은 여름철에는 시원한 분수 쇼가 펼쳐지는 시민들의 휴식 장소이며 일주일에 두 번 전통 시장이 열리는 곳이기도 하다. 매년 10월 중순에서 11월 말까지는 의사당 건물에 화려한 조명을 쏘는 라이트 쇼Rendez-vous Bundesplatz(www.rendezvousbundesplatz.ch)가 가을 밤을 더욱 낭만적으로 물들인다.

- 감옥탑에서 오른쪽으로 도보 3분, 분데스플라츠Bundesplatz에 위치

시계탑 Zeitglockenturm(Zytglogge)

베른을 상징하는 가장 유명한 상징물인 시계탑은 1191년부터 1256년까지 베른의 첫 번째 서쪽 출구로 이용되었으며 이곳에 화려한 천문시계가 설치된 것은 1530년이다. 매시 4분 전이면 펼쳐지는 시계 쇼를 보기 위해 관광객들이 시계탑 앞으로 몰려드는데 어릿광대가 머리 위의 종을 치고 베른을 상징하는 곰 인형들의 공연이 이어지고 나면 탑 꼭대기에 있는 금빛 인형이 망치로 종을 두드려 시각을 알린다.

- 베른 기차역에서 도보 10분, 마르크트 거리 끝

HOT TIP

시계탑 가이드 투어

시계탑 내부 관람은 가이드 투어로만 가능하다. 전화(+41 31 328 12 12) 예약이나 관광청 홈페이지에서 온라인 예약이 가능하다. 독일어/영어/프랑스어로 진행되며 시계탑의 크람 거리Kramgasse 방면 입구가 미팅 포인트다.

- 4~10월 매일, 11~3월 토요일, 12/26~12/31 매일 14:15, 15:15부터 50분간 진행 (시즌에 따라 시간 변동 있음)
- CHF 성인 CHF20, 6~16세 어린이 CHF10

©Bern Tourism

©Bern Tourism

아인슈타인 하우스 Einstein Haus

천재 물리학자 아인슈타인이 1903년부터 1905년까지 2년간 살았던 아인슈타인 하우스는 시계탑에서 200m 정도 떨어진 크람 거리에 있다. 아인슈타인을 노벨상까지 받게 한 유명한 상대성 이론이 이곳에서 탄생되었다. 1층에는 아인슈타인 카페가 있으며 2층에는 아인슈타인의 사진과 베른 시절의 자료들, 가구 등이 전시되어 있다.

📍 베른 기차역에서 도보 12분 / 시계탑에서 200m 거리

🕒 2/1~12/20 매일 10:00-17:00, 1월과 부활절, 성령강림절, 스위스연방 설립 기념일 휴관

CHF 성인 CHF7, 학생 CHF5 @ www.einstein-bern.ch

1

2

3

4

5

6

구시가지 분수 Brunnen

베른에 있는 100개가 넘는 분수 중 11개만이 오늘날까지 원래의 아름다운 조각상을 그대로 보존하고 있다. 정의의 여신, 어린아이를 잡아먹는 식인 괴물, 체링겐 등 인상적인 분수의 조각상들은 16세기에 만들어진 것으로 구시가 산책을 더욱 흥미롭게 만들어준다.

📍 베른 구시가 내

7

8

1 백파이프 연주자 분수 2 안나 자일러 분수 3 사격수 분수 4 식인 괴물 분수
5 체링겐 분수 6 삼손 분수 7 모세 분수 8 정의의 여신 분수

곰 공원 BärenPark

전설에 따르면 베른을 처음 건설한 체링겐 공작이 도시를 세울 때 사냥에서 처음 잡히는 동물로 도시 이름을 정하기로 했는데 그때 잡힌 동물이 곰이었다고 한다. 이런 이유로 독일어로 곰을 뜻하는 Bär에서 베른이라는 도시 이름이 나왔고 곰은 베른을 상징하는 동물이 되었다. 곰 공원은 아레 강의 둑을 따라 펼쳐져 있으며 6000㎡에 이르는 넓은 공원에 3마리의 곰이 살고 있다. 공원 내에는 곰들이 자유롭게 놀고 목욕하고 나무를 기어오를 수 있도록 작은 숲과 울창한 수풀, 동굴, 넓은 풀이 갖추어져 있으며 관람객은 곰들이 생활하는 모습을 생생하게 지켜볼 수 있다. 단, 겨울철 동면 기간에는 곰을 볼 수 없는 경우가 많기 때문에 여름철에 방문하는 것이 좋다.

베른 기차역에서 버스 12번을 타고 Bärengraben에서 하차(약 6분 소요) 연중무휴, 관리인 근무 시간 08:00-17:00

CHF 무료 @ tierpark-bern.ch/baerenpark/

대성당 Münster

베른 대성당은 스위스에서 가장 규모가 큰 기독교 건축물로 1421년에 건축이 시작되었지만 1893년에 이르러서야 완성되었다. 후기 고딕 건축양식의 전형이며 성당의 파사드를 장식한 <최후의 심판> 부조와 스테인드글라스가 볼 만하다. 높이가 100m에 달하는 스위스에서 가장 높은 첨탑은 최고의 자랑 거리로 344개 계단을 오르면 베른 구시가 모습과 만년설이 덮인 베르너 오버란트 알프스의 경치를 함께 조망할 수 있다. 대성당의 오른쪽 옆으로는 뮌스터플랫폼Münsterplattform이라 불리는 작은 공원이 있어 푸른 아레강의 풍경을 감상할 수 있으며 Einstein au Jardin 카페에서 음료와 식사를 즐겨도 좋다.

베른 기차역에서 도보 15분 / 뮌스터플라츠Münsterplatz에 위치

성당 월~금요일 10:00-17:00(10월 중순 이후 12:00-16:00), 토요일 10:00-17:00(10월 중순 이후 10:00-16:30), 일요일 11:30-17:00(10월 중순 이후 11:30-16:00) **첨탑** 월~금요일 10:00-16:30(10월 중순 이후 12:00-15:30), 토요일 10:00-16:30, 일요일 11:30-16:30(10월 중순 이후 11:30-15:30)

CHF 첨탑 성인 CHF5, 7~16세 CHF2

©Bern Tourism

장미 공원 Rosengarten

베른 구시가지를 감고 도는 아레 강의 멋진 만곡부를 감상할 수 있는 유명한 뷰 포인트인 장미 공원은 이름 그대로 223종의 장미와 200종의 아이리스, 28종의 철쭉이 심어져 있는 공원이다. 아름다운 꽃들과 아담한 연못이 방문하는 사람들의 마음을 행복하게 만드는 곳으로, 가장 아름다운 경치를 감상하려면 오전에 방문하는 것이 좋다.

📍 베른 기차역 또는 연방의사당 앞에서 버스 10번을 타고 Rosengarten 하차

Restaurant Rosengarten

장미 공원 내에 있는 레스토랑 겸 카페로 멋진 전망을 감상하며 식사를 하거나 잠시 한숨 돌리기 좋은 장소다. 오전 11시까지는 아침 식사 메뉴를 판매하며 점심, 저녁 식사 사이에 방문한다면 커피와 케이크를 즐겨도 좋다.

🕒 09:00-23:30(식사 메뉴 11:30-13:45, 18:00-21:45)

CHF 애피타이저 CHF10~33.5, 메인 CHF24.5~49, 디저트 CHF5.5~15

@ www.rosengarten.be

©Bern Tourism

파울 클레 센터 Zentrum Paul Klee

베른 외곽에 위치한 파울 클레 센터는 스위스의 화가이자 판화가인 파울 클레Paul Klee (1879~1940년)의 세계 최대 컬렉션을 보유하고 있는 미술관이다. 내부에는 유화, 수채화, 드로잉 등 자유롭고 시적인 파울 클레의 주요 작품이 4000점 이상 전시되어 있다. 이곳은 또한 이탤리언 스타 건축가 렌조 피아노Renzo Piano가 설계한 박물관 건물로도 유명한데, 철제와 유리로 만들어진 인상적인 건물은 마치 물결이 치는 것처럼 보인다.

📍 베른 구시가에서 버스 12번을 타고 종점인 Zentrum Paul Klee 하차

🕒 화~일요일 10:00-17:00, 월요일, 8/1, 12/24~12/25 휴관

CHF 성인 CHF20, 학생 CHF10, 6~16세 CHF7, 스위스 트래블 패스 소지자 무료

@ www.zpk.org

Restaurant & Café

코른하우스켈러 Kornhauskeller

구시가 코른하우스 광장에 있는 베른에서 가장 유명한 레스토랑이다. 과거에 곡식 저장고로 쓰이던 유서 깊은 건물을 개조해 천장의 아름다운 프레스코화와 고풍스러운 기둥이 그대로 남아 있다. 베른 지방의 전통 요리인 베르너 플라테Bärner-Platte를 비롯한 스위스 전통 요리와 지중해 요리를 맛볼 수 있다. 레스토랑은 예약을 하는 것이 좋으며 저녁에 한잔하기 좋은 바도 있다.

- Kornhausplatz 18, 3011 Bern
- +41 31 327 72 72
- **레스토랑** 월~토요일 11:30-14:30, 17:30-22:00(토요일은 23:00까지), 일요일 휴무
  바 월~수요일 17:00-23:00, 목~금요일 15:00-24:00, 토요일 14:00-24:00, 일요일 휴무
- CHF 전식 CHF15~39, 베르너 플라테 CHF39
- @ kornhaus-bern.ch/

알테스 트람데포트 Altes Tramdepot

곰 공원 옆에 있는 전망 좋은 브루어리 레스토랑이다. 전통 방식으로 직접 양조한 맛있는 맥주와 함께 뢰스티, 소시지 등의 스위스 전통 요리를 즐길 수 있으며 여름밤 분위기 좋은 테라스석에 앉아 시원하고 맛있는 맥주를 마시는 기분은 말로 표현할 수 없을 정도로 상쾌하다. 한국어 메뉴도 있으니 요청하자.

- 🏠 Grosser Muristalden 6, 3006 Bern
- ☎ +41 31 368 14 15
- 🕒 11:00-00:30(시즌에 따라 시간 변동 있음)
- CHF 소시지 구이 CHF22.5~26.5, 버거 CHF29.5~38.5, 1dl 맥주 샘플러(4잔) CHF12.8
- @ www.altestramdepot.ch

뢰치베르그 Lötschberg

부담스럽지 않은 가격에 퐁뒤와 뢰스티 등의 스위스 전통 음식을 스위스 와인 또는 맥주와 함께 즐길 수 있는 레스토랑이다. 캐주얼하고 모던한 분위기로 관광객보다는 현지인들에게 인기가 많다. 주중 오전에는 아침 식사, 주말 오전에는 브런치 메뉴도 판매한다. 구시가에 있어 관광하다가 들르기에도 편하다.

- 🏠 Zeughausgasse 16, 3011 Bern
- ☎ +41 31 311 34 55
- 🕒 월~금요일 10:00-24:00, 토요일 09:00-24:00, 일요일 11:00-23:00
- CHF 뢰스티 CHF28-30, 퐁뒤 CHF27.5~31.5
- @ www.loetschberg-aoc.ch

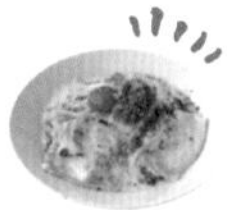

아리랑 Arirang

현지인에게도 인기가 많은 한식 레스토랑으로 베른 기차역에서 도보 5분 정도 거리에 있다. 찌개나 육개장 같은 뜨거운 국물 요리 메뉴가 없는 것이 좀 아쉽지만 불고기나 비빔밥 등의 한식을 깔끔하고 맛있게 제공한다. 김치(CHF3)는 따로 주문해야 한다.

- 🏠 Hirschengraben 11, 3011 Bern
- ☎ +41 31 329 29 45
- 🕒 화~토요일 11:30-14:00, 17:45-20:30
- CHF 만두 CHF16, 소불고기 CHF32.5, 돌솥비빔밥 CHF28~29.5
- @ www.restaurant-arirang.ch

베른 추천 숙소

Hotel Schweizerhof ★★★★★

베른 기차역 바로 앞에 있는 특급 호텔로 150년의 전통을 자랑한다. 고풍스럽고 우아한 분위기의 실내장식과 완벽한 객실 시설, 환상적인 스파와 레스토랑, 루프톱 바인 스카이 테라스Sky Terrace, 직원들의 친절하고 전문적인 서비스로 고객 만족도가 매우 높다.

- 🏠 Bahnhofplatz 11, CH 3001 Bern
- ☎ +41 31 326 80 80
- @ schweizerhofbern.com/en

Swissôtel Kursaal Berne ★★★★

베른의 콩그레스 센터인 Kursaal 내에 위치한 컨템포러리 디자인 호텔로 다양한 레스토랑, 카지노가 함께 있어 편리하다. 독특한 디자인의 객실과 나무가 울창한 정원이 있으며 발코니가 있는 방에서는 발코니에서 호텔의 정원 또는 베른 구시가의 전경을 감상할 수 있다.

- 🏠 Kornhausstrasse 3, CH 3000 Bern 22
- ☎ +41 31 339 55 00
- @ kursaal-hotel.ch/en

Hotel Savoy Bern ★★★★

베른 기차역에서 가까운 구시가에 있는 호텔로 완벽한 리노베이션을 거쳐 2017년 새로 오픈해 깔끔하고 모던하다. 웅장한 석조 외관과는 달리 내부는 밝은 분위기로 객실은 넓고 현대적이며 모든 어메니티가 잘 갖추어져 있다. 기차역에서는 관광 안내소 쪽에 있는 출구로 나와 버거킹 골목으로 들어오면 쉽게 찾을 수 있다.

- 🏠 Neuengasse 26, 3011 Bern
- ☎ +41 31 328 66 66
- @ www.hotelsavoybern.ch

Hotel Alpenblick ★★★

합리적인 가격과 트렌디한 분위기로 젊은 여행자들 사이에서 최고의 인기를 누리고 있는 호텔이다. 지어진 지 100년이 넘는 건물을 깔끔하고 스타일리시하게 개조했으며 레스토랑도 인기가 있다. 대중교통으로 가려면 베른 기차역에서 트램 9번을 타고 Breitenrain에서 하차해 도보로 이동한다.

- 🏠 Kasernenstrasse 29, 3013 Bern
- ☎ +41 31 335 66 66
- @ www.alpenblickbern.ch/

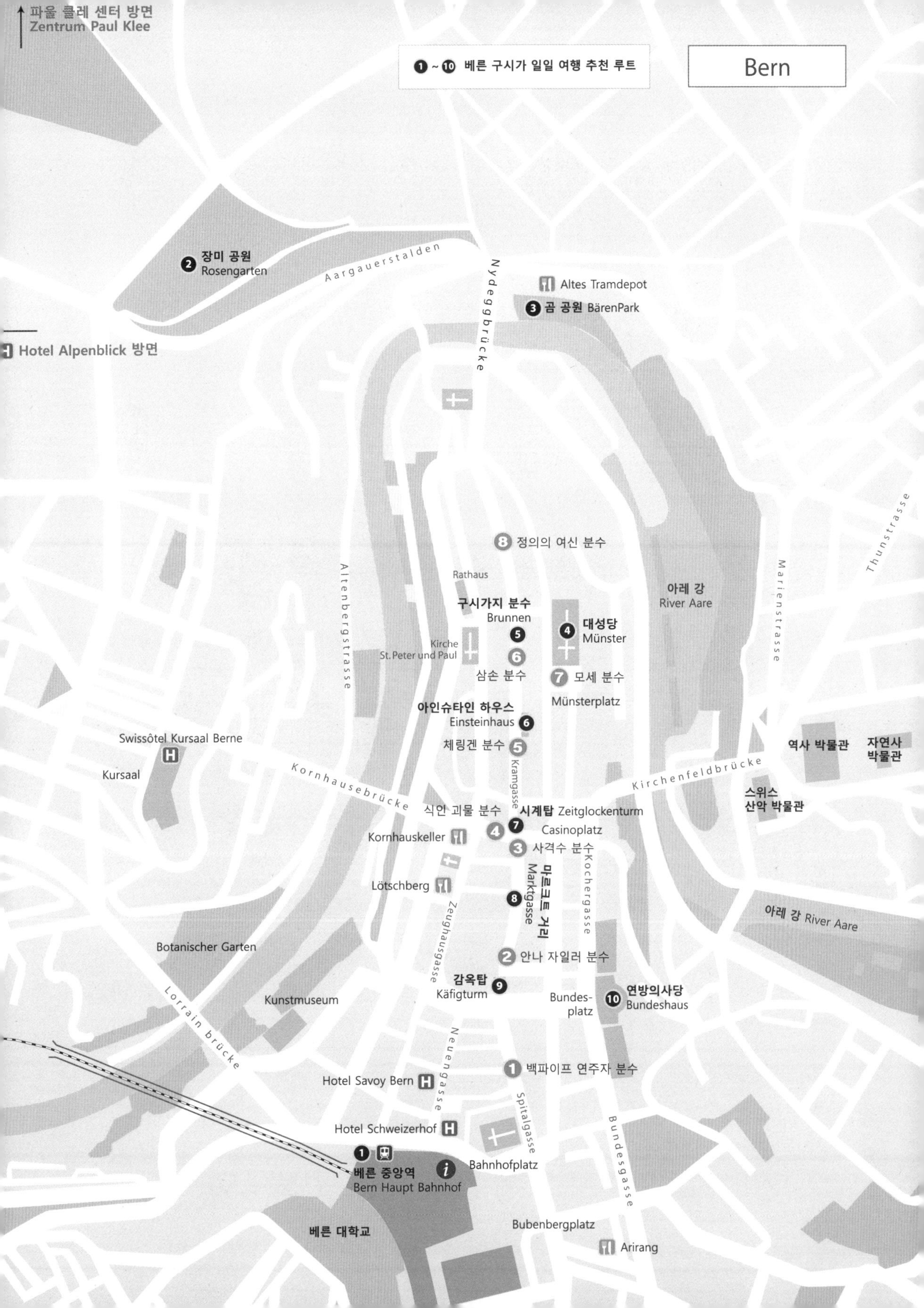

파울 클레 센터 방면
Zentrum Paul Klee
1 ~ 10 베른 구시가 일일 여행 추천 루트
Bern
2 장미 공원
Rosengarten
Aargauerstalden
Nydeggbrücke
Altes Tramdepot
3 곰 공원 BärenPark
Hotel Alpenblick 방면
Thunstrasse
8 정의의 여신 분수
Rathaus
Altenbergstrasse
Marienstrasse
아레 강
River Aare
구시가지 분수
Brunnen
5
4 대성당
Münster
Kirche
St. Peter und Paul
6
삼손 분수
7 모세 분수
Münsterplatz
아인슈타인 하우스
Einsteinhaus 6
Swissôtel Kursaal Berne
체링겐 분수 5
역사 박물관
자연사
박물관
Kursaal
Kornhausebrücke
Kramgasse
Kirchenfeldbrücke
스위스
산악 박물관
식인 괴물 분수
시계탑 Zeitglockenturm
7
4
Casinoplatz
Kornhauskeller
3 사격수 분수
Lötschberg
마르크트 거리
Marktgasse
Kochergasse
8
아레 강 River Aare
Zeughausgasse
Botanischer Garten
2 안나 자일러 분수
감옥탑
Käfigturm
9
Bundes-
platz
10 연방의사당
Bundeshaus
Lorrain brücke
Kunstmuseum
Neuengasse
1 백파이프 연주자 분수
Hotel Savoy Bern
Spitalgasse
Hotel Schweizerhof
Bundesgasse
1
베른 중앙역
Bern Haupt Bahnhof
Bahnhofplatz
베른 대학교
Bubenbergplatz
Arirang

Luzern

알프스와 호수가 공존하는 중세 도시

스위스의 한가운데에 있는 루체른은 아름다운 피어발트슈테터 호수Vierwaldstättersee와 로이스 강Reuss Fluss, 그림 같은 알프스를 배경으로 자리 잡은 중세 도시다. 루체른에는 수세기 동안 살아남은 역사적 유산이 많이 남아 있는데, 그중 대표적인 것이 루체른의 상징이 된 아름다운 목조 다리 카펠교이고 성벽으로 둘러싸인 구시가의 좁은 골목과 광장을 근사하게 채색한 벽화들이 중세 도시의 위엄을 더한다. 루체른에서 반일 정도만 시간을 내면 리기, 필라투스, 티틀리스 등 흥미진진한 주변 알프스 여행도 다녀올 수 있다.

루체른 관광청 | www.luzern.com

루체른

찾아가기

기차 루체른은 중부 스위스의 교통 요지로 스위스 내 모든 주요 도시에서 기차로 쉽게 이동할 수 있다. 특히 루체른에서 인터라켄 동역까지 연결되는 루체른-인터라켄 특급Luzern-Interlaken Express 기차는 이동 중에 창밖으로 아름다운 초원과 호수의 풍경을 감상할 수 있다.

주요 도시-루체른 열차 이동 시간

취리히 : 약 50분 **인터라켄 동역** : 약 2시간
루가노 : 약 2시간 **제네바** : 약 3시간

자동차 취리히에서 루체른까지는 A4 고속도로나 A14 고속도로를 이용하고 융프라우 지역으로는 8번 도로를 타고 브리엔츠 호수 쪽으로 이동하면 된다. 루가노는 2번 도로가 바로 연결되며, 베른에서 이동하려면 1번과 2번 도로를 이용하면 된다. 차량을 가지고 루체른에서 숙박해야 한다면 차량은 호텔에 주차해두고 구시가는 도보로 관광하는 것이 좋다. 호텔 주차장도 유료인 경우가 많으므로 가격을 미리 확인해두자.

주요 도시-루체른 자동차 이동 시간

취리히 : 약 50분 **인터라켄** : 약 1시간
루가노 : 약 2시간 10분 **베른** : 약 1시간 20분

시내 교통

루체른의 관광지는 모두 도보로 돌아볼 수 있어 따로 교통편을 이용해야 할 일은 거의 없지만 만약 시간이 부족하다면 상대적으로 먼 관광지까지는 버스를 이용하면 편리하다. 주요 관광지는 모두 Zone 10 내에 속하므로 1개 Zone 내에서만 유효한 티켓을 구입하면 되며 6정거장 이내의 거리를 이동한다면 단거리 티켓(Kurzstrecke)을 구입하면 된다(자세한 버스 노선 및 운행 시간은 www.vbl.ch 참고). 스위스 트래블 패스를 사용하는 날이라면 루체른 시내의 교통을 무료로 이용할 수 있다.

CHF 2등석 1회권 CHF2.5(6개 역 이내, 30분 유효), CHF4.1(Zone 10, 1시간 유효), 1일권 CHF8.2(Zone 10)

HOT TIP

루체른 방문자 카드
Luzern Visitor Card

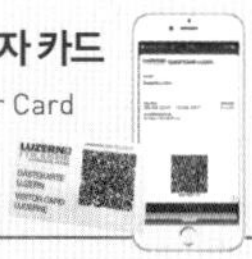

루체른에서 숙박하는 모든 투숙객이 무료로 제공받을 수 있는 카드로 숙박 기간 동안 Zone 10 내의 모든 버스와 기차를 무제한 이용할 수 있으며 70개가 넘는 박물관, 케이블카, 시티 투어 등을 10~50% 할인받을 수 있다. 호텔 예약 시 다운로드할 링크를 받거나 이메일로 디지털 카드를 받아 인쇄할 수 있다. 자세한 혜택은 관광청 홈페이지 참고.

· 루체른 도심 일일 여행 추천 루트 ·

1 루체른 기차역

2 카펠교

3 호프 교회

4 라이온 기념비

5 무제크 성벽

Travel Highlight

카펠교 Kapellbrücke

루체른의 상징인 카펠교는 14세기 초반 도시 방어 시설의 일부로 만들어진 것으로 유럽에서 가장 오래되고 가장 긴 지붕이 있는 목조 다리다. 지붕 안쪽에 있는 삼각형 판화들은 17세기에 추가된 것으로 도시 수호성인의 생애를 비롯해 스위스와 루체른 지역의 역사에 대한 내용이 그려져 있다. 카펠교 중간쯤에 연결된 약 34m 높이의 수탑은 문서 보관소, 금고, 감옥, 고문실 등으로 이용되었던 곳으로 지금은 루체른의 관광 엽서에 빠짐없이 등장하는 대표 랜드마크가 되었다. 봄과 여름에는 다리 난간에 꽃이 만발하고 음악을 연주하는 악사들이 있어 더욱 낭만적이다.

📍 기차역에서 나와 왼쪽으로 도보 3분

호프 교회 Hofkirche

루체른 시의 대성당인 호프 교회는 8세기 베네딕트회 수도원의 일부로 세워졌던 것으로 1633년 화재로 소실되었다가 1645년에 재건되었다. 스위스에서 가장 중요한 르네상스 양식의 교회로 알려져 있는데 화재 때 소실되지 않고 남은 2개의 첨탑이 특히 인상적이고 아름답다. 내부에서는 7374개의 파이프로 만들어진 파이프오르간이 볼 만하다.

📍 기차역에서 제다리Seebrücke를 건너 도보 12분 / 카펠교에서 도보 10분

🕒 월~금요일 09:00-12:00, 14:00-16:30(예배 시간에는 관광 금지)

6 구시가

7 슈프로이어교

8 예수 교회

9 로젠가르트 컬렉션

10 루체른 호수 유람선

라이온 기념비 Löwendenkmal

바위 절벽에 슬퍼하는 사자의 모습을 실감 나게 조각한 라이온 기념비는 우리나라에는 '빈사의 사자상'이라는 이름으로 알려져 있다. 프랑스혁명 때인 1792년, 루이 16세와 마리 앙투아네트가 머물던 튈르리 궁전을 지키다 전사한 스위스 용병들의 장렬한 죽음을 기리기 위해 만들어진 것이며 마크 트웨인은 이 기념비를 세계에서 가장 슬프고 감동적인 바위라고 묘사했다. 여름 음악제 기간에는 기념비 앞 작은 연못에 무대가 설치되어 야간 연주회가 열리기도 한다.

📍 호프 교회에서 도보 10분 / 기차역 앞 반호프 광장의 정류장에서 1, 19번 버스를 타고 Löwenplatz역에서 하차해 도보 3분

슈프로이어교 Spreuerbrücke

카펠교와 닮은 또 하나의 지붕이 있는 목조 다리 슈프로이어교 역시 1408년 도시 방어용으로 만들어진 것으로, 슈프로이어라는 이름은 중세 사람들이 이 다리에서 밀겨(독일어로 Spreu)를 강에 버렸던 것에서 유래했다. 지붕 안쪽에는 중세에 만연하던 전염병을 소재로 한 '죽음의 춤'이라는 67장의 17세기 판화가 있는데 카펠교의 판화보다 보존 상태가 좋아 더 가치 있게 평가되고 있다.

📍 구시가에서 도보 5분 / 무제크 성벽에서 도보 10분

무제크 성벽 Museggmauer

구시가지 북쪽에 있는 무제크 성벽은 도시를 방어하기 위해 1386년에 건축된 것으로 예전에는 루체른 시가지 전체를 둘러싸고 있었으나 지금은 약 870m만 남아 있다. 현재 성벽에 있는 9개의 탑 중 쉬르머 탑Schirmerturm, 치트 탑Zytturm, 바흐 탑Wachtturm, 멘리 탑Männliturm의 4개 탑이 여름철에만 일반에게 개방된다. 치투름에 있는 시계는 1535년에 한스 루터Hans Luter가 설계한 것으로 루체른에서 가장 오래된 성탑 시계이며 매시간 다른 성탑 시계들이 울리기 1분 전에 먼저 울린다. 성벽에 오르면 루체른 구시가와 로이스 강, 호수, 주변 알프스의 기막힌 경치를 감상할 수 있는데, 멘리 탑에서 보는 경치가 가장 아름답다.

📍 루체른 구시가에서 오르막길로 도보 3분 / 라이온 기념비에서 무제크스트라세Museggstrasse를 따라 도보 12분

🕒 4개 탑 4/1~11/1 08:00-19:00 CHF 무료 @ www.museggmauer.ch

구시가 광장들 Altstadtplätze

무제크 성벽과 로이스 강 사이에 있는 루체른의 구시가에는 프레스코 화법으로 채색된 역사적인 건물들이 좁은 골목길과 아름다운 광장을 가득 채우고 있다. 카펠교 이름의 기원이 된 성 피터 교회가 있는 카펠플라츠Kapellplatz, 1332년에 루체른이 Uri, Schwyz, Unterwalden 3개의 칸톤과 연방 협의 서약을 맺은 바인마르크트Weinmarkt, 중세 오두막의 이름을 딴 히르쉔플라츠Hirschenplatz, 시청사와 아름답게 채색된 길드 홀이 있는 코른마르크트Kornmarkt 등이 유명하며 광장들에는 분위기 좋은 노천 카페가 많아 관광하다가 잠시 쉬어 가기에도 좋다.

- 기차역에서 다리를 건너 도보 10분

구시청사 Rathaus

구시가 쪽 강가에 자리 잡은 구시청사 건물은 1602~1606년 안톤 이센만Anton Isenmann이 이탈리언 르네상스 스타일로 지은 것으로, 독특한 모양으로 돌출된 지붕은 베른 주의 전통 스타일이다. 로이스 강을 마주 보고 있는 오픈 아케이드는 지금도 주마다 장이 서는 곳으로 이용되며 아케이드 위쪽에 있는 코른쉬테 할Kornschütte Hall은 콘서트홀과 전시회장으로 사용된다.

- 기차역 쪽에서 카펠교 옆 다리인 라트하우스슈테크Rathaussteg를 건너면 바로

예수 교회 Jesuitenkirche

스위스 최초의 대형 바로크 양식 교회인 예수 교회는 예수회의 크리스토프 보글러Christoph Vogler 신부가 1666년에 세운 것이다. 내부는 18세기 중반에 화려하게 재단장되었으며 예배당에는 유명한 스위스의 수호성인 클라우스Bruder Klaus의 원본 제의들이 보관되어 있다.

- 기차역에서 나와 왼쪽으로 카펠교 건너기 직전에 위치
- 매일 06:30-18:30(예배 시간에는 관광 금지)

루체른 문화 & 컨벤션 센터 KKL Luzern

프랑스의 유명한 건축가 장 누벨Jean Nouvel의 건축 미학이 돋보이는 루체른의 새로운 명소인 KKL은 루체른 기차역 옆 호숫가에 위치한 복합 문화 공간으로 1800석 규모의 세계적인 콘서트홀과 컨벤션 센터, 스위스에서 네 번째로 큰 현대 미술관Kunstmuseum 등의 시설이 있다. 연중 여러 공연 및 전시회가 열리는데 특히 세계적인 음악 축제인 루체른 페스티벌이 개최되는 장소이기도 하다.

- 반호프 광장 오른쪽 오이로파플라츠Europaplatz에 위치

로젠가르트 컬렉션 Sammlung Rosengart

스위스의 미술 거래상이었던 지그프리드 로젠가르트Siegfried Rosengart와 그의 딸, 안젤라 로젠가르트Angela Rosengart의 개인 소장품을 전시하는 미술관으로 19~20세기 화가들의 300점이 넘는 작품을 전시하고 있다. 특히 파블로 피카소와 파울 클레의 작품이 많기로 유명하며 그 외에도 세잔, 샤갈, 칸딘스키, 마티스, 미로, 모네, 르누아르, 루소 등 다른 유명 작가들의 작품도 볼 수 있다. 기차역에서 멀지 않은 아름다운 네오클래식 양식의 건물에 있다.

- 기차역에서 필라투스스트라세Pilatusstrasse를 따라 도보 3분
- 4~10월 매일 10:00-18:00, 11~3월 매일 11:00-17:00, 페스티벌 및 크리스마스 시즌에는 변동 가능
- CHF 성인 CHF20, 65세 이상 CHF18, 30세 이하 학생 및 7~16세 CHF10, 스위스 트래블 패스 소지자 무료
- @ www.rosengart.ch

©Museum Sammlung Rosengart / Christian vogt

©Swiss Museum of Transport

©Alexandra Wey

©Swiss Museum of Transport

스위스 교통 박물관 Verkehrshaus der Schweiz

교통과 통신에 관한 박물관으로는 유럽에서 가장 다양한 전시품을 자랑하는 곳이다. 2만 ㎡가 넘는 넓은 전시장에 자동차, 증기기관차, 등산열차, 비행기, 케이블카 등 3000개가 넘는 전시품이 있으며 직접 시승도 할 수 있어 아이뿐 아니라 어른들도 즐거운 시간을 보낼 수 있다. 천문관에서 18m의 돔으로 신비로운 우주를 감상하거나 스위스에서 가장 큰 스크린이 있는 영화관에서 3D 영화를 관람하는 것도 흥미로운 경험이다. 초콜릿을 좋아한다면 린트에서 운영하는 스위스 초콜릿 어드벤처도 방문해보자.

- 루체른 기차역에서 기차(S3 또는 Voralpenexpress)를 타고 Verkehrshaus역에서 하차(약 8분 소요) / 반호프 광장 승강장에서 버스 6, 8, 24번을 타고 Verkehrshaus역에서 하차(약 10분 소요)
- 여름 시즌 매일 10:00-18:00, 겨울 시즌 매일 10:00-17:00
- CHF **박물관** 성인 CHF36, 26세 이하 학생 CHF25, 6~16세 CHF15, 6세 미만 무료, 스위스 트래블 패스 소지자 50% 할인 / **천문관** 성인 CHF18, 26세 이하 학생 CHF14, 16세 이하 어린이 CHF10 / **스위스 초콜릿 어드벤처** 성인 CHF18, 26세 이하 학생 CHF14, 16세 이하 어린이 CHF10
- @ www.verkehrshaus.ch

루체른에서 다녀오는 근교 알프스 여행

아름다운 호수를 병풍처럼 둘러싸서 수려한 풍경을 만들어내는 알프스가 없었다면 루체른은 지금의 명성을 얻지 못했을 것이다. 정사각형의 스위스 국기를 펄럭이며 호수를 가로지르는 유람선, 가파른 산등성이를 오르는 톱니바퀴 열차, 360도로 천천히 회전하는 곤돌라 등 다양한 교통수단을 이용해 알프스를 정복해 보자. 대자연이 주는 위로를 온몸으로 느낄 수 있다.

Rigi

산들의 여왕 리기

중부 스위스에서 가장 유명하고 인기 있는 알프스 전망대. 소들이 한가로이 풀을 뜯는 초원 너머로 반짝이는 푸른 호수와 웅장한 알프스의 숨 막힐 듯 아름다운 경치를 감상할 수 있는 곳이다. 스위스 트래블 패스가 있으면 유람선, 등산열차와 케이블카까지 모두 무료로 이용할 수 있다. 정상역인 리기 쿨름Rigi Kulm까지는 피츠나우Vitznau와 아르트 골다우Arth-Goldau에서 각각 다른 노선의 등산열차가 운행되는데, 피츠나우-리기 쿨름 등산철도는 유럽 최초의 산악철도로 유명하다. 베기스Weggis에서 피츠나우-리기 쿨름 구간의 중간 역인 리기 칼트바트Rigi Kaltbad까지는 케이블카가 연결되어 있다. 1797m의 리기 산 정상은 리기 쿨름역에서 내려 5분 정도 더 걸어 올라가야 하는데 경사가 있는 길과 완만한 길 중 선택할 수 있다. 여름철에는 아름다운 야생화가 만발한 완만한 하이킹 트레일도 꼭 즐겨보자. 하이킹 트레일에 대한 추가 정보와 운행 시간표는 홈페이지 참고.

- 루체른에서 기차 또는 유람선과 등산열차로 약 1시간 30분 소요
- 연중무휴. 단, 베기스-리기 칼트바트 구간 케이블카는 3월 말~4월 중순과 11월 초~11월 중순 정기 점검으로 운휴
- CHF 피츠나우/베기스/아르트 골다우-리기 쿨름 성인 왕복 CHF78, 겨울 CHF50, 부모 동반 16세 이하 어린이, 스위스 트래블 패스 소지자 무료, 유레일 패스 소지자와 6~16세 어린이 단독 여행 시 50% 할인
- @ www.rigi.ch

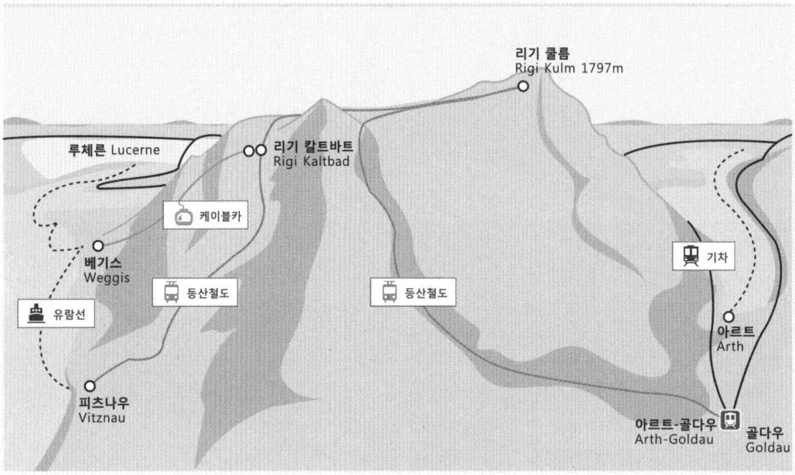

루체른에서 리기 다녀오기

상행

루체른 → 유람선 → 피츠나우 → 등산철도 → 리기 쿨름

하행

❶ 리기 쿨름 → 등산철도 혹은 하이킹 → 리기 칼트바트 → 케이블카 → 베기스 → 유람선 → 루체른

❷ 리기 쿨름 → 등산철도 → 아르트 골다우 → 기차 → 루체른

* 반대 순서로도 이동 가능

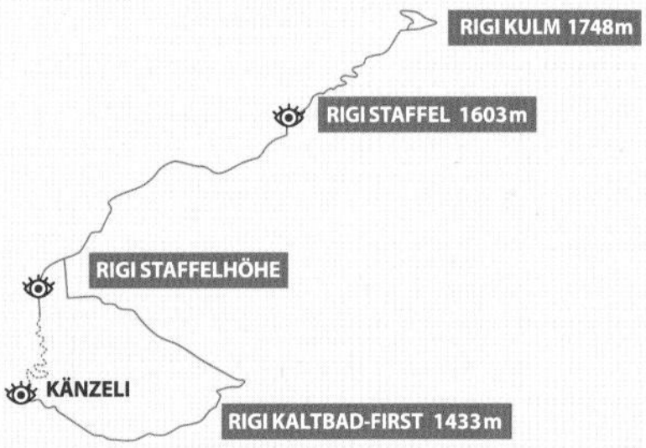

리기 추천 하이킹 코스

리기 클래식 코스 : 4km(약 1시간)

리기 쿨름Rigi Kulm → 슈타펠Staffel → 슈타펠회에Staffelhöhe → 켄첼리Känzeli → 리기 칼트바트Rigi Kaltbad

하이킹 초보도 누구나 도전할 만큼 쉬운 내리막 코스로 출발지와 도착지의 고도차가 312m다. 하이킹 내내 푸른 초원과 멋진 호수의 전망을 감상할 수 있는데, 특히 켄첼리 전망대에서 보는 파노라믹 풍경은 그야말로 환상적이다.

Pilatus

신비한 악마의 산 필라투스

루체른 주변의 전망대 중 가장 흥미진진한 경험을 할 수 있는 곳. 험준한 바위산 어딘가에 용이 살고 있다는 전설과 예수 그리스도를 처형한 로마 총독 본디오 빌라도Pontius Pilatus가 묻혀 있다는 전설을 간직하고 있어 '악마의 산'이라 불린다. 정상역인 필라투스 쿨름Pilatus Kulm까지는 알프나흐슈타트Alpnachstad에서는 세계 최대 경사도를 자랑하는 빨간 톱니바퀴 열차, 크리엔스Kriens에서는 곤돌라와 케이블카가 운행된다. 맑은 날 전망대에 오르면 73개의 알프스 봉우리와 호수의 웅장하고 감동적인 파노라마를 감상할 수 있다. 끝내주는 전망을 자랑하는 2개의 호텔과 7개의 레스토랑에서 꿈 같은 휴식을 만끽할 수도 있다.

- 📍 루체른에서 기차/유람선/버스와 등산철도/케이블카로 약 1시간~1시간 30분 소요
- 🕓 톱니바퀴 열차 5월 중순~11월 중순, 곤돌라와 케이블카 연중무휴, 단 10월 중순부터 11월 초까지 정기 점검으로 운휴
- CHF 크리엔스/알프나흐슈타트-필라투스 쿨름 성인 왕복 CHF78, 골든 라운드 트립(루체른-알프나흐슈타트-필라투스 쿨름-크리엔스-루체른) 성인 CHF111.6(2등석 기준), 6~16세 및 스위스 트래블 패스 소지자 50% 할인
- @ www.pilatus.ch

©Pilatus-Bahnen AG

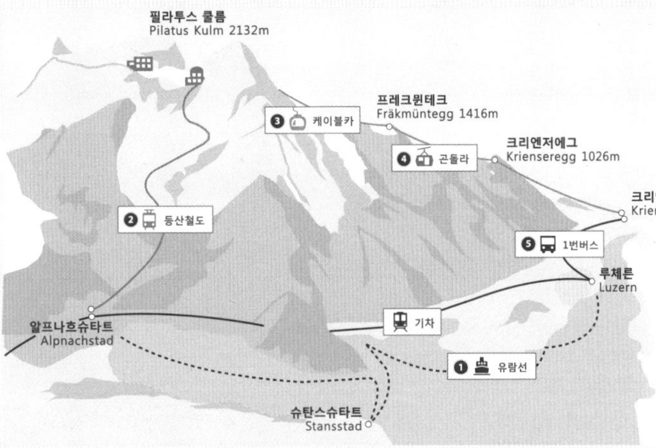

루체른에서 필라투스 다녀오기 : 골든 라운드 트립 (5~10월 이용 가능)

상행

루체른 → ❶ 유람선→ 알프나흐슈타트 → ❷ 등산철도→ 필라투스 쿨름

하행

필라투스 쿨름 → ❸ 케이블카 & ❹ 곤돌라 → 크리엔스 → ❺ 1번 버스 → 루체른

* 실버 라운드 트립은 루체른에서 기차로 알프나흐슈타트까지 이동

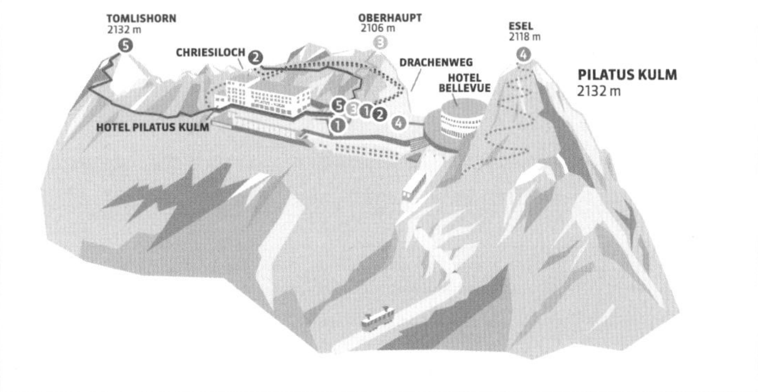

필라투스의 다양한 액티비티 즐기기

©Pilatus-Bahnen AG

©Pilatus-Bahnen AG

©Pilatus-Bahnen AG

1 | 필라투스 정상 하이킹

필라투스 전망대에는 필라투스 쿨름 호텔에서 출발해 다시 호텔로 돌아오는 10~30분 정도의 짧은 하이킹 코스가 5개 있다. 그중 가장 인기 있는 코스는 해발 2132m 최고봉 톰리스호른Tomlishorn에 다녀오는 코스로, 길 옆으로 야생화가 많이 피어 있어 꽃길Flower Trail이라고 불린다.

2 | 프레크뮌테크Fräkmüntegg 서머 터보건

총 길이 1350m의 스위스에서 가장 긴 터보건을 타고 내려오는 최고의 액티비티. 프레크뮌테크 케이블카 승강장에서 도보로 10분 정도 떨어진 프레키가우디Fräkigaudi에서 출발한다. 여름철에만 운영하는데, 인기가 많아 줄을 길게 늘어서는 경우가 많다. 2~8세는 성인과 동반 탑승 가능. 가격은 성인 CHF9, 8~16세 CHF7, 6~7세 CHF5

3 | 프레크뮌테크Fräkmüntegg 로프 파크

중부 스위스에서 가장 규모가 큰 로프 파크. 나무 오르기, 아슬아슬한 통나무 다리 건너기, 집라인 타기 등 다양한 난도의 10가지 파쿠르Parkour가 있다. 운동 신경이 좋은 편이라면 높은 난도를 시도해보자. 가격은 성인 CHF28, 8~16세 CHF21

Titlis 중부 스위스의 최고봉 티틀리스

©Titlis Glacier Mountain

'천사의 마을'이라는 뜻의 마을 엥겔베르그Engelberg에서 올라가는 전망대. 중부 스위스에서 가장 높은 해발 3020m 높이를 자랑하며 겨울철에는 다양한 코스를 갖춘 최고의 스키 구역으로 사랑받는 곳이다. 엥겔베르그 기차역에서 도보 15분 거리에 있는 티틀리스 승강장Talstation Titlis에서 8인승 곤돌라인 티틀리스 익스프레스Titlis Xpress를 타고 슈탄트Stand까지 오른 후 세계 최초의 360도 회전 곤돌라인 '로테어Rotair'로 갈아타고 티틀리스 정상역까지 올라가면 된다. 트륍제 호수에 들르고 싶다면 슈탄트에 오르기 전 중간역인 트륍제Trübsee에서 내리면 된다.

📍 루체른 기차역에서 기차로 엥겔베르그로 이동해 도보 또는 무료 셔틀로 티틀리스 승강장까지 이동, 곤돌라와 케이블카로 티틀리스 정상역까지 이동(약 1시간 40분 소요)

🕓 엥겔베르그-트륍제 연중무휴, 슈탄트-티틀리스 로테어 및 기타 시설 11월 초~중순 보수공사로 운행 중단

CHF 엥겔베르그-티틀리스 성인 왕복 CHF96, 6~15세 및 스위스 트래블 패스 소지자 50% 할인, 유레일패스 소지자 25% 할인 / 겨울 시즌 트륍제 스키 1일권 CHF41

@ www.titlis.ch

티틀리스 정상의 액티비티 즐기기

©Titlis Glacier Mountain

1 | 티틀리스 클리프 워크 Titlis Cliff Walk

해발 3041m 높이의 유럽에서 가장 높은 곳에 있는 현수교. 아찔한 협곡 위에서 출렁이는 다리를 건너며 놀라운 알프스 영봉들의 파노라마를 감상하는 스릴 넘치는 경험을 할 수 있다. 정상역에서 5층 테라스로 나간 후 아이스 플라이어와 클리프 워크까지 빙하 위를 걸어가게 되므로 미끄러지지 않게 조심해야 한다. 1층에서도 갈 수 있지만 계단을 많이 올라가야 한다. 날씨가 좋지 않으면 이용할 수 없고 11월 초~중순 점검 및 보수공사로 운영이 중단된다.

©Titlis Glacier Mountain

2 | 아이스 플라이어 Ice Flyer

티틀리스 정상 정거장에서 빙하 공원까지 이어지는 6인승 체어리프트. 하얀 설원과 아찔한 협곡 위를 발밑에 펼쳐진 장엄한 빙하 세계를 감상하며 편안하게 이동할 수 있다. 겨울에는 산 정상에 있는 스키 슬로프로 올라가는 체어리프트로도 이용된다. 날씨가 좋지 않으면 운영이 중단되고 11월 초~중순에는 점검 및 보수공사로 운영이 중단된다. 가격은 왕복 CHF12

©Titlis Glacier Mountain

3 | 빙하 공원 Glacier Park

티틀리스 정상 정거장에서 아이스 플라이어를 타고 내려오면 만년설 위에서 스노 튜브 등 다양한 눈썰매를 즐길 수 있는 빙하 공원이 있다. 눈썰매를 타고 내려온 후에는 자동 컨베이어를 이용해 편안하게 다시 위로 올라갈 수 있다. 빙하 공원의 스노 튜브는 5~6월만 운영되며 12~4월에는 트륍제에 있는 스노 파크에서 눈썰매를 즐길 수 있다. 날씨에 따라 운영이 유동적이며 가격은 무료.

Stanserhorn

세계 최초 오픈 데크 케이블카 슈탄저호른

세계 최초의 오픈 데크가 있는 케이블카인 카브리오CabriO를 체험해볼 수 있는 전망대. 1893년부터 운행해온 나무 푸니쿨라가 슈탄스Stans에서 중간 역인 켈티Kälti까지 운행되고 거기에서 지붕 위에 오픈 데크가 설치된 케이블카인 카브리오로 갈아타고 정상역까지 오르게 된다. 케이블카 지붕에 올라 상쾌한 바람을 맞으며 장애물 없이 눈앞에 펼쳐지는 놀라운 경치를 감상하는 것은 그야말로 짜릿한 경험이다. 정상역(1850m)에도 전망대가 있지만 조금 더 걸어 올라가면 1898m의 산꼭대기에 오를 수 있다.

- 📍 루체른 기차역에서 기차로 슈탄스까지 이동한 후 도보로 슈탄저호른 푸니쿨라 승강장으로 이동, 푸니쿨라와 카브리오로 슈탄저호른 정상역까지 이동
- 🕓 4월 중순~11월 중순
- CHF 슈탄스-슈탄저호른 성인 왕복 CHF74, 부모 1인 이상 동반 6~16세는 CHF 18.5, 스위스 트래블 패스 소지자 무료
- @ www.stanserhorn.ch

©Mt. Stanserhorn Railway

©Mt. Stanserhorn Railway

©Mt. Stanserhorn Railway

©Mt. Stanserhorn Railway

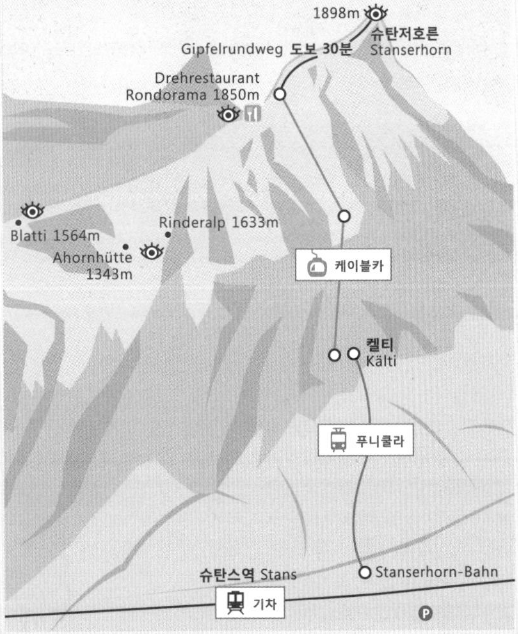

Restaurant & Café

피자리아 춤 바이센 크로이츠 Pizzeria Zum Weissen Kreuz

구시가에 있는 Zum Weissen Kreuz 호텔에서 운영하는 이탈리아 요리 전문 레스토랑이다. 45종류나 되는 화덕 피자와 파스타, 리소토 등을 맛볼 수 있으며 정통 이탤리언 코스 요리와 와인을 주문해 먹을 수도 있다. 우리 입맛에 딱 맞아 우리나라 관광객들 사이에서도 인기가 있으며 날씨가 따뜻할 때는 분위기 좋은 테라스 좌석에서 식사를 즐길 수도 있다.

- 🏠 Furrengasse 19, 6004 Luzern
- ☎ +41 41 418 82 20 ⏲ 11:00-23:00
- CHF 파스타 CHF19~29, 피자 CHF22~28
- @ www.pizzerialuzern.ch

올드 스위스 하우스 Old Swiss House

라이온 기념비 근처에 있는 전통 스위스 민가를 개조한 레스토랑으로 147년의 역사를 고스란히 간직한 고풍스럽고 아름다운 실내장식이 돋보인다. 직원이 테이블 옆에서 버터에 바로 튀겨서 주는 비너슈니첼Wienerschnitzel(오스트리아식 커틀릿)이 인기 메뉴다. 13:30~18:00에는 좀 더 저렴한 가격의 Small Menu를 제공한다.

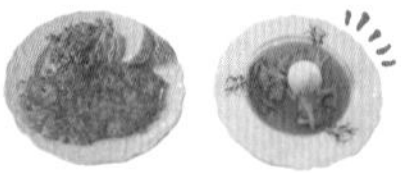

- 🏠 Löwenplatz 4, CH 6004 Luzern
- ☎ +41 41 410 61 71
- ⏲ 11:00-14:30, 18:00-23:30, 일~월요일 휴무(시즌에 따라 휴무일 변경 있음)
- CHF 메인 메뉴 CHF48~69
- @ www.oldswisshouse.ch

라트하우스 브루어리 Rathaus Brauerei

루체른 중심부에 있는 브루어리 레스토랑으로 카펠교가 한눈에 들어오는 야외 테라스가 인상적이다. 스위스 전통요리와 직접 양조한 다양한 수제 맥주를 만날 수 있다. 루체른의 인기 레스토랑으로 전화나 메일(info@rathausbrauerei.ch)로 미리 예약하는 것이 좋다. 단, 테라스 석은 예약을 받지 않는다.

- 🏠 Unter der Egg 2, 6004 Luzern
- ☎ +41 41 410 61 11
- 🕒 4~10월 월, 수, 목, 금요일 09:00-24:00, 화, 토요일 08:00-24:00, 일요일 09:00-23:00, 11~3월 월, 수, 목, 금요일 10:00-24:00, 화, 토요일 08:00-24:00, 일요일 10:00-23:00, Ash Wednesday 휴무
- CHF 라트하우스 치킨(500g) CHF28, 뢰스티 CHF28.5, 맥주 CHF5~9, 맥주 피처 CHF25~27
- @ www.rathausbrauerei.ch

한국 식당 Korea Town

기차역에서 멀지 않은 곳에 있는 한식 레스토랑으로 김치찌개, 제육볶음, 육개장 등 다양하고 맛있는 한식을 제공한다. 한국에 비해 가격이 비싸다고 생각하겠지만 스위스 물가를 고려하면 그리 비싼 편은 아니다. 월~금요일에는 저렴한 가격에 런치 뷔페를 즐길 수 있다.

- 🏠 Hirschmattstrasse 23, 6003 Luzern
- ☎ +41 41 210 11 77
- 🕒 월~금요일 11:30-14:00, 17:30-23:00, 토요일 17:30-23:00, 일요일 휴무
- CHF 점심 뷔페 CHF22, 불고기 CHF34, 김치찌개 CHF34
- @ www.koreatown.ch

부르거슈투베 Burgerstube

럭셔리 부티크 호텔인 Hotel Wilden Mann에서 운영하는 스위스 전통 요리 레스토랑으로 네오고딕 스타일로 고풍스럽게 꾸며져 있다. 점심시간에는 런치 메뉴를 합리적인 가격에 맛볼 수 있으며 루체른 전통 요리인 루체르너 취겔리파스테테를 맛보기에도 좋은 곳이다.

- 🏠 Bahnhofstrasse 30, 6003 Luzern
- ☎ +41 41 210 16 66
- 🕒 11:30-15:00, 18:00-23:00(식사 메뉴 11:30-13:30, 18:00-21:30)
- CHF 런치 메뉴 CHF26~56, 취겔리파스테테 CHF38
- @ www.wilden-mann.ch/en/Restaurant

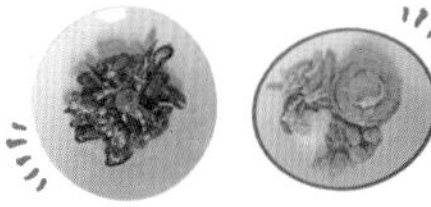

밀피유 Mill'Feuille

로이스 강변에 있는 카페, 바 겸 레스토랑으로 아름다운 뷰와 맛있는 요리로 유명한 곳이다. 오전 8시~정오(주말에는 오후 6시까지)까지 즐길 수 있는 아침 식사 메뉴부터 음료와 간단한 스낵, 5코스 디너까지 다양한 선택이 가능하다. 여름철에는 강 바로 옆의 분위기 좋은 테라스 좌석에서 야경을 감상할 수 있어 더 인기가 있다.

- Mühlenpl. 6, 6004 Luzern
- ☎ +41 41 410 10 92
- 월~토요일 07:30-23:00, 일요일 09:00-23:00
- CHF 아침 식사 메뉴 CHF7.5~9, 메인 요리 CHF29~39, 4코스 디너 CHF71
- @ www.millfeuille.ch

파스타라치 스페치알리테이튼 & 테이크 어웨이

Pastarazzi Spezialitäten & Take Away

예수 교회 근처에 있는 생파스타와 라비올리 전문점이다. 직접 뽑고 만든 신선한 파스타와 라비올리 중 원하는 것을 고르고 토마토, 크림, 허브 페스토 등 소스를 선택해 주문하는데 라비올리는 여러 가지 종류를 섞을 수 있으며 소스도 2가지를 믹스할 수 있다. 테이크 어웨이는 매장에서 먹는 것보다 가격이 저렴하다. 루체른 외에도 슈탄스, 자르넨 등에 지점이 있다.

- Hirschengraben 13, 6003 Luzern
- ☎ +41 41 211 10 20
- 월~금요일 11:00-14:30, 16:30-22:30, 토요일 11:00-22:30, 일요일 휴무
- CHF 파스타 CHF20~23, 라비올리 CHF22~26(매장 식사 기준)
- @ www.pastarazzi.ch

윤난 티 하우스 Yun Nan Tea House

호프 교회 근처에 있는 중국식 찻집 겸 레스토랑이다. 쌀쌀한 날 따뜻하고 향기로운 차 한 잔을 마시러 들러도 좋고 딤섬이나 국수, 밥으로 식사를 하기에도 좋다. 화이트 톤으로 깔끔하게 꾸며진 가게 내부는 사진도 예쁘게 나와 여자 손님들한테 최고의 인기를 누리고 있다.

- Pfistergasse 14, 6003 Luzern
- ☎ +41 41 412 26 88
- 월~수요일, 금요일 09:00-19:00, 목요일 09:00-21:00, 토요일 09:00-17:00, 일요일 휴무
- CHF 딤섬 CHF17~21, 국수 CHF21~24
- @ www.yunnan.ch

루체른 추천 숙소

Hotel Schweizerhof Luzern

★★★★★

1845년에 오픈한 루체른의 상징과도 같은 특급 호텔로 당시의 우아하고 클래식한 건축양식을 아직도 잘 보존하고 있다. 내부는 2014년에 리뉴얼을 마쳐 깔끔하고 고급스럽게 새단장했으며 서비스도 최고를 자부한다. 기차역에서 나와 다리를 건너 오른쪽 호숫가에 있다.

🏠 Schweizerhofquai, 6002 Luzern

☎ +41 41 410 04 10

@ www.schweizerhof-luzern.ch

The Hotel Lucerne ★★★★★

프랑스의 스타 건축가 장 누벨이 만들어낸 또 하나의 작품이자 스위스 최고의 럭셔리 디자인 호텔이다. 블랙, 레드, 화이트 등 세련된 색조로 통일된 30개의 객실은 모두 다른 디자인으로 객실 천장을 장식하고 있는 영화의 장면들은 어두울 때 외부에서 바라보면 모자이크같이 환상적인 조화를 이룬다. 기차역과 선착장에서 가까워 루체른 시내와 호수 유람을 즐기기에 최적의 위치를 자랑한다.

🏠 Sempacherstrasse 14, 6002 Luzern

☎ +41 41 226 86 86

@ www.the-hotel.ch

Art Deco Hotel Montana ★★★★

아름다운 루체른 호수와 알프스가 보이는 독보적인 전망을 자랑하는 호텔로, 클래식하고 웅장한 외관과는 달리 내부는 모던한 아르데코 스타일로 꾸며져 있다. 객실은 싱글룸부터 펜트하우스 스파 스위트까지 다양하게 있으며 힐사이드와 레이크 뷰 중 선택 가능하다. 호텔 레스토랑인 스칼라 레스토랑Scala Restaurant도 환상적인 지중해 요리와 멋진 전망으로 유명하다. 호숫가의 산책길에서 호텔 로비까지 전용 케이블카가 운행된다.

🏠 Adligenswilerstrasse 22, 6002 Luzern ☎ +41 41 419 00 00

@ www.hotel-montana.ch

Cascada Hotel ★★★★

루체른 기차역에서 도보 5분 정도의 거리에 있는 친절한 일급 호텔이다. 벽에 스위스의 폭포들이 그려져 있는 객실은 모던하고 깔끔하며 미니바를 무료로 이용할 수 있다. 조식 뷔페도 종류가 다양해서 만족도가 높다. 객실 요금에 루체른 교통 티켓이 포함되어 있으며 무료로 자전거를 빌려 구시가를 돌아볼 수도 있다.

- 🏠 Bundesplatz 18, 6003 Luzern
- ☎ +41 41 226 80 88
- @ www.cascada.ch

Ameron Luzern Hotel Flora ★★★★

스타일리시한 일급 호텔로 객실이 완벽하게 리노베이트되어 현대적이고 쾌적하다. 기차역에서 도보 3분 거리에 있고 카펠교도 가까워 관광과 이동하기에 편리하다는 점도 인기 있는 이유다. 객실에 무료 생수가 제공되며 컴포트, 딜럭스, 프리미엄 객실은 미니바도 무료로 이용할 수 있다. 맛있고 푸짐한 조식 뷔페도 놓치지 말자.

- 🏠 Seidenhofstrasse 5, 6002 Luzern
- ☎ +41 41 227 66 66
- @ ameronhotels.com/en/luzern-hotel-flora

Hotel des Balances ★★★★

길드 하우스였던 건물을 개조한 유서 깊은 호텔로 구시가 쪽의 외벽엔 아직도 아름다운 프레스코화가 남아 있다. 우아한 분위기의 객실과 로이스 강가의 사랑스러운 테라스 레스토랑 등 로맨틱한 분위기가 물씬 풍긴다. 아름다운 루체른 구시가 광장인 바인마르크트에 있다.

- 🏠 Weinmarkt, 6004 Luzern
- ☎ +41 41 418 28 28
- @ www.balances.ch

Radisson Blu Hotel Luzern ★★★★

KKL 근처 루체른 호숫가에 있는 호텔로 컨템포러리 디자인을 자랑한다. 세계적인 체인 호텔다운 스타일리시하고 모던한 객실이 특징이며 지중해 요리를 선보이는 레스토랑과 바, 와인 라운지, 헬스클럽까지 갖추고 있다.

- 🏠 Inseliquai 12, 6005 Luzern
- ☎ +41 41 369 90 00
- @ www.radissonblu.com/hotel-lucerne

Hotel Rigi Kaltbad ★★★

리기 산 전망대에 오르는 중간 마을인 리기 칼트바트에 있는 아담한 호텔이다. 호텔 투숙객은 호텔과 함께 있는 스위스의 유명 건축가 마리오 보타가 디자인한 미네랄 바스와 스파를 무료로 이용할 수 있는데, 특히 알프스의 상쾌한 공기를 마시며 즐기는 야외풀이 압권이다. 스파 시설은 16세 이상만 이용할 수 있다. 짐을 가지고 이동하는 경우, 베기스 유람선 선착장에서 케이블카 승강장까지 15분 정도 걸어야 하므로 올라갈 때는 등산철도를 이용하는 것이 더 편하다.

🏠 Zentrum 4, 6356 Rigi Kaltbad
☎ +41 41 399 81 81
@ www.hotelrigikaltbad.ch

Hotel Krone Luzern ★★★

루체른 구시가 광장 중 하나인 바인마르크트에 있는 아담한 호텔로 루체른에서 가장 오래된 건물 중 하나를 개조해 아름다운 네오 바로크 스타일의 파사드를 갖고 있다. 객실은 완벽한 리노베이션을 거쳐 깔끔하고 침대도 편안하며 싱글 베드 4개가 있는 4인실과 아파트먼트도 있다. 객실에 에어컨이 없다는 점이 아쉽다.

🏠 Weinmarkt 12, 6004 Luzern
☎ +41 41 419 44 00
@ www.krone-luzern.ch

Waldstaetterhof Swiss Quality Luzern ★★★

깔끔한 준일급 호텔로 아름다운 외관과 스타일리시한 객실이 특징이다. 루체른 기차역 바로 옆에 있어 기차 여행자들에게는 이보다 더 편리할 수 없는 위치를 자랑한다. 객실에 에어컨이 없고 비즈니스 객실 이상에만 냉장고가 있으니 더운 여름에는 숙박을 고려해보자.

🏠 Zentralstrasse 4, 6003 Luzern
☎ +41 41 227 12 71
@ www.hotel-waldstaetterhof.ch

Hotel des Alpes ★★★

카펠교 바로 앞에 있는 클래식한 분위기의 준일급 호텔이다. 이 호텔에 숙박한다면 꼭 리버 뷰 객실을 선택해 카펠교와 로이스 강의 환상적인 야경을 감상해보자. 1층 레스토랑은 로맨틱한 저녁 식사를 하기에 좋은 곳으로 호텔 투숙객은 10% 할인받을 수 있다.

🏠 Rathausquai 5, 6004 Luzern
☎ +41 41 417 20 60
@ www.desalpes-luzern.ch

Hotel Central Luzern ★★★

기차역과 카펠교 사이에 있는 준일급 호텔로 리노베이션 후 2017년 오픈했다. 밝은 분위기의 객실은 청결하고 쾌적하며 널찍한 패밀리 룸이 있어 4인 가족도 한 객실에 편안하게 숙박할 수 있다. 단, 객실에 에어컨은 없고 선풍기만 있다. 친절한 직원들 덕분에 인기가 점점 높아지고 있다.

🏠 Morgartenstrasse 4, 6003 Luzern
☎ +41 41 210 50 60
@ www.hotel-central-luzern.com

Hotel Zum Weisses Kreuz ★★★

구시가 중심에 위치한 부티크 호텔로 깔끔하고 스타일리시하게 리뉴얼된 객실과 맛있기로 소문난 피자리아, 차이니즈 레스토랑이 있다. 단, 객실에 에어컨 대신 천장 선풍기만 있어 여름철에는 객실이 많이 더우니 예약 시 유념하자.

🏠 Furrengasse 19, 6004 Luzern
☎ +41 41 418 82 20
@ www.altstadthotelluzern.ch

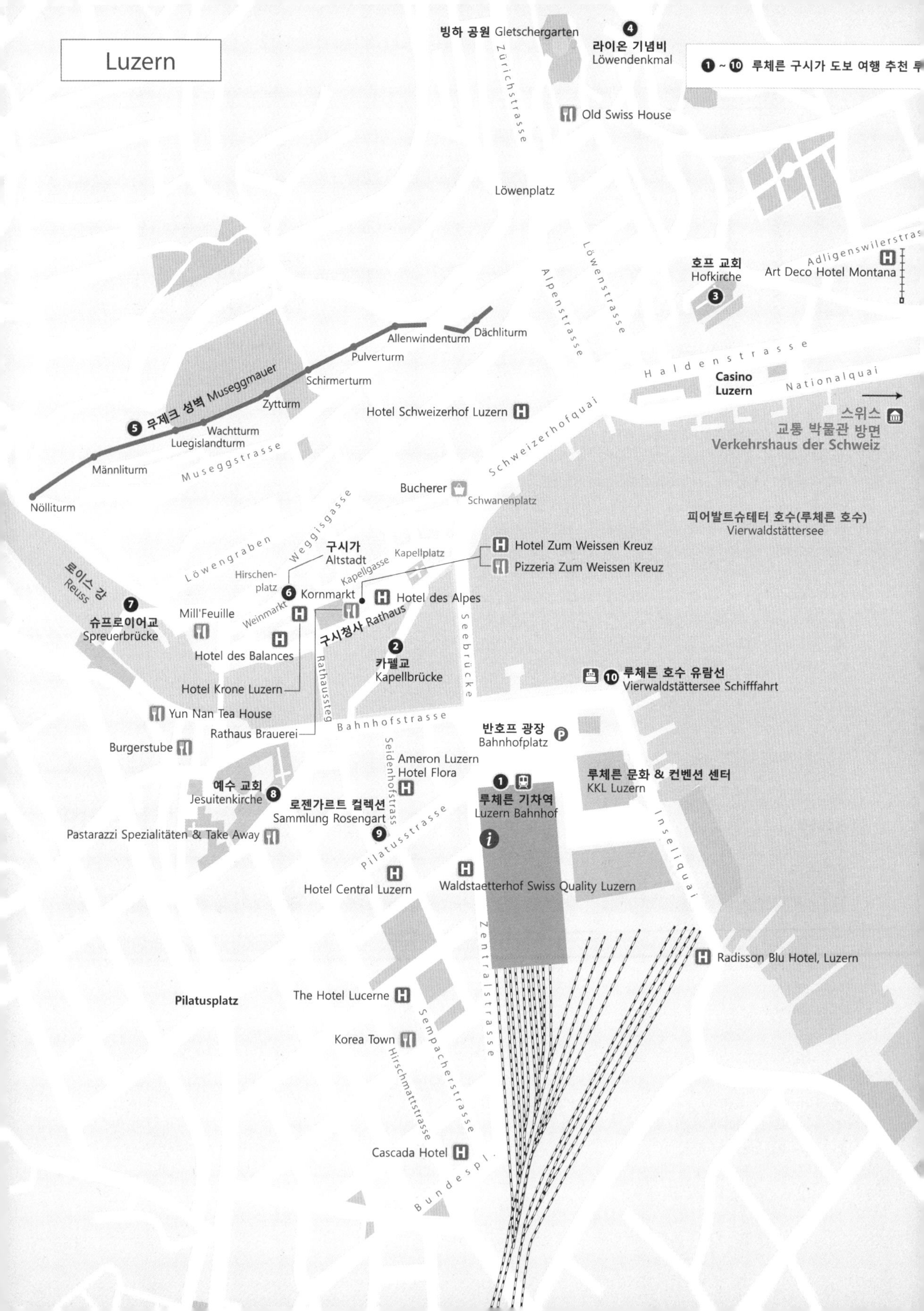
Luzern
❶ ~ ❿ 루체른 구시가 도보 여행 추천 루
빙하 공원 Gletschergarten
❹ 라이온 기념비 Löwendenkmal
Zürichstrasse
Old Swiss House
Löwenplatz
Löwenstrasse
Alpenstrasse
호프 교회 Hofkirche ❸
Adligenswilerstras
Art Deco Hotel Montana
Allenwindenturm
Dächliturm
Pulverturm
Schirmerturm
Zytturm
❺ 무제크 성벽 Museggmauer
Wachtturm
Luegislandturm
Männliturm
Nölliturm
Museggstrasse
Haldenstrasse
Casino Luzern
Nationalquai
Hotel Schweizerhof Luzern
Schweizerhofquai
스위스 교통 박물관 방면
Verkehrshaus der Schweiz
Bucherer
Schwanenplatz
피어발트슈테터 호수(루체른 호수)
Vierwaldstättersee
Weggisgasse
Löwengraben
구시가 Altstadt
Hirschen-platz
Kapellplatz
Kapellgasse
Hotel Zum Weissen Kreuz
Pizzeria Zum Weissen Kreuz
로이스 강 Reuss
❼ 슈프로이어교 Spreuerbrücke
Mill'Feuille
Weinmarkt
❻ Kornmarkt
Hotel des Alpes
구시청사 Rathaus
Hotel des Balances
Rathaussteg
❷ 카펠교 Kapellbrücke
Seebrücke
❿ 루체른 호수 유람선 Vierwaldstättersee Schifffahrt
Hotel Krone Luzern
Yun Nan Tea House
Bahnhofstrasse
Rathaus Brauerei
반호프 광장 Bahnhofplatz
Burgerstube
Seidenhofstrass
Ameron Luzern Hotel Flora
❶ 루체른 기차역 Luzern Bahnhof
루체른 문화 & 컨벤션 센터 KKL Luzern
예수 교회 Jesuitenkirche ❽
로젠가르트 컬렉션 Sammlung Rosengart
Pastarazzi Spezialitäten & Take Away
❾
Pilatusstrasse
Inseliquai
Hotel Central Luzern
Waldstaetterhof Swiss Quality Luzern
Zentralstrasse
Radisson Blu Hotel, Luzern
Pilatusplatz
The Hotel Lucerne
Korea Town
Sempacherstrasse
Hirschmattstrasse
Cascada Hotel
Bundespl.

Interlaken

인터라켄

에메랄드 그린의 호수 사이에 낀 베르너 알프스의 관문

호수 사이에 있다는 뜻의 이름대로 툰과 브리엔츠 호수 사이에 위치한 인터라켄은 융프라우 지역 교통의 요지이자 최고의 관광 도시다. 툰 호수 쪽에는 인터라켄 서역Interlaken West이, 브리엔츠 호수 쪽에는 인터라켄 동역Interlaken Ost이 있는데 서역 주변이 동역에 비해 좀 더 번화하다. 융프라우 지역의 산악 마을들과 융프라우요흐 전망대로 오르는 등산철도는 동역에서 출발한다. 서역과 동역을 연결하는 메인 스트리트인 회에베그Höheweg에는 호텔과 레스토랑, 상점이 늘어서 있으며 마을 한가운데에 있는 넓은 잔디 공원 회에마테Höhematte에서는 융프라우의 우아한 자태를 정면으로 감상할 수 있으며 패러글라이딩의 착륙 장소이기도 하다.

인터라켄 관광청 | www.interlaken.ch

찾아가기

기차 인터라켄으로 오는 대부분의 열차는 서역과 동역에 모두 정차하므로 숙소 위치에 따라 좀 더 가까운 곳에 하차하면 된다. 루체른에서 인터라켄 동역까지는 루체른-인터라켄 특급Luzern-Interlaken Express 기차가 운행되며, 인터라켄에서 몽트뢰 구간은 골든패스 라인 특급열차가 운행된다.

주요 도시-인터라켄 열차 이동 시간

취리히 : 약 2시간 **루체른 :** 1시간 50분(골든패스 라인)
몽트뢰 : 3시간 5분(골든패스 라인) **베른 :** 약 54분

자동차 취리히나 루체른에서는 A8 고속도로를 이용해 브리엔츠를 지나 동역 쪽으로 인터라켄에 도착하게 되며 베른에서는 A6 고속도로를 이용한다. 제네바나 몽트뢰에서는 A1이나 A12 고속도로로 베른까지 이동한 후 A6 고속도로를 이용하는 것이 가장 빠르다.

주요 도시-인터라켄 자동차 이동 시간

취리히 : 약 1시간 40분 **루체른 :** 약 1시간
베른 : 약 50분 **제네바 :** 약 2시간 40분

시내 교통

인터라켄 서역에서 동역까지 기차로는 약 4~5분, 102번과 103번 등의 포스트 버스로는 8분 정도 소요되며 걸어서도 약 20분 정도면 이동할 수 있다. 인터라켄과 주변 마을의 숙박 시설에서 1박 이상 묵는 투숙객에게는 대중교통 무료 이용, 등산철도, 박물관 할인 등의 혜택이 있는 Guest Card가 제공된다.

Travel Highlight

카지노 쿠르잘 Casino Kursaal

1859년 오픈 당시에는 융프라우 지역 최고의 사교장이었으며 현재는 개조되어 회의장, 콘서트홀, 민속 공연을 하는 스위스 전통 레스토랑, 카지노 등이 있다. 카지노에서는 룰렛, 블랙잭, 포커, 슬롯머신 등을 즐길 수 있으며 정원에는 예쁜 꽃시계와 분수가 있어 사진을 찍기에도 좋다.

📍 인터라켄 서역과 동역의 중간, 회에마테 맞은편

툰 & 브리엔츠 호수 유람선 Schifffahrt Thuner & Brienzersee

인터라켄에서 알프스만 오르고 호수를 즐기지 않는다면 인터라켄의 매력을 반만 경험하는 것이라고 할 수 있다. 반나절 정도만 시간을 내면 유람선을 타고 툰이나 브리엔츠로 소풍을 다녀오는 에메랄드빛 호수의 유람선 여행을 즐겨볼 수도 있다. 툰 호수 쪽은 툰, 샤다우, 슈피츠 등 아름다운 중세 고성들을 둘러보는 유람선 여행을, 브리엔츠 호수 쪽은 기스바흐 폭포Giessbach Wasserfälle와 로맨틱한 목공예 마을 브리엔츠에 다녀오는 유람선 여행을 추천한다. 툰 호수 유람선은 연중, 브리엔츠 호수 유람선은 4월 초~10월 하순에만 운행한다. 자세한 유람선 운행 시간표는 홈페이지 참고.

📍 인터라켄 서역(툰 호수) 또는 동역(브리엔츠 호수)의 선착장에서 출발

@ www.bls.ch

툰 Thun

아름다운 고성과 그림 같은 구시가, 호수, 알프스가 독특한 분위기를 만들어내는 마을 툰은 베르너 오버란트의 서쪽 관문과도 같은 곳이다. 툰 구시가의 도로는 2개 층으로 나누어진 독특한 구조가 특징인데 아래층은 차와 사람이 모두 다닐 수 있는 넓은 도로이고 그곳에서 계단을 올라가면 마치 테라스와 같은 보행자 전용 위층 도로가 있다. 아래층, 위층 모두 고풍스러운 부티크와 트렌디한 상점, 분위기 좋은 바들이 자리 잡고 있어 여유롭게 산책하기에 그만이다. 구시가 중심에 위치한 시청사 광장은 툰 성을 배경으로 사진 찍기에 가장 좋은 곳이며 이곳에서 계단을 올라가면 12세기의 고성인 툰 성에 오를 수 있다.

📍 인터라켄 서역에서 기차로 30분 / 유람선으로 2시간 10분 소요

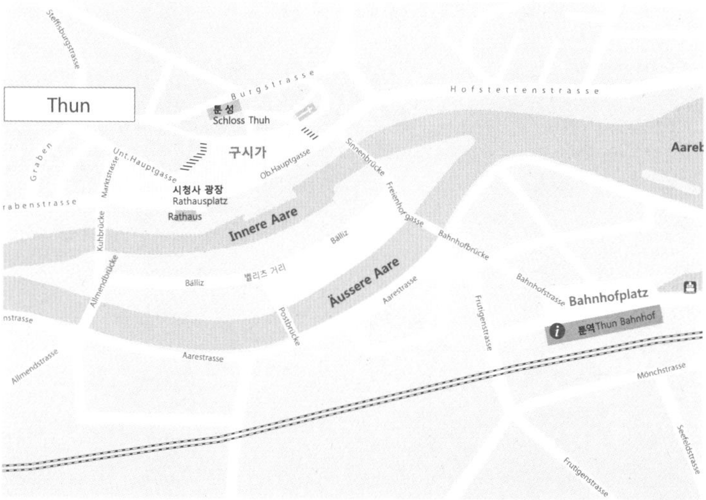

브리엔츠 Brienz

브리엔츠 호수 끝자락에 위치한 아담한 호반 마을인 브리엔츠는 맑은 호수와 울창한 숲, 사랑스러운 증기기관차, 알프스의 파노라마 등 스위스의 여러 가지 매력을 동시에 느낄 수 있는 곳이다. 아기자기한 중심 거리인 하우프트 거리Hauptstrasse에는 목공예 공방과 상점, 바이올린 제작 학교가 있고 '유럽에서 가장 아름다운 거리'로 꼽히기도 했던 브룬가세Brunngasse는 아름다운 꽃들로 장식된 18세기 목조 주택과 조약돌이 깔린 로맨틱한 분위기로 유명하다. 루체른에서 인터라켄으로 이동할 때 브리엔츠 기차역에 내려 관광한 후 인터라켄으로 갈 때는 유람선을 타보는 것도 추천할 만하다.

📍 인터라켄 동역에서 기차로 20~30분 / 유람선으로 1시간 15분 소요

발렌베르그 야외 박물관 Freilichtmuseum Ballenberg

스위스 각지에 남아 있던 100개 이상의 14~19세기의 민가와 농가 등을 이전해서 조성한 야외 민속박물관이다. 66만 m²의 광대한 부지에 있는 전통 양식 집들은 내부의 방과 부엌, 거실까지 사람이 살고 있는 듯 세심하게 재현되어 있는 데다 텃밭에는 싱싱한 채소가 자라고 양, 염소, 돼지, 닭 등 250마리의 가축이 곳곳에 뛰놀고 있어 스위스의 과거로 시간 여행을 떠난 듯한 느낌이 들 수 있다. 레이스 뜨기나 목공예, 빵을 굽고 치즈를 만드는 등 스위스 전원생활을 직접 체험할 수 있는 프로그램도 있다. 전체를 다 돌아보려면 시간이 너무 많이 소요되므로 홈페이지에서 지도를 미리 다운로드받아 참고하는 것이 좋다.

📍 브리엔츠 기차역 앞 버스 정류장에서 151번 포스트 버스를 타고 서쪽 입구Ballenberg West(약 9~12분 소요) 또는 동쪽 입구Ballenberg Ost(약 15~20분 소요) 하차

CHF 성인 CHF32, 6~16세 CHF16, 가족 요금(부모 또는 조부모와 동반 어린이) CHF89, 스위스 트래블 패스 소지자 무료

@ www.ballenberg.ch 🕓 4월 초~10월 말, 매일 10:00-17:00

브리엔츠 로트호른 Brienz Rothorn

스위스에서 가장 오래된 증기기관차를 타고 오르는 해발 2350m의 전망대로 세계의 기차 마니아들이 많이 찾는다. 정상에 오르려면 편도 1시간 정도 소요되는데 푸른 숲과 웅장한 산, 아름다운 브리엔츠 호수 등 시시각각 변하는 주변 경치를 감상하며 낭만적인 기차 여행을 즐길 수 있다. 정상 레스토랑에서 식사나 음료를 즐길 수도 있다.

📍 브리엔츠 기차역 맞은편 등산철도 승강장에서 탑승

🕓 6월 초~10월 하순

CHF 성인 왕복 CHF104, 스위스 트래블 패스 소지자 50% 할인, 성인 1인당 15세 이하 어린이 2명까지 무료로 동반 가능

@ www.brienz-rothorn-bahn.ch

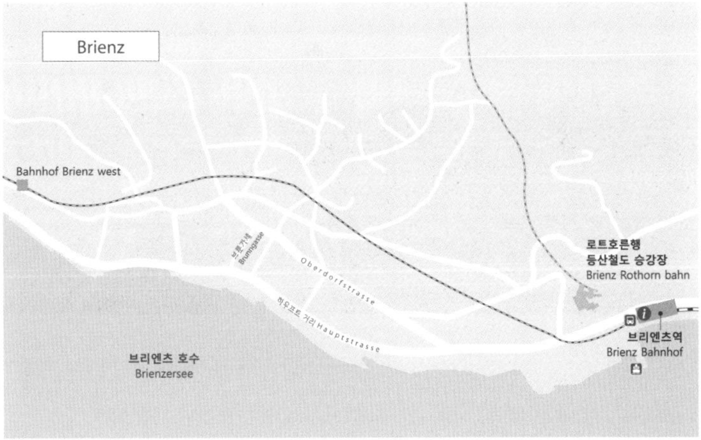

하르더 쿨름 Harder Kulm

인터라켄의 시가지 북쪽에 위치한 작은 성을 연상시키는 해발 1322m의 전망대 하르더 쿨름은 빨간 미니 푸니쿨라를 타면 10분이면 정상에 오를 수 있어 부담 없이 다녀올 수 있는 곳이다. 정상에서는 2개의 호수와 인터라켄의 시가지 그리고 아이거, 묀히, 융프라우의 멋진 뷰를 감상할 수 있는 파노라마 레스토랑이 있으며 '두 호수 다리Zwei Seen Steg'라 불리는 아찔한 전망 데크에서는 기막힌 전망을 감상할 수 있다. 인터라켄 동역에서 서역으로 가는 길의 첫 번째 모퉁이에서 우회전해 다리를 건너면 푸니쿨라 승강장이 있다.

- 인터라켄 하르더반 승강장에서 푸니쿨라를 타고 약 10분 소요
- 4월 중순~11월 중순, 매년 조금씩 변동 있음
- CHF 성인 왕복 CHF40, 스위스 트래블 패스 소지자 50% 할인, 융프라우 VIP 여름 패스 소지자 무료
- @ www.jungfrau.ch/de-ch/harder-kulm

쉬니게 플라테 Schynige Platte

인터라켄에서 반나절이면 충분히 다녀올 수 있는 해발 1967m의 쉬니게 플라테는 은빛으로 빛나는 융프라우, 묀히, 아이거의 멋진 경치와 광대한 초원에 에델바이스를 비롯한 600종류 이상의 알프스 고산식물을 모아놓은 알프스 고산식물원Alpengarten(www.alpengarten.ch, 입장료 무료)으로 유명한 전망대다. 인터라켄 동역에서 기차를 타고 빌더스빌Wilderswil까지 이동한 후 19세기부터 운행된 빈티지한 등산열차로 갈아타고 50분 정도 더 올라가게 된다.

- 인터라켄 동역에서 빌더스빌로 이동한 후 열차를 환승해 이동(약 1시간 10분 소요)
- 5월 말~10월 말, 매년 조금씩 변동 있음
- CHF 성인 2등석 왕복 CHF71.2, 스위스 트래블 패스 사용 시 인터라켄 동역~빌더스빌 구간 무료, 빌더스빌~쉬니게 플라테 구간 50% 할인(CHF32), 융프라우 VIP 여름 패스 소지자 무료
- @ www.jungfrau.ch/de-ch/schynige-platte

융프라우요흐 Jungfraujoch

유럽의 지붕Top of Europe이라는 별명을 가진 해발 3454m의 전망대 융프라우요흐는 스위스 하면 가장 먼저 떠오르는 관광지이며 스위스를 여행하는 사람이면 누구나 한 번쯤 방문하는 곳이다. 스핑크스 전망 데크에서 알프스 영봉들의 파노라마와 웅장한 알레치 빙하를 조망하는 것 외에도 얼음 궁전, 융프라우 파노라마, 알파인 센세이션 등 볼거리와 즐길 거리가 풍성하다. 스위스 트래블 패스가 있어도 융프라우 철도 한국 사무소인 동신항운의 할인 쿠폰이 있으면 중복 할인을 받을 수 있으니 출발 전에 꼭 챙기자.

- 인터라켄 동역에서 등산철도로 2회 혹은 등산철도와 아이거 익스프레스(곤돌라)로 2회 환승해 이동하며 1시간 40분~2시간 남짓 소요
- 연중무휴. 여름 시즌 30분 간격, 겨울 시즌 1시간 간격으로 운행
- CHF 성인 왕복 CHF213.8 (11~12월 초 CHF187.8, 6~8월 238.8) / 스위스 트래블 패스 사용 시 인터라켄 ↔ 그린델발트/벵겐 구간 무료, 그린델발트/벵겐 ↔ 융프라우요흐 구간 25% 할인 / 동신항운 할인 쿠폰만 이용 시 CHF150 / 스위스 트래블 패스+동신항운 할인 쿠폰 이용 시 CHF135 / 유레일패스 이용 시 CHF158.1 / 유레일패스+동신항운 할인 쿠폰 이용 시 CHF145 / 융프라우 VIP 패스 소지자 1회 왕복 무료
- @ www.jungfrau.ch

융프라우요흐 인기 하이킹 트레일

아이거글레처Eigergletscher → **클라이네 샤이덱**Kleine Scheidegg(**융프라우 아이거 워크**Jungfrau Eiger Walk) **2km** | **약 1시간**

융프라우요흐 등산철도가 정차하는 역 중 융프라우요흐 전망대 바로 전 역인 아이거글레처역에서 다음 역인 클라이네 샤이덱까지 이어진다. 운동화를 신고도 충분히 즐길 수 있을 정도로 완만하게 잘 정비된 길이 이어지며 길 주변에는 온통 야생화가 만발한 들판이 펼쳐져 있다. 아이거글레처역에 내려 바로 옆에 있는 하이킹 코스로 들어서면 아이거, 묀히, 융프라우가 손에 잡힐 듯 가까이 보이고 멀리는 알프스 초원에 둘러싸인 클라이네 샤이덱과 신비한 빛으로 반짝이는 호수가 바라다보인다. 트레일 초반에 만날 수 있는 옛 미텔레기 산장Alte Mittellegihütte은 아이거의 북동쪽 등반로에 있던 것을 옮겨놓은 것으로 내부에는 침상과 취사 시설, 등반 장비 등이 있어 험난했던 아이거 등반의 역사를 엿볼 수 있다. 목적지에 거의 도착할 때쯤에는 팔보덴Fallboden 호수라는 예쁜 인공 호수도 만날 수 있다. 호수 주변에 있는 돌에는 아이거 북벽을 오르다 목숨을 잃은 산악인 69명의 이름이 새겨져 있으며 호수 옆에는 무릎 정도 깊이의 맑은 물속에 벤치가 있어 하이킹으로 피로해진 발을 담그며 쉬어 갈 수도 있다. 클라이네 샤이덱에 도착했다면 레스토랑에 들러 맛있기로 유명한 소시지와 감자 요리로 식사를 즐긴 후 등산철도로 하산하자.

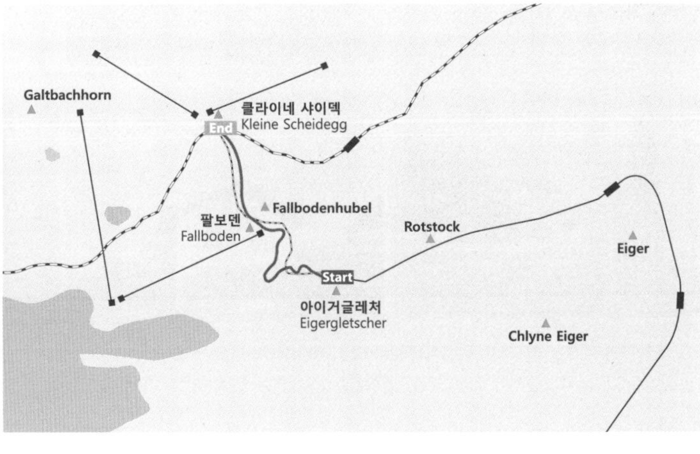

인터라켄 동역에서 융프라우요흐까지

인터라켄 동역에서 융프라우요흐까지

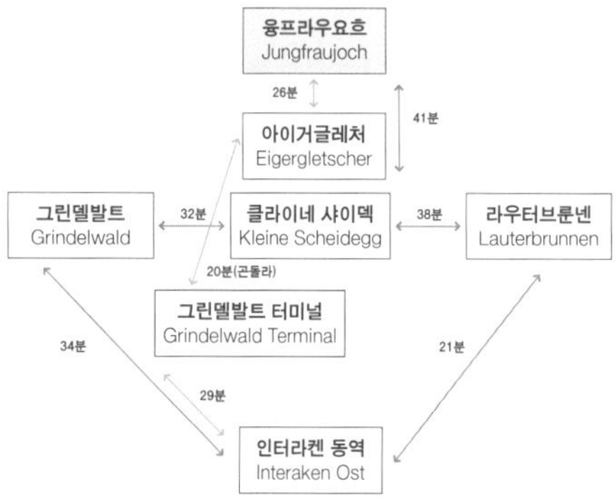

추천 루트 : 인터라켄 동역 → 그린델발트 터미널 → 아이거글레처 → 융프라우요흐 → 클라이네 샤이덱 → 라우터브룬넨 → 인터라켄 동역

1 인터라켄 동역에서 그린델발트 또는 라우터브룬넨까지

인터라켄 동역에서 그린델발트행은 2B 플랫폼, 라우터브룬넨행은 2A 플랫폼에서 등산열차 탑승

2 그린델발트 터미널에서 아이거글레처까지

26인승 초대형 아이거 익스프레스 곤돌라로 이동

2-1 그린델발트 또는 라우터브룬넨에서 클라이네 샤이덱까지

그린델발트 또는 라우터브룬넨에서 노란색 등산열차로 환승해 클라이네 샤이덱까지 이동

3 클라이네 샤이덱에서 융프라우요흐까지

클라이네 샤이덱에서 빨간색 등산열차로 환승해 융프라우요흐까지 이동. 바위를 뚫어 만든 터널 안에 있는 2개의 역인 아이거반트Eigerwand와 아이스메어Eismeer에서는 전망용 창을 통해 창밖의 경치를 감상하기 위해 각각 3분 정도 정차.

HOT TIP

클라이네 샤이덱

해발 2061m의 클라이네 샤이덱은 융프라우요흐로 가는 마지막 관문이자 아이거, 묀히, 융프라우의 멋진 전망을 자랑하는 곳이다. 카페테리아에서는 맛있기로 소문난 소시지와 뢰스티 등을 판매하므로 내려오는 길에 이곳의 전망 좋은 야외 테라스에서 식사를 즐기는 것도 좋다.

융프라우요흐 전망대

TOUR 라고 되어 있는 표지판을 따라가면 순서대로 관람할 수 있으며 2~3시간 정도면 충분히 돌아볼 수 있다.

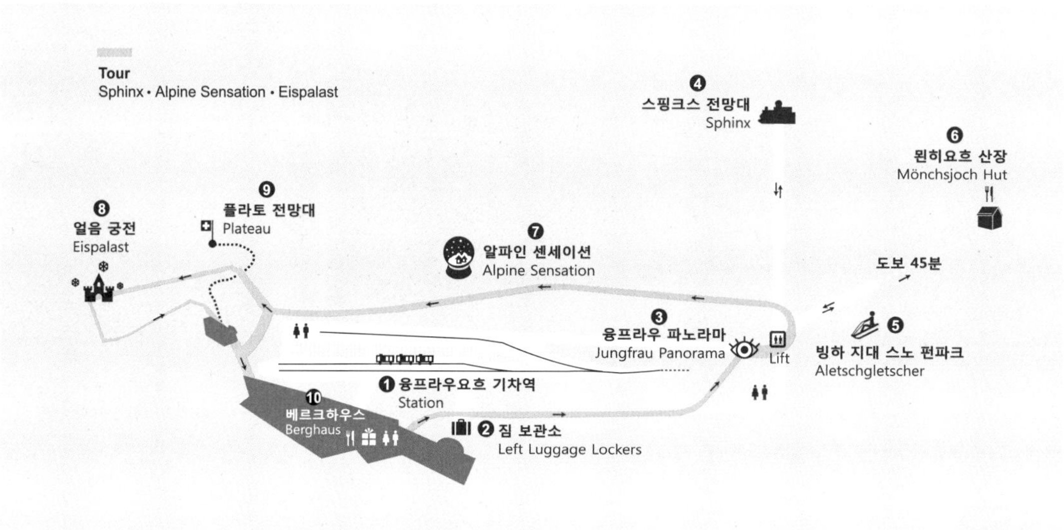

❸ **융프라우 파노라마** 융프라우 전망대에서 감상할 수 있는 웅장한 알프스의 전경을 4분 동안 360도 입체 영상과 음향으로 체험할 수 있는 공간. 연중 오픈.

❹ **스핑크스 전망대** 스핑크스 홀에서 엘리베이터를 타고 더 올라가는 해발 3571m의 전망대. 유리로 된 실내 전망대와 야외 전망 테라스로 이루어져 있다. 알프스의 파노라마와 유럽에서 가장 긴 빙하인 길이 22km의 알레치 빙하를 조망할 수 있다. 선글라스와 따뜻한 옷 필수! 연중 오픈.

❺ **스노 펀파크** 한여름에도 빙하 지대 위에서 짚라인, 스키나 스노보드, 눈썰매 등을 즐길 수 있는 설원. 일일권 성인 CHF45, 어린이 CHF30(융프라우 여름 VIP 패스 50% 할인), 다른 액티비티 가격은 jungfrau.ch/snowfunpark 참고. 5월 초~10월 중순만 오픈.

❻ **묀히요흐 산장** 스위스에서 가장 높은 고도에 있는 산장으로 융프라우요흐 전망대에서 1시간 정도 설원 하이킹으로 갈 수 있다. 등산화는 필수이며 산장에 도착하면 음료를 마시며 휴식을 취한 후에 돌아오자. 좀 더 자세한 정보는 www.moenchsjoch.ch 참고. 3월 중순~10월 중순만 오픈.

❼ **알파인 센세이션** 스핑크스 홀과 얼음 궁전 사이 250m 길이의 터널에 융프라우 철도의 건설 역사를 전시해놓은 투어 코스. 무빙워크를 타고 이동해 편하게 관람할 수 있다. 연중 오픈.

❽ **얼음 궁전** 알레치 빙하 아래 만들어진 얼음 터널. 독수리, 펭귄, 곰 등 반짝반짝 빛나는 얼음 조각들이 가득! 연중 오픈.

❾ **플라토 전망대** 스위스 국기가 펄럭이고 있는 하얀 만년설 위의 전망 포인트. 인증 사진으로 가장 인기 있는 스폿이지만 날씨가 허락해야만 가능하다. 미끄럽지 않은 등산화가 필수! 연중 오픈.

❿ **베르크하우스** 기념품 숍, 린트 스위스 초콜릿 헤븐, 한국 컵라면을 판매하는 커피 바, 크리스털 레스토랑을 비롯한 다양한 전망 레스토랑, 우체국 등이 있는 곳. 동신항운의 할인 쿠폰으로 구입한 융프라우요흐 구간권 또는 VIP 패스로 컵라면을 무료로 받을 수 있다.

융프라우 파노라마

스노 펀파크

스핑크스 전망대

묀히요흐 산장

알파인 센세이션

얼음 궁전

플라토 전망대

볼리우드 레스토랑

융프라우요흐 철도

HOT TIP

융프라우 VIP 패스

융프라우요흐 1회 왕복을 포함해 융프라우 철도에서 운행하는 여러 산악철도와 케이블카를 무제한 탑승할 수 있는 패스로 융프라우 지역의 산악 마을에서 여러 날 머무는 여행자들에게 유용하다. 여름과 겨울 패스로 나뉘며 연속 사용 기준으로 1~6일권까지 있다. 동신항운에서 할인 쿠폰을 받아가서 인터라켄 동역, 그린델발트역 등 융프라우 등산철도역에서 구입할 수 있다. 여름 기준 1일권 CHF180, 2일권 CHF200, 3일권 CHF220이다. 좀 더 자세한 가격 및 혜택은 동신항운 홈페이지 www.jungfrau.co.kr 참고.

융프라우 VIP 패스 혜택(여름 패스 기준)

① 아이거글레쳐-융프라우요흐 1회 왕복 탑승
② 인터라켄 동역-아이거글레쳐 무제한 탑승
③ 그린델발트-피르스트 무제한 탑승
④ 빌더스빌-쉬니게 플라테 무제한 탑승
⑤ 인터라켄-하르더 쿨름 무제한 탑승
⑥ 라우터브룬넨-그뤼츠알프-뮈렌 무제한 탑승
⑦ 그룬트-멘리헨-벵겐 무제한 탑승

1 융프라우 철도 Jungfraubahn
클라이네 샤이덱-융프라우요흐 | 아이거와 묀히의 가파른 산등성이와 암벽을 통과해 융프라우요흐까지 운행하는 융프라우의 대표 열차다.

2 벵게른알프 철도 Wengernalpbahn
그린델발트-클라이네 샤이덱 / 라우터브룬넨-클라이네 샤이덱 | 스위스에서 가장 긴 산악철도로 아이거 북벽을 따라 운행하며 노란색과 초록색 기차는 자연과도 잘 어우러진다.

3 피르스트반 곤돌라 Firstbahn
그린델발트-피르스트 | 6인승 케이블카로 보어트와 슈레크펠트를 경유하며 피르스트까지 25분 소요된다.

4 베르너 오버란트 철도

Berner Oberland-Bahn

인터라켄 오스트-그린델발트 / 인터라켄 오스트-라우터브룬넨 | 인터라켄 오스트역에서 출발해 그린델발트와 라우터브룬넨 방향으로 각각 운행하며 아름다운 풍경을 만끽할 수 있다.

5 뮈렌 철도 & 케이블카

Bergbahn Lauterbrunnen-Mürren

라우터브룬넨-그뤼츠알프-뮈렌 | 무공해 마을 뮈렌으로 가는 가장 편한 루트로 라우터브룬넨에서 그뤼츠알프까지는 케이블카로 이동 후 앙증맞은 기차를 타고 가야 한다.

6 쉬니게 플라테 철도

Schynige Platte-Bahn

빌더스빌-쉬니게 플라테 | 베르너 오버란트 철도에 속하는 빌더스빌역에서 환승해야 하며 5월 말~10월 말까지 운행한다.

7 하르더 철도

Harderbahn

인터라켄 오스트-하르더 쿨름 | 빨간색 1칸짜리 푸니쿨라로 하르더 쿨름까지 10분 소요되며 4월 중순~11월 말까지 운행한다.

4

5

5

6

7

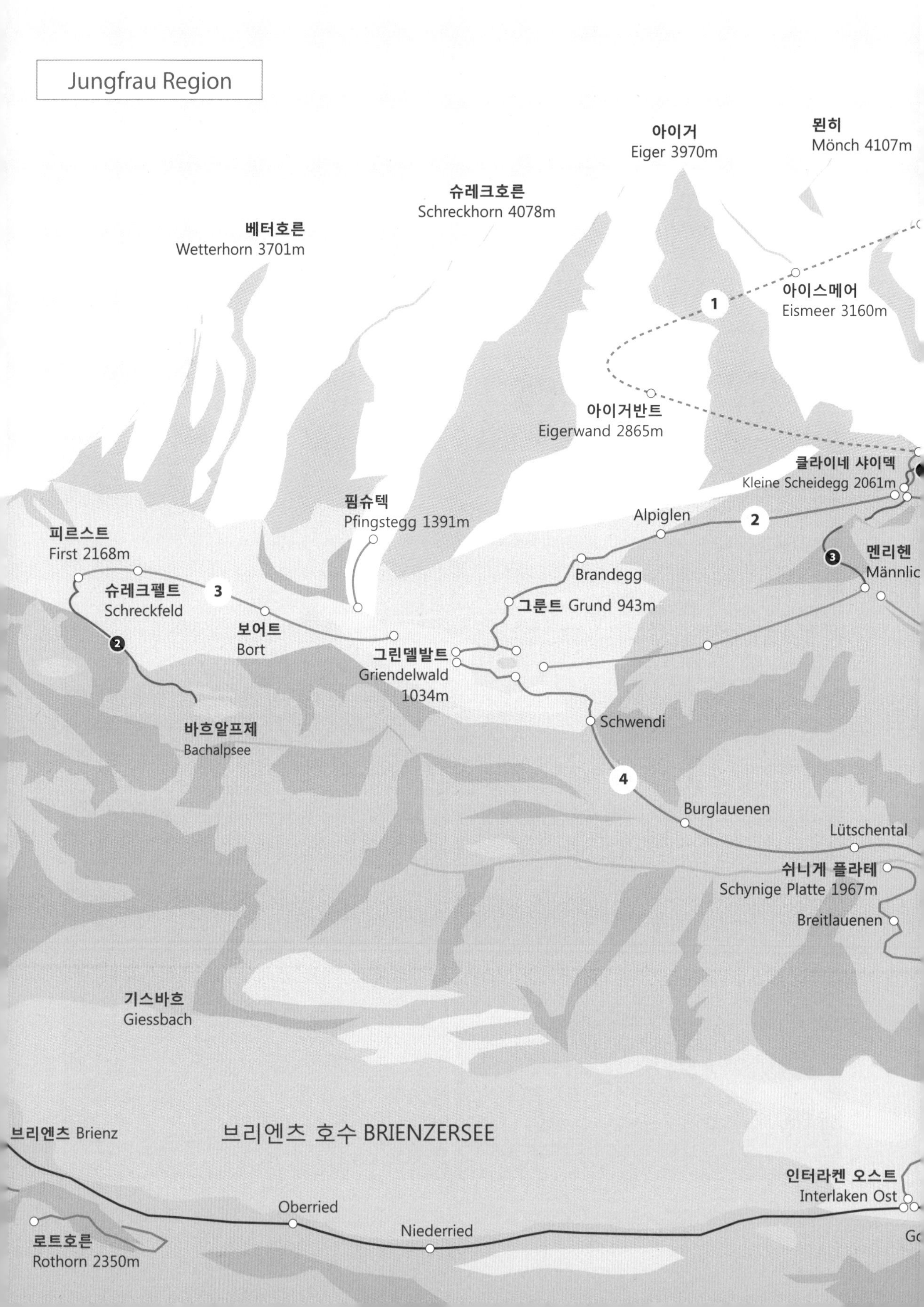
Jungfrau Region
아이거
Eiger 3970m
묀히
Mönch 4107m
슈레크호른
Schreckhorn 4078m
베터호른
Wetterhorn 3701m
1
아이스메어
Eismeer 3160m
아이거반트
Eigerwand 2865m
클라이네 샤이덱
Kleine Scheidegg 2061m
핌슈텍
Pfingstegg 1391m
Alpiglen
2
피르스트
First 2168m
슈레크펠트
Schreckfeld
3
멘리헨
Männlic
Brandegg
그룬트 Grund 943m
보어트
Bort
그린델발트
Griendelwald
1034m
2
바흐알프제
Bachalpsee
Schwendi
4
Burglauenen
Lütschental
쉬니게 플라테
Schynige Platte 1967m
Breitlauenen
기스바흐
Giessbach
브리엔츠 Brienz
브리엔츠 호수 BRIENZERSEE
인터라켄 오스트
Interlaken Ost
Oberried
Niederried
로트호른
Rothorn 2350m

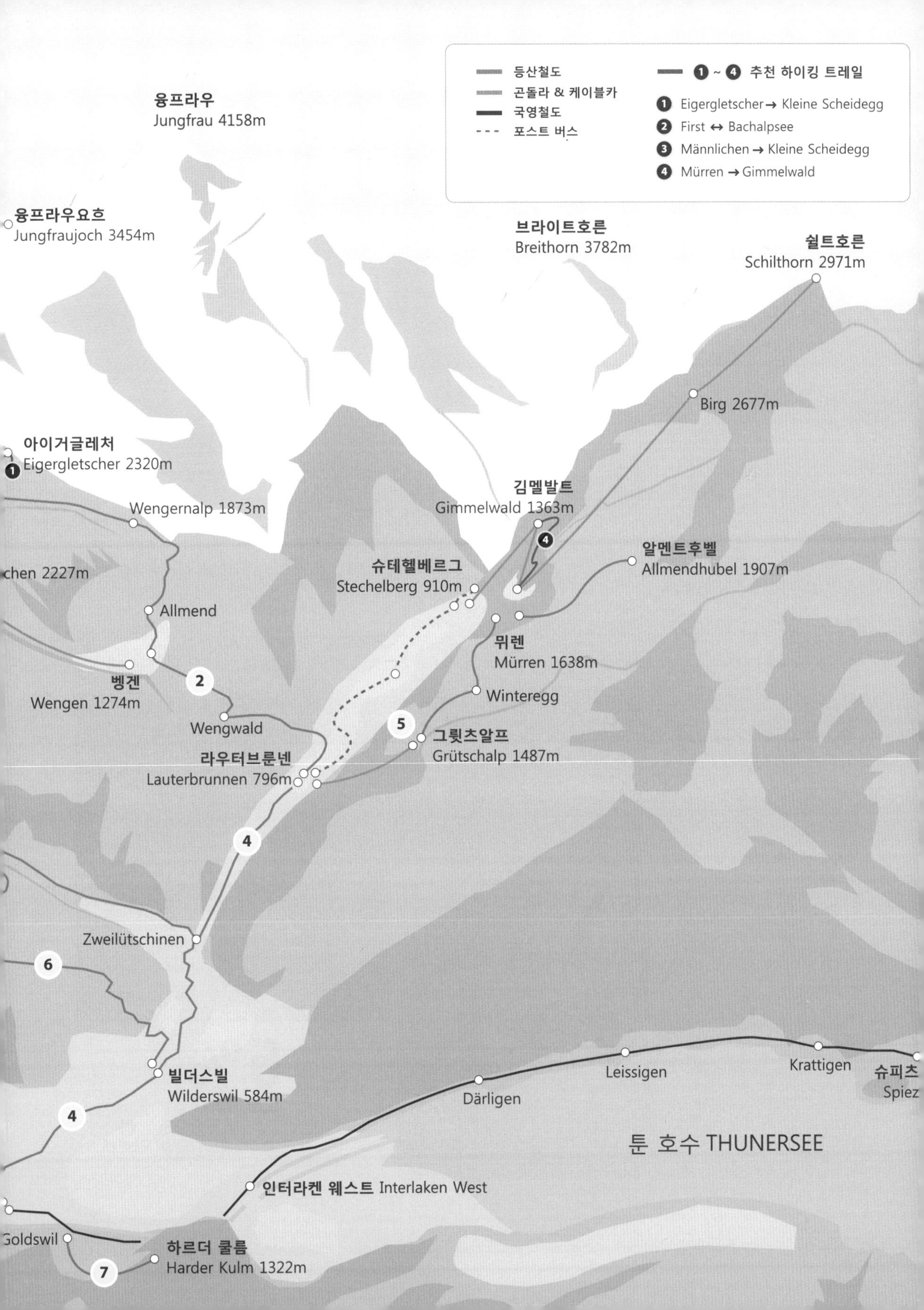

등산철도
곤돌라 & 케이블카
국영철도
포스트 버스
❶ ~ ❹ 추천 하이킹 트레일
❶ Eigergletscher → Kleine Scheidegg
❷ First ↔ Bachalpsee
❸ Männlichen → Kleine Scheidegg
❹ Mürren → Gimmelwald
융프라우
Jungfrau 4158m
융프라우요흐
Jungfraujoch 3454m
브라이트호른
Breithorn 3782m
쉴트호른
Schilthorn 2971m
Birg 2677m
아이거글레처
Eigergletscher 2320m
Wengernalp 1873m
김멜발트
Gimmelwald 1363m
알멘트후벨
Allmendhubel 1907m
슈테헬베르그
Stechelberg 910m
chen 2227m
Allmend
뮈렌
Mürren 1638m
벵겐
Wengen 1274m
Winteregg
Wengwald
그륏츠알프
Grütschalp 1487m
라우터브룬넨
Lauterbrunnen 796m
Zweilütschinen
빌더스빌
Wilderswil 584m
Leissigen
Krattigen
슈피츠
Spiez
Därligen
툰 호수 THUNERSEE
인터라켄 웨스트 Interlaken West
Goldswil
하르더 쿨름
Harder Kulm 1322m

신나는 패러글라이딩 즐기기

여행객들 사이에서 가장 인기 있는 레포츠로 스위스의 아름다운 알프스와 호수 등을 하늘에서 감상할 수 있다는 점이 특히 매력적이다. 초보자는 숙련된 전문가와 2인 1조가 되어 즐기는 텐덤 패러글라이딩으로 안전하고 재미있게 즐길 수 있다. 인터라켄에서는 에메랄드빛으로 반짝거리는 호수와 예쁜 융프라우 지역의 마을들을 감상할 수 있다. 프로그램별로 약간씩 기간이 다르지만 연중 즐길 수 있다. 숙소나 인터라켄 기차역 무료 픽업 서비스를 제공하며 회에마테 공원 잔디밭에 착륙하기 때문에 리턴 서비스는 제공하지 않는다. 인터넷 사이트에서 패러글라이딩 예약 시 할인 코드에 chalet를 넣으면 5% 할인받을 수 있다.

- 🏠 Höheweg 115, 3800 Interlaken
- ☎ +41 33 823 823 3
- CHF 텐덤 패러글라이딩 CHF190~, 사진 CHF40, 사진과 동영상 CHF40
- @ www.paragliding-interlaken.ch/ko

PARA GLIDING INTERLAKEN

인터라켄 패러글라이딩 인터넷 예약 시 5% 할인

[할인코드 chalet]

5%

DISCOUNT

Chalet

Para Gliding Interlaken

Restaurant & Café

브라세리 세인트 조지 Brasserie St.Georges

Hotel Royal St. Georges에서 운영하는 우아한 분위기의 레스토랑으로 클래식한 프렌치 요리와 전통 스위스 요리를 즐길 수 있다. 가격대는 전체적으로 높은 편이고, 뢰스티나 퐁뒤 같은 스위스 전통 요리가 좀 더 만족도가 높다.

- Höheweg 139, 3800 Interlaken
- +41 33 822 75 75
- 매일 18:00-22:00
- CHF 뢰스티 CHF24.5, 퐁뒤 1인분 CHF40, 메인 요리 CHF36~43.5
- @ www.royal-interlaken.ch

그랜드 카페 레스토랑 슈 Grand Café Restaurant Schuh

회에마테 공원 옆에 있는 레스토랑 겸 초콜릿 카페로 식사 또는 디저트와 음료 등을 즐길 수 있다. 우리나라 관광객들은 대부분 퐁뒤, 라클렛 등의 스위스 전통 요리나 스테이크를 많이 먹는다. 날씨가 좋은 날에는 회에마테가 바라보이는 넓은 야외 테라스석에 앉아 여유를 만끽해보자. 단, 단체 관광객이 많이 찾는 곳이라 성수기에는 좀 북적거리고 서비스도 느리다.

- Höheweg 56, 3800 Interlaken
- +41 33 888 80 50
- 월~토요일 10:00-23:00, 일요일 10:00-20:00
- CHF 쇠고기 스테이크 CHF49, 치즈 퐁뒤 1인분 CHF28, 라클렛 CHF22.5
- @ www.schuh-interlaken.ch

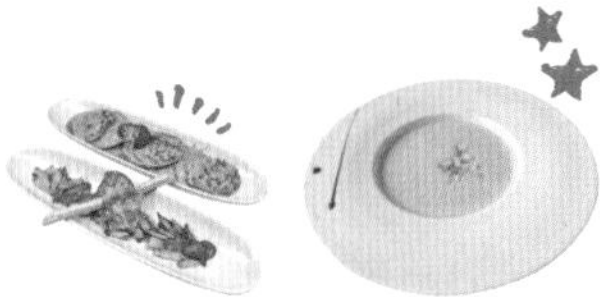

타베르네 Taverne

Hotel Interlaken에서 운영하는 레스토랑으로 모던하게 해석한 스위스 요리를 제공한다. 치즈 퐁뒤는 강한 치즈 향으로 호불호가 갈리니 치즈 향에 민감하다면 스테이크 등 다른 메뉴를 주문하자.

- Höheweg 74, 3800 Interlaken
- +41 33 826 68 68
- 16:00-21:45, 수요일 휴무
- CHF 퐁뒤 CHF29~32, 메인 CHF29.5~56
- @ www.restauranttaverne.ch/en

후시 비어하우스 Husi Bierhaus

인터라켄 서역 근처에 있는 맥주 바로 90종류가 넘는 생맥주와 병맥주를 갖추고 있다. 맥주에 곁들여 먹는 요리로는 독일식 족발인 슈바인스학세Schweinshaxe와 슈니첼이 유명하며 비비큐립도 맛있다. 학센과 샐러드가 같이 나오는 세트 메뉴도 있다.

- Postgasse 3, 3800 Interlaken
- +41 33 823 23 32
- 수~목요일 16:00-23:00, 금~토요일 14:00-00:30, 일요일 14:00-22:30
- CHF 학센 CHF38.5(2인이 1개 주문 시 추가 요금 CHF5.5), 샐러드 CHF17.5~
- @ www.huesi-interlaken.ch

옥스 레스토랑 & 그릴 OX Restaurant & Grill

인포메이션 센터에서 도보 1분 거리에 있는 레스토랑으로 현지인, 관광객 모두에게 인기가 좋다. 스테이크 전문점답게 쇠고기, 돼지고기, 양고기, 닭고기 등 다양하게 있으며 쇠고기는 더 세분화되어 있어 좋아하는 부위를 골라 먹을 수 있다. 가격대가 높은 편이며 티본스테이크는 둘이 먹기에 부족함 없는 양이다.

- Am Marktplatz, 3800 Interlaken
- +41 66 828 12 20
- 매일 10:30-23:30
- CHF 등심 스테이크 CHF38~52, 티본스테이크(500g) CHF69.5, 돼지고기 스테이크(300g) CHF24.5, 탄산음료 CHF4.5, 와인 1잔 CHF5.8~
- @ www.ox-interlaken.ch/en/index.html

피자리아 호른 Pizzeria Horn

베르너 오버란트 지역에서 가장 오래된 피자리아로 화덕에서 갓 구운 피자, 파스타, 리소토 등을 맛볼 수 있다. 메인 스트리트인 회에베그에서 5분 정도 걸어가면 나오는 주택가에 자리하고 있어 한적한 분위기이며 날씨가 좋을 때는 정원 야외석이 인기다.

- 🏠 Harderstrasse 35, 3800 Interlaken
- ☎ +41 33 822 92 92
- 🕒 11:30-14:00, 17:00-22:00, 수요일 휴무
- CHF 샐러드 CHF10.5~17.5, 메인 요리 CHF21~28, 피자 CHF17.5~28.5
- @ www.ristorante-pizzeria-horn.ch/

레스토랑 아레 Restaurant Aare

이름에 있듯이 아레 강이 보이는 곳에 위치한 한식당으로 맑은 날에는 야외석에서 융프라우를 보며 식사를 즐길 수 있다. 찌개 종류는 물론 전, 볶음밥, 볶음 요리, 불고기, 삼겹살 등 다양한 한식 메뉴가 있어 스위스 여행 중 들르기에 딱 좋다.

- 🏠 Strandbadstrasse 15, 3800 Interlaken
- ☎ +41 33 822 88 88
- 🕒 매일 11:30-15:00, 17:00-22:30
- CHF 오늘의 국 CHF12, 돌솥비빔밥 CHF 23~27, 찌개 종류 CHF25, 불고기 CHF28
- @ www.restaurantaare.ch/

리틀 타이 Little Thai

현지인들이 추천하는 맛집으로 회에마테 공원에서 도보 7분 거리에 있으며 테이크 아웃도 가능하다. 태국 음식과 함께 즐길 수 있는 다양한 맥주는 물론 주인이 만든 수제 맥주와 로컬 수제 맥주도 판매하고 있다. 향신료에 거부감이 있다면 스프링 롤, 볶음밥, 팟타이 등을 추천한다.

- 🏠 Hauptstrasse 19, 3800 Interlaken
- ☎ +41 33 821 10 17
- 🕒 수~일요일 11:00-14:00 & 17:00-22:00, 월요일~화요일 휴무
- CHF 쏨땀 타이(파파야 샐러드) CHF17.5, 카오팟(볶음밥) CHF20~27, 팟타이(볶음국수) CHF21~27
- @ www.mylittlethai.ch

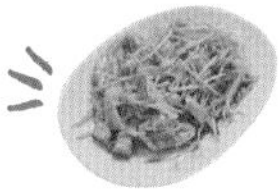

밤부 Bamboo

인터라켄 동역 근처에 있는 차이니즈 레스토랑으로 그날의 점심과 저녁 메뉴는 좀 더 합리적인 가격으로 선보인다. 다양한 종류의 볶음 요리를 비롯해 볶음밥, 탕수육 등 한국인 입맛에도 잘 맞는 음식을 먹을 수 있다.

- 🏠 Untere Bönigstrasse 4, 3800 Interlaken
- ☎ +41 33 821 19 61
- 🕒 매일 10:30-14:30, 17:00-22:00
- CHF 게살 수프 CHF8, 샤오마이 CHF7.5, 볶음밥 CHF19~23, 탕수육 CHF23.5
- @ www.bamboo-interlaken.com

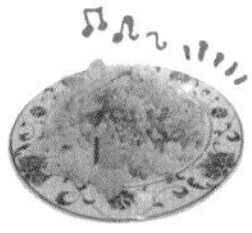

인터라켄 추천 숙소

Victoria Jungfrau Grand Hotel & Spa

★★★★★

화려한 외관과 고급스러운 시설로 인터라켄의 상징이 되어온 호텔로 융프라우 지역에서 가장 럭셔리한 호텔이다. 5500㎡ 넓이의 고급스러운 스파는 로만 스타일의 인상적인 실내풀과 전망 좋은 야외 자쿠지풀, 사우나, 마사지 시설 등을 갖추고 있다.

- 🏠 Höheweg 41, 3800 Interlaken
- ☎ +41 33 828 28 28
- @ www.victoria-jungfrau.ch

Hotel Royal St. Georges Interlaken ★★★★

웅장한 외관과 우아한 내부 시설을 자랑하는 일급 호텔로 아코르 호텔의 부티크 브랜드인 MGallery Collection에 속해 있다. 스타일리시한 디자인 객실과 고전적인 클래식 객실이 있으며 프렌치 요리와 스위스 전통 요리를 제공하는 레스토랑도 유명하다. 직원들의 친절한 서비스로 투숙객들의 만족도가 매우 높다. 서역과 동역 사이에 있는데 동역에서 더 가깝다.

- 🏠 Höheweg 139, 3800 Interlaken
- ☎ +41 33 822 75 75
- @ www.royal-interlaken.ch

Hotel Interlaken ★★★★

14세기부터의 전통을 자랑하는 인터라켄을 대표하는 일급 호텔로 조심스러운 보수를 거쳐 고풍스러운 분위기는 그대로 살리면서도 현대적인 부대시설을 모두 갖추었다. 원목 가구로 꾸며진 아늑한 객실과 맛있는 레스토랑, 분위기 좋은 야외 테라스가 있는 라운지 바 등의 시설을 자랑한다. 특히 트윈 베드와 예쁜 원목 2층 침대가 있는 4인 객실은 2명의 아이들과 함께 여행하는 4인 가족에게 꼭 추천하고 싶다.

- 🏠 Höheweg 74, 3800 Interlaken
- ☎ +41 33 826 68 68
- @ www.hotelinterlaken.ch

Hotel Krebs ★★★★

밝고 화사한 디자인의 객실과 현대적인 시설을 갖추고 있는 일급 호텔로 인터라켄 서역과 가깝다. 객실은 리노베이션한 지 좀 됐지만 깨끗하게 관리되고 있으며 플랫 스크린 TV, 전기 포트와 커피 & 티 세트, 무료 무선 인터넷 등의 부대시설이 갖추어져 있다.

- Bahnhofstrasse 4, 3800 Interlaken
- ☎ +41 33 826 03 30
- @ www.krebshotel.ch

Hotel Bellevue ★★★★

19세기부터 이어진 오랜 전통을 자랑하는 호텔로 아름다운 플로럴 프린트의 벽지로 장식된 객실은 경쾌하면서도 여성스러운 분위기다. 서역에서 도보 5분 정도 떨어진 평화로운 아레 강가에 있으며 객실에 있는 작은 발코니에서 아름다운 아레 강과 주변의 알프스를 감상할 수 있다.

- Marktgasse 59, 3800 Interlaken
- ☎ +41 33 822 44 31
- @ www.hotel-bellevue-interlaken.ch

Carlton Europe ★★★

인터라켄 동역 근처에 있는 아담한 호텔로 고풍스러운 앤티크 가구로 꾸며진 객실은 꾸준한 리노베이션을 통해 깔끔한 시설을 유지하고 있다. 다만, 객실 내에 냉장고가 없는 점이 좀 아쉽다. 호텔 정원 라운지에 아담하고 예쁜 연못이 있다.

- Höheweg 94, CH 3800 Interlaken
- ☎ +41 33 826 01 60
- @ www.carltoneurope.ch

Interlaken Youth Hostel

인터라켄 동역 옆에 있는 유스호스텔로 스타일리시한 인테리어와 합리적인 가격으로 젊은 여행자와 가족 여행객이 많이 찾는다. 싱글룸이나 더블룸, 가족룸에는 개별 욕실이 딸려 있다. 레스토랑, 키오스크, 짐 보관실, 세탁실 등의 편의 시설이 있으며 무료 Wi-Fi도 사용할 수 있다. 조리 시설은 없고 전자레인지만 사용할 수 있으니 참고하자.

- Untere Bönigstrasse 3, 3800 Interlaken
- ☎ +41 33 826 10 90
- @ www.youthhostel.ch/en/hostels/Interlaken

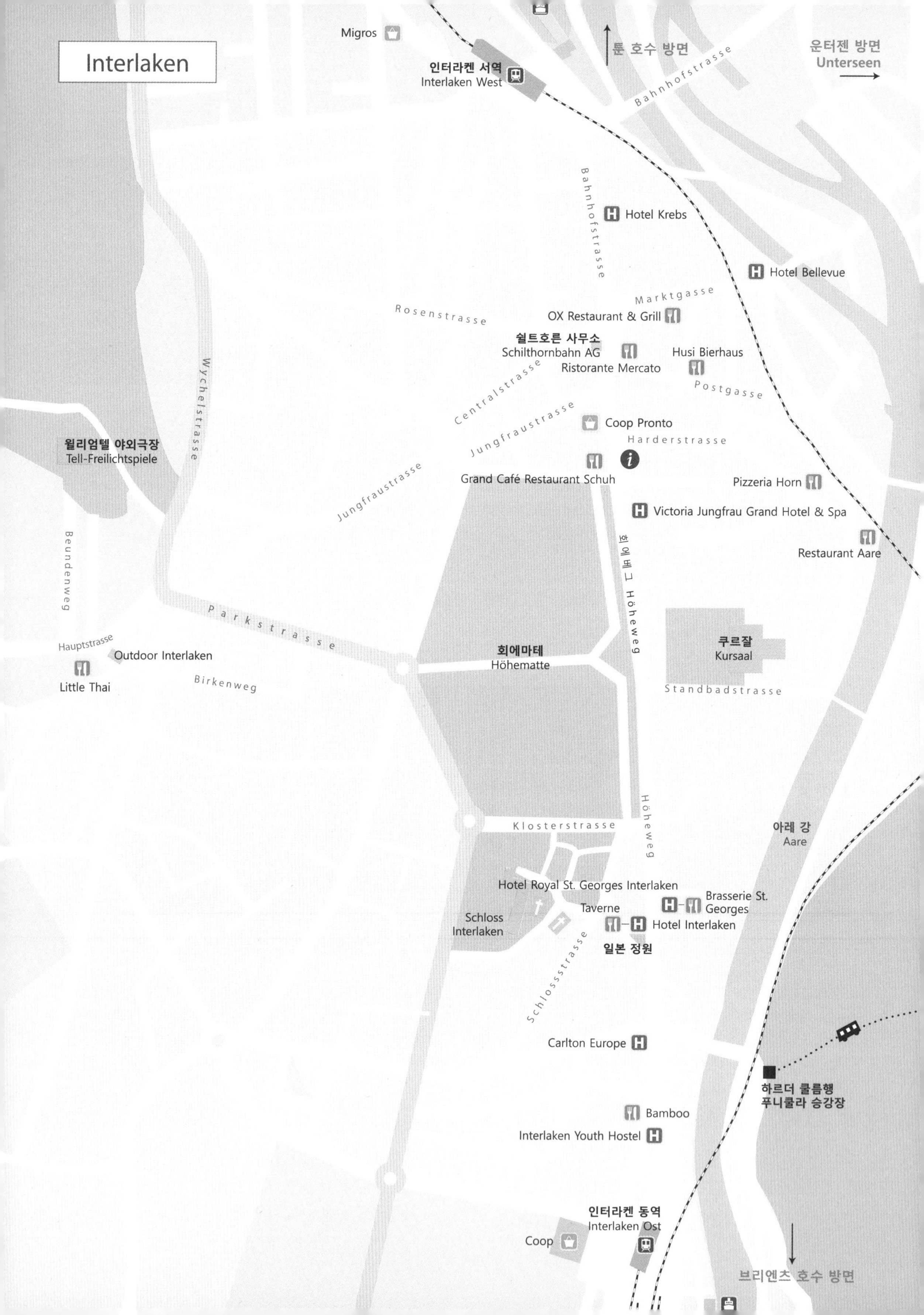

Interlaken
Migros
인터라켄 서역
Interlaken West
툰 호수 방면
운터젠 방면
Unterseen
Bahnhofstrasse
Hotel Krebs
Hotel Bellevue
Marktgasse
Rosenstrasse
OX Restaurant & Grill
쉴트호른 사무소
Schilthornbahn AG
Ristorante Mercato
Husi Bierhaus
Postgasse
Centralstrasse
Wychelstrasse
Jungfraustrasse
Coop Pronto
Harderstrasse
윌리엄텔 야외극장
Tell-Freilichtspiele
Grand Café Restaurant Schuh
Pizzeria Horn
Victoria Jungfrau Grand Hotel & Spa
Restaurant Aare
Beundenweg
회에베그 Höheweg
Parkstrasse
Hauptstrasse
Outdoor Interlaken
Little Thai
Birkenweg
회에마테
Höhematte
쿠르잘
Kursaal
Standbadstrasse
Klosterstrasse
Höheweg
아레 강
Aare
Hotel Royal St. Georges Interlaken
Brasserie St. Georges
Taverne
Schloss Interlaken
Hotel Interlaken
일본 정원
Schlossstrasse
Carlton Europe
하르더 쿨름행 푸니쿨라 승강장
Bamboo
Interlaken Youth Hostel
인터라켄 동역
Interlaken Ost
Coop
브리엔츠 호수 방면

· 융프라우요흐 지역의 산악 마을 ·

Grindelwald

그린델발트

융프라우 지역 알프스 산악 리조트 중 관광객이 가장 많이 찾는 마을인 그린델발트는 봄부터 가을까지는 하이킹 마니아들의 파라다이스로, 겨울철에는 융프라우 지역의 대표적인 스키 리조트로 사랑받는 곳이다. 아이거 북벽 기슭인 1034m의 완만한 경사지에 있는 마을에는 예쁜 목조 샬레들이 아기자기하게 자리 잡고 있으며 호텔과 레스토랑, 상점들이 그 안에 위치한다. 이곳에서 숙박한다면 인터라켄에 비해 훨씬 산악 마을 분위기를 만끽할 수 있다.

그린델발트 관광청 | grindelwald.swiss

찾아가기

인터라켄 동역 2B 승강장 —등산철도로 34분 소요→ **그린델발트역**

피르스트 First

그린델발트에서 곤돌라로 가볍게 오를 수 있는 해발 2168m의 피르스트는 베터호른Wetterhorn, 슈레크호른Schreckhorn, 아이거Eiger의 웅장한 풍경을 감상할 수 있는 전망대다. 2시간 정도면 다녀올 수 있지만 내려오는 길에 다양한 액티비티나 하이킹을 즐기려면 여유 있게 하루 정도를 계획하는 것이 좋다. 암벽에 설치된 아찔한 보행로를 걸어 아이거를 향해 난 전망 포인트로 가는 피르스트 클리프 워크First Cliff Walk도 인기다.

- 그린델발트 기차역에서 도보 10분 거리의 승강장에서 곤돌라로 약 25분 소요
- 4월 초~10월 하순, 11월 말~3월 말(스키 시즌은 12월 하순~3월 말), 매년 조금씩 변동 있음
- CHF 성인 왕복 CHF64, 스위스 트래블 패스 소지자 50% 할인, 겨울 시즌 스포츠 패스 1일권 CHF65, 융프라우 VIP 여름, 겨울 패스 소지자 무료
- @ www.jungfrau.ch/de-ch/grindelwaldfirst

피르스트 액티비티 즐기기

피르스트 플라이어 First Flyer

피르스트에서 슈레크펠트Schreckfeld까지 연결된 800m 길이의 강철 케이블을 최대 시속 84km 속도로 타고 내려오는 스릴 넘치는 짚라인. 1인용으로 앉아서 탈 수 있어 안정적이다. 몸무게 35~125kg만 이용할 수 있다.

CHF 성인 CHF31, 융프라우 VIP 여름 패스 소지자 50% 할인, 겨울 패스 소지자 무료

마운틴 카트 Mountain Cart

슈레크펠트에서 보어트Bort까지 약 3km 정도의 비포장 산악 도로를 바퀴가 3개 달린 산악용 카트를 타고 내려오는 인기 액티비티. 브레이크로 속도 조절이 가능하니 바로 옆이 낭떠러지인 내리막길에서는 속도를 늦추자. 키 130cm이상만 이용할 수 있다. 5월 초~10월 말에만 운영한다.

CHF 성인 CHF21, 융프라우 VIP 여름 패스 소지자 50% 할인.

피르스트 글라이더 First Glider

새롭게 추가된 액티비티로 슈레크펠트에서 피르스트까지 시속 40~70km 속도로 날아 올라가고 반대 방향으로는 시속 84km 속도로 내려올 수 있는 4인승 글라이더. 키 130cm 이상만 이용할 수 있다.

CHF 성인 CHF31, 융프라우 VIP 여름 패스 소지자 50% 할인, 겨울 패스 소지자 무료

트로티바이크 Trottibike

보어트에서 그린델발트까지 이어진 포장된 내리막길을 페달 없이 서서 타는 자전거를 타고 내려오는 액티비티. 중심 잡기가 어렵고 브레이크를 잡다가 넘어지는 경우가 많아 안전사고에 유의해야 한다. 자전거를 탈 줄 아는 사람만 탑승을 권장한다. 키 125cm 이상만 이용할 수 있고 5월 초~10월 말에만 운영한다.

CHF 성인 CHF21, 융프라우 VIP 여름 패스 소지자 50% 할인

HOT **TIP**

피르스트 어드벤처 패키지

융프라우 VIP 패스가 있으면 피르스트에서 즐기는 액티비티에 50% 할인을 받을 수 있다. 만약 융프라우 VIP 패스를 구입하지 않는다면 피르스트 곤돌라 티켓과 액티비티가 결합된 어드벤처 패키지 티켓을 구입하면 된다. 좀 더 자세한 정보는 jungfrau.ch/adventure-package 참고.

패키지 종류	가격
피르스트+1액티비티	성인 CHF74~78, 스위스 트래블 패스 소지자 CHF50~52, 6~15세 어린이 CHF43~45
피르스트+2액티비티	성인 CHF89~93, 스위스 트래블 패스 소지자 CHF67~69, 6~15세 어린이 CHF57~59
피르스트+3액티비티	성인 CHF106~110, 스위스 트래블 패스 소지자 CHF85~87, 6~15세 어린이 CHF71~73
피르스트+4액티비티	성인 CHF120~124, 스위스 트래블 패스 소지자 CHF99~101, 6~15세 어린이 CHF84~86

피르스트 인기 하이킹 트레일

피르스트First ↔ **바흐알프제**Bachalpsee **왕복 하이킹 6km** | **약 2시간~2시간 30분**

그린델발트에서 곤돌라로 피르스트 전망대에 오른 후 바흐알프 호수까지 다녀오는 왕복 트레일로 융프라우 지역 최고의 하이킹 트레일 중 하나로 손꼽힌다. 완만한 길이 이어지기 때문에 초보자도 도전해볼 수 있으며 하이킹하는 내내 멀리는 웅장한 알프스 영봉들이, 길옆으로는 푸른 초원이 한 장의 그림엽서같이 펼쳐진다. 트레일 중간에 만날 수 있는 나무 벤치에서 잠시 앉아 쉬며 알프스의 파노라마를 감상해보자. 이 코스의 하이라이트인 바흐알프 호수에 도착하면 거울같이 고요하고 맑은 호수와 그 호수에 거꾸로 비친 웅장한 알프스 모습에 또 한 번 탄성을 지르게 된다. 호숫가에 앉아 멋진 경치를 감상하며 먹기 위해 미리 도시락을 준비해가면 좋으며 5월까지도 눈이 녹지 않을 수 있으므로 가장 멋진 모습의 호수를 감상하려면 6~9월에 방문하는 것이 좋다.

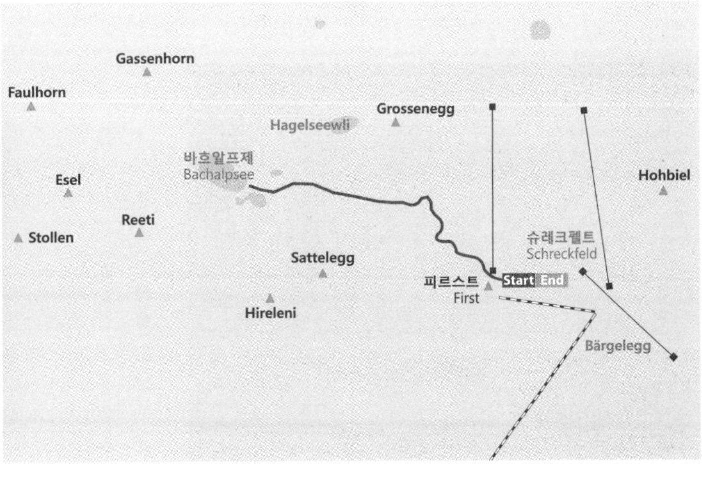

Restaurant & Café

옹켈 톰스 휘테 Onkel Tom's Hütte

톰 아저씨의 오두막이라는 정겨운 이름의 피자리아다. 얇은 도우에 좋은 재료를 풍성하게 올려 정성껏 만든 피자는 두말할 것도 없고 신선한 샐러드도 맛있다. 피자에 맥주를 곁들여도 좋다. 성수기에는 오래 대기해야 하는 경우가 많으며 비수기에는 휴가로 문을 닫는 경우가 있으니 홈페이지에서 미리 확인하는 것이 좋다.

- Dorfstrasse 194, 3818 Grindelwald ☎ +41 33 853 52 39
- 12:00-23:30(화, 토요일은 16:00부터), 수~목요일 휴무, 비수기 비정기적 휴무
- CHF 피자 작은 사이즈(25cm) CHF21~24.5, 중간 사이즈(31cm) CHF27~30.5, 큰 사이즈(40cm) CHF40.5~44
- @ www.onkel-toms.ch

시 운드 엠 C und M

산악 가이드 센터 겸 스키 스쿨이었던 샬레를 스타일리시하게 개조한 카페, 바 겸 야외 테라스 좌석에서 보이는 전망이 예술이다. 정오~오후 2시에는 매일 다른 런치 메뉴를 제공하며 오후 6시 30분부터 저녁 식사 메뉴를 주문할 수 있다. 가격대가 좀 높은 편이므로 샌드위치나 케이크에 커피를 즐기거나 시원한 스프리츠 또는 맥주를 마시며 경치를 감상하는 것을 추천한다.

- Almisgässli 1, 3818 Grindelwald
- ☎ +41 33 853 07 10
- 수~금요일 11:00-23:00, 토~일요일 09:30-23:00, 월~화요일 휴무
- CHF 샌드위치 CHF9~11, 라비올리(Large) CHF25~27
- @ www.cundm-grindelwald.ch

배리스 Barrys

그린델발트 역에서 멀지 않은 곳에 자리한 분위기 좋은 레스토랑으로, 그린델발트의 아름다운 경치를 즐길 수 있는 테라스도 마련되어 있다. 스위스 전통 요리를 비롯해 버거 같은 전 세계적으로 사랑받는 메뉴까지 다양하게 준비되어 있다. 이곳은 특히 와인 맛집으로 유명, 스위스에서만 먹을 수 있는 로컬 와인도 준비되어 있다.

- Dorfstrasse 133, 3818 Grindelwald
- ☎ +41 33 854 31 31
- 07:00-23:30, 금~토요일 11:00-01:00
- CHF 퐁뒤 CHF28, 뢰스티 CHF29~43, 버거 CHF28, 와인 1dl CHF 7.5~10, 와인 1병 CHF48~69
- @ www.barrysrestaurant.ch/

그린델발트 추천 숙소

Romantik Hotel Schweizerhof

★★★★★

아름다운 정원과 전망 좋은 테라스 레스토랑, 고급스러운 스파 시설을 갖춘 그린델발트의 유일한 특급 호텔이다. 메인 빌딩에 있는 일반 객실, 가족이 묵기 좋은 레지던스 객실, 럭셔리 샬레 등의 숙박 시설이 있다. 그린델발트 기차역 바로 근처에 있어 관광과 이동하기에도 매우 편리하다.

- 🏠 Swiss Alp Resort 1, CH 3818 Grindelwald
- ☎ +41 33 854 58 58
- @ www.hotel-schweizerhof.com

Hotel Belvedere Grindelwald

★★★★

아이거가 바라보이는 근사한 전망을 자랑하는 그린델발트 최고의 인기 호텔로 가족이 운영하는 곳이다. 모든 객실에는 발코니가 있어 아이거 또는 베터호른의 웅장한 경치를 감상할 수 있으며 레스토랑에서 맛있는 조식 뷔페를 먹으며 감상하는 경치도 감탄이 절로 난다. 또한 넓은 실내풀과 사우나, 야외 정원에 있는 솔트 워터 자쿠지 등의 시설을 갖춘 스파로도 유명하다.

- 🏠 Dorfstrasse 53, CH 3818 Grindelwald
- ☎ +41 33 888 99 99
- @ www.belvedere-grindelwald.ch

Eiger Selfness Hotel

★★★★

그린델발트 메인 도로인 도르프 거리에 있는 일급 호텔로 넓고 쾌적한 객실과 친절한 직원들의 서비스로 유명하다. 특히 스타일리시한 인테리어에 아이거가 바라다보이는 발코니가 있는 라이프스타일Lifestyle 객실이 가장 인기가 있다. 호텔의 다양한 레스토랑들은 투숙객 외에도 많은 관광객이 찾을 만큼 인기를 누리고 있다.

- 🏠 Dorfstrasse 133, 3818 Grindelwald
- ☎ +41 33 854 31 31
- @ www.eiger-grindelwald.ch

Hotel Kreuz & Post ★★★★

그린델발트 기차역 바로 앞 현대적인 건물에 있는 호텔로 관광하기에 편리하다. 객실은 편안하고 아늑한 분위기로 남쪽 면의 슈피리어룸 이상에서는 아이거 북벽의 드라마틱한 뷰를 감상할 수 있다.

- 🏠 Dorfstrasse 85, 3818 Grindelwald
- ☎ +41 33 854 54 92
- @ www.kreuz-post.ch

Derby Hotel ★★★

그린델발트 기차역 바로 뒤에 자리한 샬레 분위기의 호텔로 그린델발트에서 짧게 숙박할 경우 선택하기에 좋다. 객실 시설은 좀 낡았지만 깔끔하게 관리되며 일부 객실에는 예쁜 발코니가 있어 주변의 풍경을 감상하기에 좋다. 객실에 에어컨 시설은 없으니 참고하자.

- 🏠 Dorfstrasse 75, 3818 Grindelwald
- ☎ +41 33 854 54 61
- @ www.derby-grindelwald.ch

Hotel Gletschergarten ★★★

가족이 운영하는 샬레 호텔로 최고의 전망을 자랑한다. 깔끔한 객실을 갖추고 있으며 주인의 친절한 서비스도 단골 고객이 많은 이유다. 그린델발트 교회와 헤이마트 뮤지엄Heimatmuseum 근처 한적한 지역에 있어 조용하게 쉴 수 있다. 피르스트 곤돌라 승강장에서 도보 6분 정도 걸린다.

- 🏠 Obere Gletscherstrasse 1, 3818 Grindelwald
- ☎ +41 33 853 17 21
- @ www.hotel-gletschergarten.ch

Alpin Hotel Berghaus Bort ★★★

그린델발트에서 피르스트에 오르는 중간 정차 역인 해발 1570m의 보어트Bort에 있는 호텔 겸 레스토랑이다. 아늑하고 아기자기한 인테리어와 호텔을 둘러싸고 있는 알프스 영봉들의 스펙터클한 뷰로 여행자의 마음을 사로잡는다. 산뜻한 분위기의 객실은 더블룸, 트리플룸, 4~6인실 등 다양하게 나뉘는데 마운틴 뷰 객실에서는 아이거 북벽과 그린델발트 빙하의 환상적인 전망을 감상할 수 있다. 레스토랑의 자랑인 넓은 선 테라스에서는 아이거를 비롯한 주변 알프스 영봉들의 파노라마와 빙하를 감상하며 맛있는 스위스 요리를 즐길 수 있다. 호텔 근처의 넓은 놀이터는 아이들이 뛰어놀기에 그만이다. 여름철에는 자동차로 호텔까지 갈 수 있지만 겨울철에는 차량 통행이 불가능해 곤돌라로만 호텔에 갈 수 있다. 10월 말~12월 하순까지는 문을 닫는다.

🏠 Bortweg 44, 3818 Grindelwald ☎ +41 33 853 17 62
@ www.bort.swiss

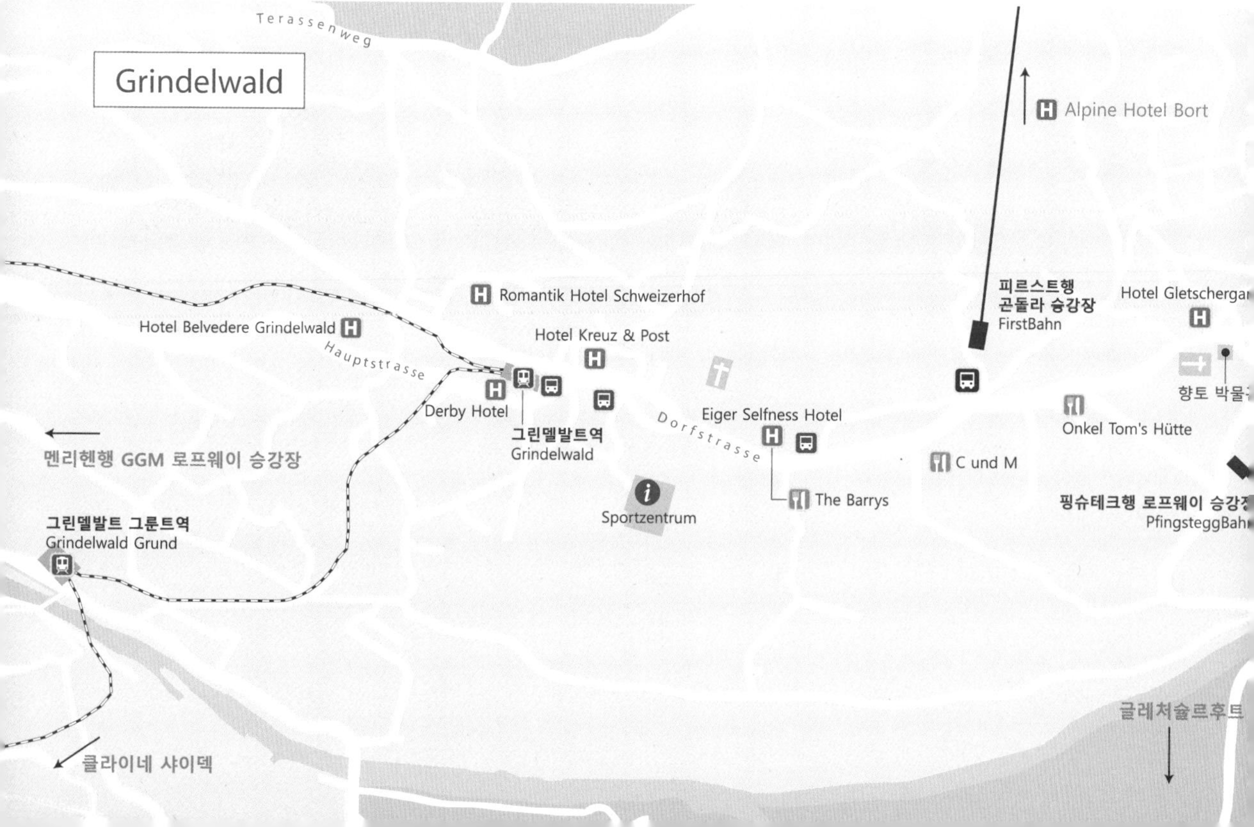

• 융프라우요흐 지역의 산악 마을 •

Lauterbrunnen

라우터브룬넨

라우터브룬넨은 유럽에서 가장 웅장한 빙하 계곡이자 72개의 폭포가 있는 라우터브룬넨 계곡 안쪽 해발 796m에 자리 잡고 있는 작은 산악 마을로, 깎아지른 듯한 절벽에 둘러싸여 있다. 라우터브룬넨의 상징이라고도 할 수 있는 슈타우프바흐 폭포Staubbachfall는 높이가 300m에 이르러 마을 내 어디에서든 쉽게 눈에 띈다. 숙박 시설과 상점도 많지 않은 작은 마을이라서 알프스 산악 마을의 한적한 정취를 느끼기에 제격이므로 숙박을 하지 않는다면 융프라우요흐에서 내려오는 길에 등산열차를 갈아타면서 잠깐이라도 꼭 들러볼 것을 추천한다.

라우터브룬넨 관광청 | www.lauterbrunnen.swiss

찾아가기

인터라켄 동역 2A 승강장 —등산철도로 20분 소요→ **라우터브룬넨역**

Travel Highlight

슈타우프바흐 폭포 Staubbachfall

라우터브룬넨의 상징인 슈타우프바흐 폭포는 스위스에서 두 번째로 높은 고도에서 떨어지는 폭포로 그 인상적인 모습이 괴테의 시에 영감을 주었다고 전해진다. 여름철에는 더운 바람이 폭포 근처에서 소용돌이쳐 폭포수가 사방으로 시원하게 물보라를 일으키며 절벽의 좁은 계단을 올라가 폭포 뒤편의 발코니에서 떨어지는 물줄기를 바로 눈앞에서 감상할 수도 있다.

📍 라우터브룬넨 기차역에서 메인 거리를 따라가다가 주차장 부근에서 오른쪽 좁은 길(약 도보 15분)

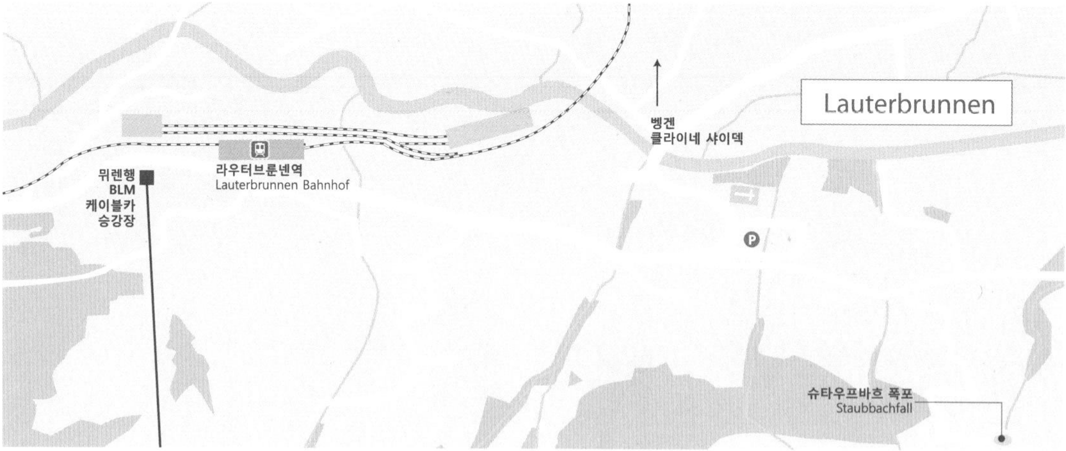

• 융프라우요흐 지역의 산악 마을 •

Wengen

벵겐

해발 1274m의 고지대에 있는 산악 마을인 벵겐은 자동차가 들어갈 수 없는 Car-Free 무공해 마을 중 하나다. 벵겐에서는 라우터브룬넨 계곡과 맞은편 절벽 마을 뮈렌, 융프라우와 알프스 봉우리들의 파노라마가 손에 잡힐 듯이 보이며 마을 중심에 있는 케이블카 승강장에서 5분 정도면 하이킹으로 유명한 멘리헨Männlichen 전망대에도 올라갈 수 있다. 한적하고 목가적인 마을 풍경으로 가족 여행이나 하이킹을 위한 최고의 여행지로 손꼽히며 겨울철에는 아이거, 묀히, 융프라우의 멋진 경치를 즐기며 110km에 이르는 주변의 슬로프에서 스키를 즐길 수도 있다.

벵겐 관광청 | www.wengen.swiss

찾아가기

인터라켄 동역 2A 승강장 —등산철도로 20분 소요→ **라우터브룬넨역** —등산철도로 12분 소요→ **벵겐역**

Travel Highlight

멘리헨 Männlichen

멘리헨은 벵겐과 그린델발트 양쪽에서 모두 올라갈 수 있는 해발 2227m의 전망대로 아이거, 묀히, 융프라우의 웅장한 뷰를 비롯해 그린델발트와 베터호른 그리고 쉴트호른 방면까지 조망할 수 있다. 멘리헨은 또한 클라이네 샤이덱까지 이어지는 1시간 30분 정도의 완만한 하이킹 코스를 비롯한 여러 하이킹 트레일의 시작점이다. 벵겐에서는 케이블카로 6분 정도면 올라갈 수 있고 그린델발트에서는 클라이네 샤이덱행 WAB 등산열차를 타고 그룬트 Grund역에 내려 GGM 곤돌라로 환승해 올라간다(약 42분 소요).

- 벵겐 등산철도역에서 도보 3분 거리에 있는 승강장에서 케이블카로 5분 소요
- 12월 중순~4월 초, 6월 초~10월 하순(GGM 곤돌라는 5월 말부터 운행)
- CHF 벵겐-멘리헨 성인 왕복 CHF52, 그린델발트-멘리헨 성인 왕복 CHF68, 6~15세 어린이 및 스위스 트래블 패스 소지자 50% 할인, 겨울 시즌 스포츠 패스 1일권 CHF65, 융프라우 VIP 여름, 겨울 패스 소지자 무료
- @ www.maennlichen.ch

멘리헨 인기 하이킹 트레일

멘리헨Männlichen → **클라이네 샤이덱**Kleine Scheidegg**(파노라마 트레일**Panoramaweg**) 4.3km** | **약 1시간 30분~2시간**

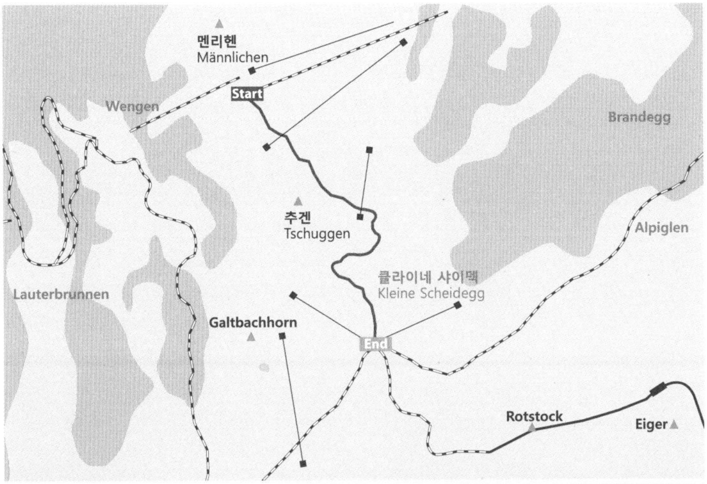

케이블카나 곤돌라로 멘리헨 전망대에 오른 후 클라이네 샤이덱 전망대까지 내려오는 약 1시간 30분 정도의 트레일이다. 아이들과 함께 걸어도 될 정도로 완만한 길이 이어지며 길 주변의 들판에는 수없이 많은 이름 모를 들꽃이 흐드러지게 피어 있고 발 아래로 내려다보이는 그린델발트 계곡은 그림같이 아름답다. 처음에는 추겐Tschuggen의 동쪽 산비탈을 따라 난 길을 따라 걷게 되는데 아이거, 묀히, 융프라우 등 알프스 봉우리들의 드라마틱한 모습을 감상할 수 있으며 특히 아이거 북벽의 박력 있는 모습을 눈앞에서 감상할 수 있다. 하이킹이 끝난 후 클라이네 샤이덱 전망대의 레스토랑에서 멋진 경치를 감상하며 휴식을 취한 후 등산철도로 출발지에 돌아오면 된다.

Mürren

뮈렌

해발 1638m의 뮈렌은 베르너 오버란트에서 가장 높은 곳에 있는 산악 마을이다. 도로가 연결되지 않아 자동차로는 갈 수 없는 Car-Free 무공해 마을로 워낙 높은 고도에 자리 잡고 있기 때문에 특별히 전망대에 올라가지 않아도 아이거, 묀히, 융프라우의 인상적인 파노라마를 감상할 수 있다. 좀 더 드라마틱한 전망을 감상하고 싶다면 영화 007 시리즈에 등장했던 쉴트호른행 케이블카를 타고 세계 최초의 회전 레스토랑 피츠 글로리아에 올라 보자. 여름에는 쉬운 코스부터 어려운 코스까지 다양한 난이도의 트레일이 있는 하이킹의 천국으로, 겨울에는 베르너 오버란트에서 가장 높은 고도에 위치한 스키 리조트로 사랑받고 있다.

뮈렌 관광청 | www.muerren.swiss

찾아가기

1 라우터브룬넨 → 그뤼츠알프Grütsalp → 뮈렌

라우터브룬넨 —케이블카로 4분 소요→ **그뤼츠알프** —등산철도로 14분 소요→ **뮈렌**

2 라우터브룬넨 → 슈테헬베르그Stechelberg → 뮈렌

라우터브룬넨 —141번 버스로 12분 소요→ **슈테헬베르그 쉴트호른반** —케이블카로 10분 소요→ **뮈렌**

Travel Highlight

©Schilthornbahn AG

쉴트호른 Schilthorn

융프라우요흐에 이어 가장 인기 있는 전망대인 해발 2971m의 쉴트호른은 007 영화 시리즈 중 <여왕 폐하 대작전On Her Majesty's Secret Service>를 촬영한 곳으로 유명하다. 정상의 스카이라인 뷰 플랫폼Skyline View Plattform과 피츠 글로리아 뷰Piz Gloria View에서는 가까이는 융프라우, 묀히, 아이거 3대 봉우리부터 티틀리스, 멀리는 프랑스의 샤모니, 독일의 검은 숲까지 알프스의 대 파노라마를 한눈에 볼 수 있다. 또한 세계 최초의 회전 레스토랑, 피츠 글로리아Piz Gloria에서 식사를 즐기거나 본드 월드 007에서 영화에 나온 장면의 가상 체험은 여기서만 할 수 있는 특별한 경험이다. 좀 더 스릴 넘치는 즐거움을 원한다면 뮈렌과 쉴트호른의 중간역인 비르그Birg에 내려 절벽 산책로인 스릴워크Thrill Walk와 아찔한 낭떠러지 위의 전망 플랫폼인 스카이라인 워크Skyline Walk도 놓치지 말자.

- 뮈렌 마을 서쪽의 쉴트호른반Schilthornbahn 승강장에서 케이블카로 이동(17분 소요), 인터라켄에서는 우선 라우터브룬넨까지 이동 후 그뤼츠알프Grütschalp 또는 슈테헬베르그Stechelberg를 경유해 뮈렌까지 이동
- 연중 운행하나 4월 하순과 11월 중순~12월 초 안전 점검으로 운휴
- @ www.schilthorn.ch(한국어 선택 가능)

©Schilthornbahn AG

©Schilthornbahn AG

CHF

슈테헬베르그-쉴트호른	뮈렌-쉴트호른	인터라켄 라운드 트립 (인터라켄-라우터브룬넨-그뤼츠알프-뮈렌-쉴트호른-슈테헬베르그-라우터브룬넨-인터라켄)
108	85.6	127.6 / 6~15세 단독 여행시 50% 할인
① 42.8	① 42.8	① 42.8
② 81	② 64.2	② 97

• 모든 가격(CHF) 기준은 성인 왕복
① 스위스 트래블 패스 소지자 / 스위스 트래블 패스 소지한 부모 동반 16세 이하 어린이 무료
② 유레일 패스 소지자

©Schilthornbahn AG

©Schilthornbahn AG

©Schilthornbahn AG

알멘트후벨 Allmendhubel

뮈렌에서 푸니쿨라를 타고 4분이면 닿는 해발 1907m 높이의 전망대인 알멘트후벨은 레스토랑의 테라스에서 여유 있는 차 한 잔도 즐기고 넓은 초원을 거닐며 몸과 마음을 충전하기에 좋은 곳이다. 특히 알프스 산의 물을 이용한 냉수 치료법인 신기한 크나이프 요법도 체험할 수 있고 작은 놀이터도 마련되어 있어 어린아이를 동반한 가족 여행객에게는 최고의 선택이 될 수 있다.

- 뮈렌 마을 중간 정도에 있는 승강장에서 푸니쿨라로 4분 소요
- 여름 시즌과 겨울 시즌 운행, 4월 초~6월 중순과 10월 중순~12월 중순 안전 점검으로 운휴
- CHF 성인 왕복 CHF14, 어린이와 스위스 트래블 패스 소지자는 50% 할인
- @ www.schilthorn.ch(한국어 선택 가능)

뮈렌 인기 하이킹 트레일

뮈렌Mürren → **김멜발트**Gimmelwald

2.3km | **약 1시간**

걷기에 자신이 없는 사람도 도전할 만한 쉬운 트레일로 뮈렌 마을에서 시작해 쉴트호른 케이블카의 환승역인 김멜발트까지 이어지는 내리막 코스다. 평탄한 길이 이어지므로 아이들과 함께 걷기에도 좋으며 예쁜 산악 마을의 정겨운 풍경과 베르너 알프스의 멋진 파노라마, 웅장하게 펼쳐진 계곡, 야생화가 만발한 초원에서 한가롭게 풀을 뜯는 소 떼 등 기가 막힌 경치가 쉴 새 없이 펼쳐진다. 중간중간에 쉴 수 있는 벤치가 있으므로 잠깐씩 숨을 돌리며 산책하듯 걸어보자.

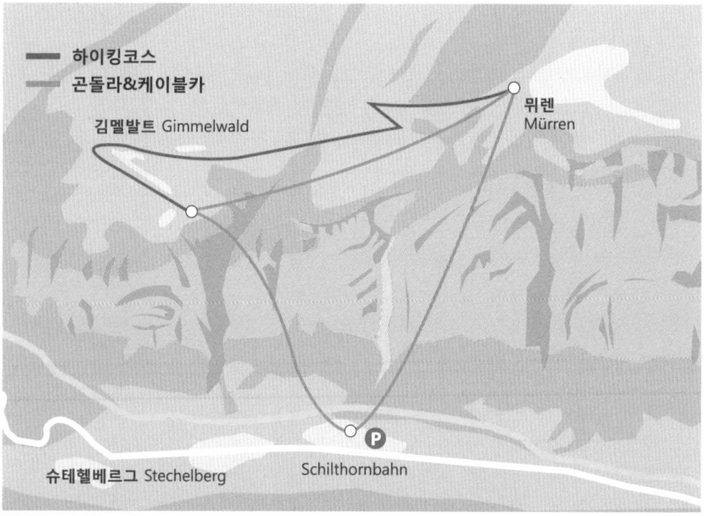

뮈렌 추천 숙소

Hotel Alpenruh ★★★

아기자기한 산악 마을인 뮈렌의 이미지에 딱 어울리는 사랑스러운 샬레 호텔로 쉴트호른 케이블카 승강장 바로 옆에 있다. 뮈렌 기차역에서는 마을을 가로질러 10분 정도 걸어가야 하는 거리이지만 그 시간이 너무 짧게 느껴질 정도로 주변 경치가 아름답다. 아늑하고 정겨운 분위기의 객실에서 예쁜 꽃들로 장식된 테라스로 나가면 믿을 수 없을 정도로 웅장한 알프스가 눈앞에 펼쳐진다. 뮈렌 최고의 파노라믹 경치를 자부하는 테라스 레스토랑은 호텔 투숙객뿐 아니라 쉴트호른에 오르는 사람들도 많이 찾는 인기 있는 곳이다.

- Eggli 954B, 3825 Mürren
- ☎ +41 33 856 88 00
- @ www.alpenruh-muerren.ch

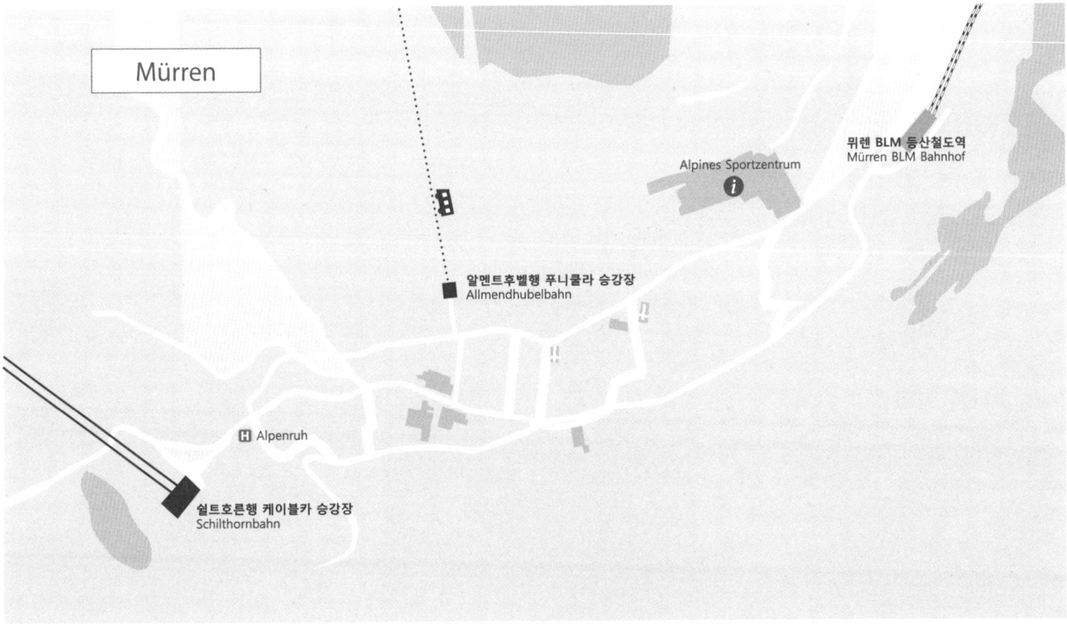

Adelboden

아델보덴

베르너 알프스의 한적한 스파 리조트

인터라켄과 몽트뢰 사이, 베르너 알프스의 한가운데에 있는 산악 리조트 아델보덴은 베르너 오버란트 최고의 여름 휴양지로 손꼽히는 곳이다. 마을 주변으로는 300km가 넘는 잘 정비된 하이킹 트레일과 테마 트레일이 있어 언제든지 가볍게 하이킹을 즐길 수 있으며 끝내주는 알프스 전망을 자랑하는 스파 호텔들은 느긋한 휴식을 즐기기에 그만이다. 아델보덴은 또한 210km의 피스트 네트워크를 가진 스키 리조트로도 사랑받고 있어 겨울철에도 스키와 스파를 즐기기 위해 찾는 사람이 많다. 한적하고 아름다운 마을에는 푸른 초원 위에 그림같이 예쁜 샬레들이 옹기종기 자리 잡고 있으며 작은 오솔길을 따라 마을을 산책하다보면 마당에서 놀고 있던 귀여운 꼬마들이 인사를 건넨다. 사람들로 붐비는 관광지가 아닌 조용하고 평화로운 알핀 휴양지를 원한다면 주저하지 말고 아델보덴으로 떠나보자.

아델보덴 관광청 | www.adelboden.ch

찾아가기

기차

아델보덴으로 가려면 먼저 기차로 프루티겐Frutigen까지 이동한 후 지역 버스인 AFA 버스 230번으로 갈아타고 아델보덴 포스트Adelboden, Post 정류장까지 이동해야 한다. 자세한 버스 시간표 및 노선은 www.afabus.ch 참고.

자동차

취리히에서는 1번 도로로 베른까지 이동한 후 베른부터는 6번 도로를 이용해 슈피츠를 지나 프루티겐-아델보덴 방향으로 빠져 이정표를 따라 이동한다. 제네바나 몽트뢰에서는 1번이나 12번 도로로 베른까지 이동한 후 역시 6번 도로를 이용하면 된다.

엥슈틀리겐알프 Engstligenalp

엥슈틀리겐알프는 아델보덴 남쪽에 있는 해발 1964m 높이의 넓은 고원지대로 마을 외곽에 있는 승강장에서 케이블카를 타고 오를 수 있다. 정상에 오르면 7km² 정도 넓이의 고원지대가 펼쳐져 있는데 이 고원지대를 둥글게 한 바퀴 도는 하이킹 트레일은 유모차나 휠체어도 다닐 정도로 완만하고 잘 정비되어 있다. 트레일 옆으로는 하이디가 뛰놀 것 같은 예쁜 들꽃이 만발한 초원이 펼쳐져 있으며 그곳에 귀여운 염소와 소들이 한가로이 풀을 뜯고 있다. 케이블카가 도착하는 곳 옆으로는 호텔 겸 레스토랑들이 있어 식사를 하거나 시원한 음료를 마시며 휴식을 취할 수도 있다. 만약 600m 높이의 인상적인 엥슈틀리겐 폭포를 바로 앞에서 감상하고 싶다면 케이블카를 타고 정상에 올라가지 않고 숲 속으로 난 오솔길을 따라가면 된다.

- 아델보덴 포스트에서 버스 232번을 타고 종점인 Unter dem Birg에 하차하여 케이블카로 8분
- 6월 초~10월 말, 12월 중순~5월 초 CHF 성인 왕복 CHF35, 어린이 CHF17.5, 스위스 트래블 패스 소지자 50% 할인

췐텐알프 Tschentenalp

아델보덴 마을에서 가장 가깝고 편하게 닿을 수 있는 전망대로 정상에는 레스토랑이 있다. 겨울에는 15분, 여름에는 20분 간격으로 노란색, 빨간색, 파란색 곤돌라 3대가 연달아 운행하고 특정 기간 수요일과 토요일은 저녁에도 다닌다. 꼭대기에 오르면 웅장한 알프스 산맥과 마을 풍경이 한눈에 들어오며 특히 겨울에는 스키와 눈썰매를 타는 사람들이 즐겨 찾는다. 단, 슬로프가 길고 폭이 좁은 편이며 바로 옆이 절벽이라 주의를 기울이고 타야 한다.

- 아델보덴 관광 안내소에서 곤돌라 승강장까지 도보 1분
- 6월 초~10월 중순 매일 운행, 12월 중순~3월 말 매일 운행, 10월 말~11월 말 금~일요일 운행
- CHF 성인 왕복 CHF32, 스위스 트래블 패스 소지자, 게스트 카드 소지자 CHF5 할인, 스키 2시간 이용권 CHF41, 썰매 2시간 이용권 CHF35

외시넨 호수 Oeschinensee

아델보덴에서 버스로 약 1시간 거리의 칸더슈텍Kandersteg에 있는 산악 호수로 환상적인 경관을 마주할 수 있다. 블륌리스알프Blüemlisalp와 수많은 봉우리가 푸른 에메랄드빛 호수를 둘러싸 만들어낸 풍경은 평화로우면서도 아름답다. 여름에는 피크닉을 즐기거나 5~10월에만 운행하는 터보건을 타며 신나게 보낼 수 있고 겨울에는 썰매와 스키를 타기에 좋다. 여름 시즌에는 위쪽 케이블카 승하차장에서 호수까지 전기 셔틀버스를 운행하며 요금은 CHF8이다. 아델보덴에서 당일치기 목적지를 찾는다면 적극 추천한다. 단, 홈페이지에서 케이블카 운행 기간과 시간을 꼭 확인하고 이동하자.

- 아델보덴 포스트 버스 정류장에서 230번 버스를 타고 칸더슈텍 빅토리아 정류장 혹은 반호프 정류장에 하차하여 케이블카 승강장까지 도보(약 15분)로 이동 후 케이블카에서 내려 호수까지 도보 30분 소요
- 5월 중순~10월 중순, 12월 중순~3월 중순
- CHF 성인 왕복 CHF30(시즌마다 다름), 스위스 트래블 패스 소지자 50% 할인
- @ www.oeschinensee.ch/info

Restaurant & Café

아들러 아델보덴 Adler Adelboden

아들러 호텔 아델보덴의 레스토랑으로 뜨거운 돌판 위에 나오는 스톤 스테이크가 유명하다. 돼지고기, 양고기, 쇠고기 중 선택할 수 있으며 베어네즈 소스, 채소 가니쉬, 허브 버터 등이 곁들여 나온다. 스테이크 외에도 스위스 전통 요리, 펜네, 버거, 채식주의자를 위한 메뉴도 있어 선택의 폭이 넓다.

- 🏠 Dorfstrasse 19, 3715 Adelboden
- ☎ +41 33 673 41 41
- 🕘 매일 08:00-23:30
- CHF 샐러드 CHF8.5~, 수프 CHF7~9, 메인 메뉴 CHF28~54, 스톤 스테이크 CHF52~85
- @ www.adleradelboden.ch/en/restaurant-1.html

티 룸 슈미트 Tea Room Schmid

아델보덴 마을을 산책하다가 달콤한 케이크와 커피 한 잔이 그리울 때 찾아가면 좋다. 티, 커피, 스무디, 주스 등 다양한 음료 외에도 와인, 맥주, 스프리츠 등 술도 있으며 11:30~14:00까지는 파이, 샌드위치 등 간단히 허기를 채울 수 있는 메뉴를 판매한다. 창가 자리에 앉으면 마을과 어우러진 알프스 풍경은 덤으로 즐길 수 있다.

- 🏠 Dorfstrasse 45, 3715 Adelboden
- ☎ +41 33 673 19 51
- 🕘 수~일요일 07:30-18:00, 월~화요일 휴무
- CHF 커피 CHF4.5~9.5, 티 CHF4.6~4.8, 와인 1잔 CHF4.9~, 케이크 한 조각 CHF4.5~

★★★★★

아델보덴 추천 숙소

Hotel Cambrian

아델보덴 포스트 버스 정류장에서 가까운 곳에 있는 디자인 스파 호텔로 세계에서 가장 아름다운 아웃도어 풀이라는 극찬을 받는 야외 인피티니 온수풀로 유명하다. 하이킹이나 스키 같은 스포츠를 즐긴 후에 따뜻한 야외 인피니트풀에 몸을 담그면 저 멀리 하얀 알프스의 파노라마가 눈앞에 펼쳐진다. 모던하고 스타일리시한 객실, 맛있고 전망 좋은 레스토랑, 수많은 수상 경력에 빛나는 스파 등 완벽한 알핀 홀리데이를 위한 모든 요소를 갖추고 있으며 더불어 전문가의 세심한 트리트먼트까지 받는다면 몸과 영혼의 피로를 모두 날려버릴 수 있을 것이다.

🏠 Dorfstrasse 7, 3715 Adelboden

☎ +41 33 673 83 83

@ www.thecambrianadelboden.com

Parkhotel Bellevue & Spa

아델보덴 마을의 약간 언덕진 곳에 위치한 호텔로 스파 시설을 잘 갖추고 있다. 실내 및 실외 풀은 물론 탈라소 테라피, 뷰티 트리트먼트, 마사지 등 다양한 프로그램이 있어 기호에 맞게 여유 시간을 즐길 수 있다. 아름다운 알프스 풍경을 감상하며 식사할 수 있는 호텔 레스토랑에서는 프렌치를 기본으로 한 신선한 요리를 선보인다. 북유럽 스타일의 기본 객실부터 4~5인을 위한 객실까지 있어 커플, 친구 여행은 물론 가족 여행에도 안성맞춤이다. 아델보덴 포스트 버스 정류장에서 도보 약 10분 소요된다.

🏠 Bellevuestrasse 15, 3715 Adelboden

☎ +41 33 673 80 00

@ www.bellevue-parkhotel.ch

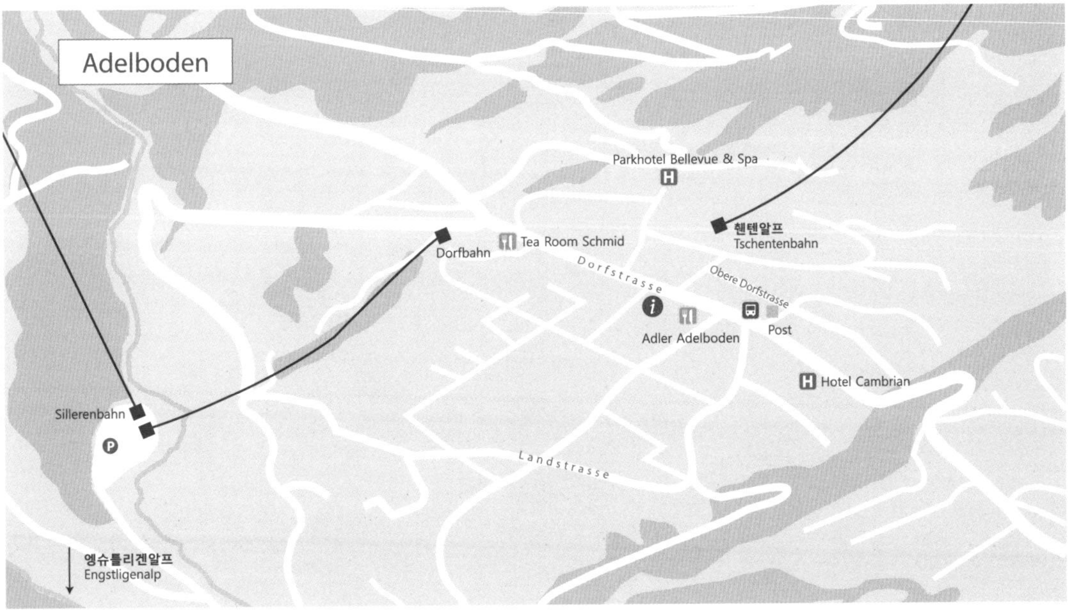

Zermatt

체르마트

마터호른을 품은 무공해 알핀 리조트

알프스 명봉 마터호른의 발치에 있는 체르마트는 스위스에서도 손꼽히는 알핀 리조트로 Car-Free 청정 마을이다. 전통 목조 가옥에 자리 잡은 호텔, 레스토랑, 상점들이 마을을 채우고 있으며 거리에는 깜찍한 전기 자동차와 마차가 관광객을 실어 나른다. 1865년 에드워드 윔퍼Edward Whymper가 마터호른을 최초로 정복한 이래 세계의 수많은 등반가들이 이곳을 찾았으며 스키 리조트로도 사랑받고 있다. 겨울 스키 시즌인 12월 초부터 이듬해 4월 20일경까지는 온통 스키 부츠를 신고 스키를 들고 다니는 사람들뿐이어서 오히려 일반 신발을 신고 다니는 것이 어색하게 느껴질 정도다. 스키 시즌이 끝나면 초록 들판과 푸른 호수로 옷을 갈아입은 체르마트의 또 다른 모습을 감상할 수 있는 하이킹 시즌이 시작된다. 400km가 넘는 체르마트의 하이킹 트레일 중에는 마을에서 가까운 쉬운 코스도 있으므로 마터호른을 바라보며 즐기는 생애 최고의 하이킹에 꼭 한번 도전해보자.

체르마트 관광청 | www.zermatt.ch

찾아가기

기차 체르마트로 이동하기 위해서는 비스프Visp에서 마터호른 고타르드 반Matterhorn Gotthard Bahn의 톱니바퀴 열차로 갈아타고 1000m 정도를 올라가야 한다. 체르마트는 가장 유명한 풍경열차인 빙하 특급의 발착지이기 때문에 많은 사람들이 기차를 이용해 체르마트를 여행한다. 체르마트역에 도착할 때 창밖으로 마터호른의 멋진 모습을 잠깐 동안 즐길 수 있으니 놓치지 말자.

주요 도시-체르마트 열차 이동 시간

취리히 : 약 3시간 20분	**제네바** : 약 3시간 50분
인터라켄 : 약 2시간 15분	**생모리츠** : 약 7시간 46분(빙하 특급)

자동차 스위스 북부에서 온다면 대부분 베른, 슈피츠, 뢰치베르그 터널Lötschberg Tunnel을 경유하는 6번 도로를 이용하게 되며 뢰치베르그 터널에서는 차량에 탑승한 채 15분 정도 차량 운반용 기차를 타고 터널을 통과해야 한다. 제네바에서는 1번 도로로 로잔까지 온 후에 9번 도로를 이용하면 된다. 여름철에 스위스 동부에서 체르마트로 이동한다면 안데르마트에서 푸르카 고개Furka Pass를 넘어오는 코스에 도전해보자. 단, 이 길은 고도가 높고 지그재그로 꺾어진 길이 있어 날씨가 좋지 않으면 진입이 통제되며 이 경우에는 차량을 기차에 싣고 푸르카 터널Furka Tunnel을 이용해야 한다. 체르마트에는 자동차를 가지고 들어올 수 없기 때문에 체르마트에서 5km 떨어진 태쉬Täsch의 주차장인 Matterhorn Terminal에 차를 세우고 셔틀 기차를 타고 체르마트에 도착해야 한다.

주요 도시-태쉬 자동차 이동 시간

취리히 : 약 3시간 50분	**제네바** : 약 2시간 50분
인터라켄 : 약 2시간 20분	**안데르마트** : 약 2시간 30분
생모리츠 : 약 5시간	

시내 교통

체르마트 마을은 충분히 도보로 모두 돌아볼 수 있으며 기차역에서 좀 떨어진 곳에 있는 호텔에 숙박한다면 호텔에 픽업 서비스를 요청할 수 있다. 마터호른 글래시어 파라다이스 승강장 등 마을 외곽으로 가거나 스키 장비 등을 가지고 이동할 경우에는 체르마트 시내를 운행하는 전기 버스(E-Bus : e-bus.ch)나 전기 택시(E-Taxi)를 이용하면 된다.

버스 | E-Bus 베르그바넨Bergbahnen 노선(주요 전망대 운행)

· 체르마트 일일 여행 추천 루트 ·

1 등산열차나 케이블카로 전망대 관광

2 내려오는 길에 하이킹이나 액티비티 즐기기

3 체르마트 마을 산책

Travel Highlight

고르너그라트 Gornergrat

1년 내내 등산열차로 올라갈 수 있는 해발 3089m의 고르너그라트 전망대는 1898년부터 지금까지 스위스에서 가장 인기 있는 관광지의 명성을 지켜온 곳이다. 체르마트 기차역 맞은편에 있는 고르너그라트 등산철도 역에서 톱니바퀴 열차를 타고 약 30분 정도만 올라가면 알프스에서 두 번째로 큰 빙하인 고르너 빙하와 마터호른, 스위스 최고봉인 몬테로사(4634m)를 비롯한 29개의 4000m 이상급 알프스 봉우리들의 파노라마가 손에 잡힐 듯이 눈앞에 펼쳐진다. 전망대에는 레스토랑과 기념품 상점은 물론 스위스 알프스에서 가장 높은 곳에 있는 호텔인 3100 쿨름 호텔 고르너그라트가 있으며 이곳에서 하룻밤 숙박하며 낭만적인 일몰과 일출을 감상하는 것도 잊지 못할 추억이 된다. 올라갈 때는 열차의 오른쪽 좌석에 앉는 것이 좀 더 멋진 경치를 감상할 수 있으며 내려오는 길에는 리펠베르그Riffelberg에서 리펠알프Riffelalp까지 한 구간 정도 알핀 하이킹을 하며 호수와 산악 레스토랑 등을 즐겨볼 것을 권한다. 자세한 열차 시간표는 www.gornergratbahn.ch 참고.

- 📍 체르마트 기차역 맞은편 Zermatt GGB역에서 등산열차로 33분 소요
- 🕒 연중무휴
- CHF 성인 왕복 CHF126(7~8월), CHF 110(5~6월, 9~10월), CHF 88(11~4월), 6~16세, 스위스 반액 카드 소지자, 스위스 트래블 패스 소지자 50% 할인

수네가 Sunnegga

체르마트 시내에서 가장 가까운 곳에 있는 해발 2288m의 전망대인 수네가는 가족 여행객에게 특히 추천할 만하다. 전망대로 가는 케이블카 승강장은 체르마트 기차역에서 도보 5분 거리로 고르너그라트 등산철도 역의 옆길을 따라가면 나온다. 매표소에서 표를 사고 수네가 터널이라 불리는 짧은 터널을 통과하면 지하 케이블카 타는 곳이 나오고 이곳에서 3분만 올라가면 된다. 전망대 레스토랑의 탁트인 테라스는 마터호른의 우아한 자태를 감상하기에 그만이며 만약 하이킹 시즌에 방문한다면 체르마트로 돌아오는 길은 라이 호수Leisee와 핀델른Findeln 마을을 지나가는 하이킹 코스를 즐겨볼 것을 권한다. 겨울철에는 스키를 처음 배우는 어린이와 스키 초보자를 위해 만든 울리 파크Wolli's Park까지 전용 엘리베이터가 운행된다. 자세한 운행 시간표는 www.matterhornparadise.ch 참고.

- 📍 체르마트 기차역에서 도보 5분 거리의 수네가 전망대 승강장에서 케이블카로 3분 소요
- 🕓 5월 하순~10월 중순, 11월 하순~4월 하순, 매년 조금씩 변동 있음
- CHF 성인 왕복 CHF22.5~, 9세 미만 어린이 무료, 9~15세, 스위스 반액 카드 소지자, 스위스 트래블 패스 소지자 50% 할인

로트호른 Rothorn

수네가 전망대에서 곤돌라 리프트를 타고 해발 2571m의 블라우헤르트Blauherd까지 이동한 후 다시 케이블카로 갈아타고 오르는 해발 3103m의 전망대인 로트호른은 가장 아름다운 각도의 마터호른을 감상할 수 있는 곳이다. 전망대에 오르면 몬테로사Monte Rosa에서부터 바이스호른Weisshorn까지의 알프스 산맥이 눈앞에 펼쳐지는데 그 한가운데에 마터호른이 자리 잡고 있다. 멋진 테라스와 웅장한 뷰를 자랑하는 전망대 레스토랑은 스위스 전통 요리와 음료 등을 팔고 있으며 마터호른의 가장 멋진 사진을 찍을 수 있는 곳으로도 유명하다. 로트호른 전망대 주변을 돌며 유명한 봉우리들을 감상하는 왕복 1시간 코스의 픽 컬렉션Peak Collection을 비롯해 블라우헤르트에서 출발하는 꽃의 길과 5개 호수의 길 등 하이킹 코스가 유명하다. 자세한 운행 시간표는 www.matterhornparadise.ch 참고.

- 📍 수네가 전망대에서 곤돌라, 케이블카로 12분 소요
- 🕓 6월 말이나 7월 초~10월 중순, 11월 하순~4월 하순, 매년 조금씩 변동 있음
- CHF 성인 왕복 CHF42.5~, 9세 미만 어린이 무료, 9~15세, 스위스 반액 카드 소지자, 스위스 트래블 패스 소지자 50% 할인

마터호른 글래시어 파라다이스 Matterhorn Glacier Paradise

유럽에서 가장 높은 곳에 있는 해발 3883m의 전망대인 마터호른 글래시어 파라다이스는 기차역 반대편 마을 끝에 있는 승강장에서 곤돌라와 케이블카를 두세 번 갈아타고 올라간다. 정상의 케이블카 역에서 다시 엘리베이터를 타고 올라가는 야외 전망 플랫폼Viewing Platform에서는 마터호른을 가장 가까이에서 볼 수 있으며 알프스의 가장 높은 봉우리인 프랑스의 몽블랑Mont Blanc을 비롯한 38개의 4000m급 알프스 봉우리들의 파노라마와 14개의 빙하도 감상할 수 있다. 이곳은 또한 유럽에서 가장 큰 서머 스키 구역으로 바로 연결되는데 스키나 보드, 스노 튜브 등의 레포츠를 즐길 수 있으며 빙하 표면 15m 아래 조성된 빙하 궁전도 인기가 있다. 단, 워낙 고도가 높은 곳이라 산소가 부족하기 때문에 가능하면 천천히 움직이는 것이 좋으며 혹시 두통이나 어지러움 등의 고산병 증세가 있다면 오래 머물지 말고 트로케너 슈테그Trockener Steg의 레스토랑에 내려와 식사를 하는 것도 좋은 방법이다. 자세한 운행 시간표는 www.matterhornparadise.ch 참고.

- 체르마트 마을 외곽의 케이블카 승강장까지 도보(약 20분) 또는 E-Bus 베르그바넨Bergbahnen 노선의 전기 버스로 이동한 후 곤돌라와 케이블카로 25~35분 소요
- 연중 운행. 단, 5월과 11월 중 2주간 트로케너 슈테그-마터호른 글래시어 파라다이스 구간 점검으로 인한 운행 중지(매년 날짜 변동)
- CHF 성인 왕복 CHF95~, 9세 미만 어린이 무료, 9~15세, 스위스 반액 카드 소지자, 스위스 트래블 패스 소지자 50% 할인, 빙하 궁전 입장료 CHF8 별도

마터호른 박물관

Matterhorn Museum : Zermatlantis

반호프 거리 끝부분에 위치한 마터호른 박물관은 세계적인 알핀 리조트가 되기까지 체르마트의 역사와 마터호른 등반에 관련된 전시를 하고 있는 곳으로 글라스 돔으로 덮인 입구로 들어가면 지하에 전시 공간이 마련되어 있다. 이 지역 알프스에 서식하는 야생동물들의 박제와 전통 가옥 등이 전시되어 있으며 대표적인 전시품으로는 영국인 등산가 윔퍼 일행이 1865년 7월 14일 마터호른을 처음 등반할 때 쓰이던 장비와 이들이 하산 도중 추락 사고를 당할 때 끊어진 로프 등이 있다.

- 반호프 거리 끝 교회 광장Kirchplatz에 위치, 체르마트 기차역에서 도보 약 10분 소요
- 15:00-18:00, 7~9월 14:00-18:00, 11월 초~중순 2주간 휴관
- CHF 성인 CHF12, 64세 이상 시니어 및 학생 CHF10, 10~16세 CHF7, 9세 이하 어린이, 스위스 트래블 패스 소지자 무료

조난자의 묘지 Fridhof

수많은 등반가들이 마터호른과 체르마트 주변의 알프스 봉우리를 등반하다가 목숨을 잃었고 그들 대부분이 체르마트의 교회 묘지에 잠들어 있다. 대표적인 것이 체르마트 가톨릭교회 뒤편에 있는 가톨릭교회 묘지로 예쁜 꽃이 놓인 조난자의 묘비와 사고로 죽은 산악 가이드를 위한 기념비를 볼 수 있으며 윔퍼와 함께 마터호른을 첫 등반했던 산악 가이드 타그발더Taugwalder 부자와 샤모니 출신 산악 가이드 미셸 오귀스트 크로Michel-Auguste Croz도 이곳에 묻혀 있다. 묘지를 지나 비스파 강을 건너는 다리 위는 체르마트 마을 내에서 마터호른이 가장 잘 보이는 곳으로 유명하다.

📍 체르마트 가톨릭교회 뒤편

힌터도르프 Hinterdorf

반호프 거리에서 몽 세르방 팰리스Mont Cervin Palace 호텔을 지나 안쪽으로 힌터도르프 거리Hinterdorfstrasse를 따라 들어가면 체르마트 마을에서 가장 오래된 구역인 힌터도르프가 있다. 이곳에는 건초나 말린 고기 같은 음식을 보관하는 창고로 사용되던 30채가량 되는 전통 가옥이 모여 있는데, 이 가옥들은 16~18세기에 건축된 것으로 쥐가 기어오르는 것을 막기 위해 돌로 된 기둥 위에 지어진 것이 특징이다. 천천히 산책하며 걷다보면 체르마트의 가장 유명한 산악 가이드였던 울리히 인더비넨Ulrich Inderbinen을 기념하는 예쁜 샘과 벤치도 만나게 된다.

📍 몽 세르방 팰리스 호텔 옆 길인 힌터도르프 거리에 위치

서머 스키 Summer Skiing

체르마트는 여름에도 스키를 즐길 수 있는 서머 스키 구역이 있는 리조트 중 하나다. 서머 스키 시즌은 일반적으로 5월 초~11월에 해당되지만 겨울 스키 시즌 오픈 시기에 따라 매년 조금씩 조정되기 때문에 피스트의 오픈 여부는 체르마트 관광청 홈페이지(www.zermatt.ch)에서 미리 확인하는 것이 좋다. 마터호른 글래시어 파라다이스 내 테오둘Theodul 빙하 위에 있는 체르마트의 서머 스키 구역은 21km에 이르는 피스트를 자랑해 유럽의 국가 대표 스키 팀들이 여름 훈련을 하는 장소로도 유명하다. 여름에는 오후가 되면 눈이 습하고 무거워지기 때문에 스키는 오전에만 즐길 수 있어 서머 스키 구역의 리프트들은 대부분 오전 8시 정도부터 오후 1~2시까지만 운행된다. 너무 이른 아침에는 눈 표면이 얼어 미끄러울 수도 있기 때문에 눈 상태는 오전 중간 정도가 가장 좋다. 스노보더와 프리 스타일 스키어를 위해 유럽 최고의 프리 스타일 파크로 손꼽히는 스노보드 파크도 마련되어 있다. 여름철 강렬한 태양에서 눈을 보호하기 위해 선글라스는 꼭 준비해야 하며 자외선 차단제도 미리 발라두어야 한다.

📍 마터호른 글래시어 파라다이스에서 바로 연결

🕓 4월 하순~5월 하순, 6월 말~11월 말(5월 하순~6월 말은 Trockener Steg-Matterhorn Glacier Paradise 케이블카 불포함으로 Spring 시즌으로 구분)

CHF 스키 패스 1일권 성인 CHF92, 청소년(16~19세) CHF79, 어린이(9~15세) CHF46, 9세 미만 어린이 무료

체르마트 하이킹 Zermatt Hiking

체르마트는 주변 마을과 알프스를 포함해 약 400km에 이르는 하이킹 트레일을 자랑하며 평지를 걷듯 아주 쉬운 트레일부터 해발 3000m가 넘는 곳까지 오르는 알핀 하이킹 트레일까지 난도가 다양하다. 체르마트의 본격적인 여름 하이킹 시즌은 6월부터 10월까지로, 이 시기에는 하이킹 트레일에 쌓인 눈이 완전히 녹고 초원에 야생화가 만발하며 구름 한 점 없는 푸른 하늘을 배경으로 서 있는 웅장한 알프스 영봉과 맑은 호수를 모두 즐길 수 있다. 걷는 도중 마운틴 레스토랑을 만나면 테라스에 앉아 잠시 휴식을 취하며 시원한 음료나 맛있는 식사를 즐겨보자. 일반적으로 등산열차나 케이블카를 타고 고르너그라트나 로트호른, 마터호른 글래시어 파라다이스 등의 전망대에 오른 후 내려오는 길에 하이킹을 즐기는 경우가 많다(하이킹 트레일 지도는 168~169페이지 참고).

1 수네가Sunnegga → 핀델른Findeln → 체르마트Zermatt

5.2km | 약 2시간

체르마트의 수많은 하이킹 트레일 중 가장 인기 있는 트레일로 하이킹 내내 마터호른을 정면에서 볼 수 있는 것으로 유명하다. 수네가 전망대에 오른 후 마터호른이 거꾸로 비치는 것으로 유명한 진밍대 근처의 라이 호수Leisee를 지나 발레 지역 특유의 전통 샬레로 가득한 조용한 산악 마을 핀델른에 들른 후 체르마트 마을로 돌아오게 된다. 핀델른에서는 잠시 한숨 돌리며 멋진 경치를 자랑하는 레스토랑 셰 브로니Chez Vrony에서 점심 식사나 차 한잔을 즐겨보자.

2

블라우헤르트Blauherd **→ 5개 호수 → 수네가**Sunnegga

9.3km | 약 3시간

블라우헤르트에서 출발해 슈텔리 호수Stellisee, 그린트예 호수Grindjisee, 그륀 호수Grünsee, 무스이예 호수Moosjisee, 라이 호수Leisee까지 5개의 아름다운 산악 호수를 지나서 수네가까지 오는 하이킹 트레일로 '5개 호수의 길'이라는 뜻의 5-Seenweg라는 이름이 붙여졌다. 각각의 호수는 모양과 색, 크기, 특징이 모두 다르며 슈텔리, 그린트예, 라이 호수는 거울 같은 호수 위로 마터호른이 거꾸로 비춰 보인다. 그륀 호수와 라이 호수에서는 수영도 즐길 수 있다.

무스이예 호수

그린트예 호수

그륀 호수

라이 호수

슈텔리 호수

3

블라우헤르트Blauherd **→ 투프테른**Tufteren **→ 수네가**Sunnegga

4.6km | 약 1시간 30분~2시간

로트호른을 오르는 길에 곤돌라를 갈아타는 역인 블라우헤르트에서 투프테른을 거쳐 수네가까지 이르는 트레일로 여름철에는 에델바이스를 비롯한 온갖 고산 야생화가 만발해 '꽃의 길'이라는 뜻의 Blumenweg로 불린다. 투프테른에서 수네가까지의 트레일은 특히 길가에 알핀로즈가 많이 피어 있어 Alpenrosenweg라고 불리며 바이스호른의 웅장한 모습을 감상할 수 있는 것으로 유명하다.

4

로텐보덴Rotenboden → **리펠베르그**Riffelberg

3km | 약 1시간

고르너그라트 전망대에 오르기 바로 전 정차 역인 로텐보덴에서 출발해 다음 역인 리펠베르그까지 걷는 하이킹 트레일로 리펠 호수의 길Riffelseeweg이라 불린다. 로텐보덴에서 조금만 걸으면 도착하는 리펠 호수는 주변의 오염되지 않은 풍경과 함께 잔잔한 수면에 마터호른이 거꾸로 비치는 가장 아름다운 사진을 찍을 수 있는 곳으로 손꼽힌다. 아이들도 함께 걸을 수 있을 정도의 쉬운 코스로 다양한 고산식물을 관찰할 수 있으며 계절에 따라 야생 염소인 아이벡스도 만날 수 있다.

5

리펠베르그Riffelberg → 리펠알프

2.5km | 약 1시간

고르너그라트 등산철도가 정차하는 2개의 역을 잇는 하이킹 트레일로 마크 트웨인의 책 《리펠베르그를 오르며Climbing the Riffelberg》에 등장했기 때문에 Mark Twain Weg라고 불린다. 고르너그라트 전망대에서 내려오는 길에 리펠베르그에 내려서 하이킹을 시작하면 되는데 마터호른을 포함해 29개의 멋진 4000m급 알프스 영봉들을 감상할 수 있다. 다만 중간 정도의 난이도라 가파른 산길이 많으므로 트래킹화를 신는 것이 좋으며 비가 온 후에는 미끄러울 수 있으므로 주의해야 한다.

6

트로케너 슈테그 Trockener Steg → **슈바르츠 호수**Schwarzsee

3km | 약 1시간

마터호른 글래시어 파라다이스에 오를 때 케이블카를 갈아타는 역인 트로케너 슈테그에서 출발해 빙하를 따라 슈바르츠 호수까지 걷는 코스로 웅장한 마터호른과 빙하, 빙하가 녹으면서 만들어진 암석과 자갈로 된 황량한 땅, 크고 작은 빙하 호수들을 가까이에서 볼 수 있는 색다른 체험을 할 수 있어 마터호른 글래시어 트레일Matterhorn Glacier Trail로 불린다. 1850년대 소 빙하기 이후로 푸르크 빙하Furgg Glaciers와 테오둘 빙하Theodul Glaciers는 3km 이상 후퇴했으며 23개의 주요 지점에는 자세한 설명 표지판이 세워져 있다.

체르마트 액티비티 즐기기

©Bruno Schmid

체르마트 패러글라이딩 Zermatt Paragliding

무공해 마을, 체르마트의 하늘을 누빌 수 있다는 건 특별한 경험이다. 마터호른을 비롯한 4000m 이상급 알프스 봉우리들이 발 아래로 펼쳐지는 순간 두려움은 사라지고 전율만 남는다. 오랜 경험을 쌓은 베테랑 파일럿과 함께 비행하기 때문에 걱정할 필요는 없다. 따뜻한 옷차림은 필수이며 예약을 했더라도 기상 상황에 따라 취소될 수 있다. 가격은 마터호른 글래시어 파라다이스에서 출발하는 것이 가장 비싸며 CHF 170~380 정도다. 체르마트에는 약 5개의 패러글라이딩 업체가 있으며 여기에는 대표되는 2개 업체를 소개하니 참고하자.

Paragliding Air Taxi

- 체르마트 기차역에서 도보 6~8분
- Haus Montana, Bachstrasse 8, 3920 Zermatt
- +41 27 967 67 44 / +41 79 632 43 15
- @ airtaxi-zermatt.ch

FLY Zermatt Paragliding

- 체르마트 기차역 맞은편 빅토리아 센터(COOP이 있는 건물) 내에 위치
- Viktoria Center, Bahnhofplatz 2, 3920 Zermatt
- +41 79 643 68 08
- @ www.flyzermatt.com

카를레스 쿠오넨 현수교 Charles Kuonen Hängebrücke

그라벤구퍼Grabengufer 협곡 위, 85m 높이에 아찔하게 떠 있는 카를레스 쿠오넨 현수교는 세계에서 가장 긴 출렁다리다. 강철 케이블로 만들어진 다리는 길이 494m, 폭 65cm로 알프스의 파노라마 풍경을 감상하기에 더없이 좋다. 물론 고소공포증이 있거나 강심장이 아닌 경우 다리 건너는 것 자체가 큰 도전이겠지만 체르마트까지 왔다면 시도해보자. 체르마트에서 기차로 16분 소요되는 란다Randa로 이동해 다녀올 수 있다. 란다 기차역에서 현수교까지는 약 3.6km 거리다. 1년 내내 갈 수 있는 곳은 아니며 보통 5~9월에 방문하는 것이 좋다. 낙석이나 돌풍, 번개 등 현지 상황이나 기상에 따라 막아놓는 경우도 있다. 자신이 없다면 대안책으로 푸리Furi에 있는 100m 길이의 현수교를 택해봐도 좋다. 푸리 현수교 트레일Hängebrückenweg Furi은 왕복 약 3km로 1시간 30분 정도면 다녀올 수 있다. 푸리는 마터호른 글래시어 파라다이스로 가는 케이블카나 곤돌라를 타고 올라가면 된다.

- 란다Randa 기차역에서 도보로 편도 2~3시간 소요

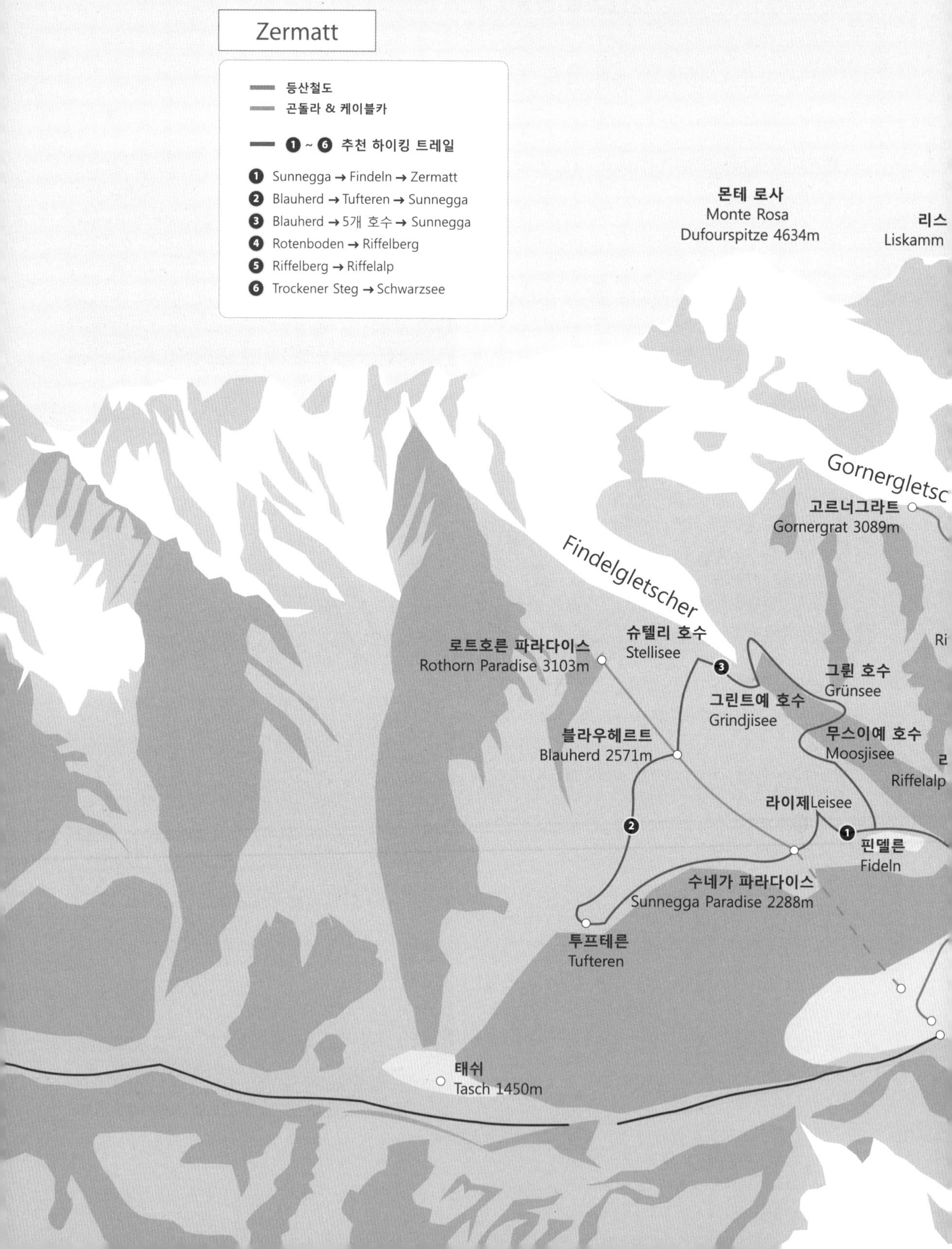

Zermatt
등산철도
곤돌라 & 케이블카
❶ ~ ❻ 추천 하이킹 트레일
❶ Sunnegga → Findeln → Zermatt
❷ Blauherd → Tufteren → Sunnegga
❸ Blauherd → 5개 호수 → Sunnegga
❹ Rotenboden → Riffelberg
❺ Riffelberg → Riffelalp
❻ Trockener Steg → Schwarzsee
몬테 로사
Monte Rosa
Dufourspitze 4634m
리스
Liskamm
Gornergletsc
고르너그라트
Gornergrat 3089m
Findelgletscher
슈텔리 호수
Stellisee
로트호른 파라다이스
Rothorn Paradise 3103m
그린 호수
Grünsee
그린트예 호수
Grindjisee
블라우헤르트
Blauherd 2571m
무스이예 호수
Moosjisee
Riffelalp
라이제Leisee
핀델른
Fideln
수네가 파라다이스
Sunnegga Paradise 2288m
투프테른
Tufteren
태쉬
Tasch 1450m

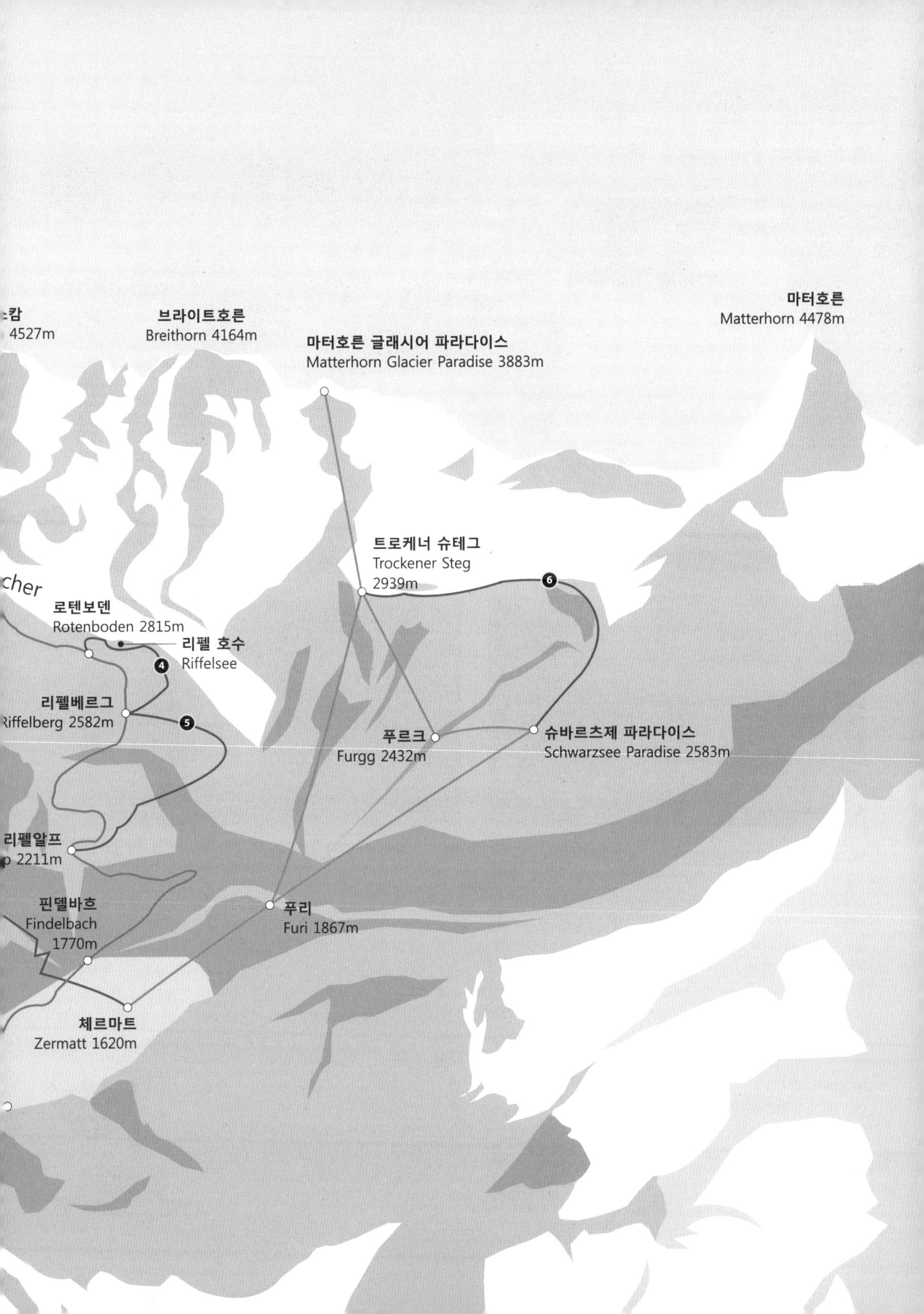

:캄
4527m
브라이트호른
Breithorn 4164m
마터호른 글래시어 파라다이스
Matterhorn Glacier Paradise 3883m
마터호른
Matterhorn 4478m
트로케너 슈테그
Trockener Steg
2939m
cher
로텐보덴
Rotenboden 2815m
리펠 호수
Riffelsee
리펠베르그
Riffelberg 2582m
푸르크
Furgg 2432m
슈바르츠제 파라다이스
Schwarzsee Paradise 2583m
리펠알프
p 2211m
핀델바흐
Findelbach
1770m
푸리
Furi 1867m
체르마트
Zermatt 1620m

Restaurant & Café

셰 브로니 Chez Vrony

핀델른 마을에 있는 100년 전통의 유서 깊은 레스토랑으로 직접 기른 유기농 식재료로 만든 발레 주 전통 음식을 제공한다. 수네가 하이킹 중 한숨 돌리기 위해 들르기에 딱 좋은 곳으로 햇살 좋은 날 테라스석에 앉아 마터호른을 마주하고 시원한 음료나 맥주, 와인 한 잔을 마시는 기분은 말로 표현할 수 없을 정도로 상쾌하다. 출출하다면 음료와 함께 두툼한 패티가 일품인 브로니 버거나 얇게 썰어 말린 쇠고기 요리인 트로켄프라이시, 홈메이드 소시지, 알핀 치즈 플래터 등의 전통 요리를 곁들여도 좋다.

- Findeln, 3920 Zermatt
- ☎ +41 27 967 25 52
- 11:30-16:00(계절에 따라 시간 변동됨)
- CHF 메인 요리 CHF49~86
- @ www.chezvrony.ch

스노보트 Snowboat

보트와 같은 독특한 디자인으로 눈길을 끄는 바 & 레스토랑으로 친절한 서비스와 맛있는 요리로 현지인에게도 인기가 많다. 샐러드와 감자튀김을 곁들인 푸짐한 버거 메뉴가 가장 인기며 신선한 채소와 치즈, 그릴에 구운 새우, 치킨 등이 곁들여진 샐러드도 한 끼 식사로 손색이 없다. 저녁 시간에는 치킨 윙이나 퀘사디아 등의 간단한 스낵과 맥주, 칵테일을 즐기기 위해 찾는 사람도 많다. 수네가와 로트호른 전망대 케이블카 승강장에서 멀지 않은 곳에 있어 겨울철에는 아프레스키Après Ski(스키를 탄 이후에 즐기는 뒤풀이 모임)를 위해 찾는 사람들로 많이 붐빈다.

- Vispa Strasse 20, 3920 Zermatt
- ☎ +41 27 967 43 33
- 11월 말~4월 중순, 6월 하순~10월 초 15:00-22:00
- CHF 퀘사디아 CHF14.5, 버거 CHF29~32, 샐러드 CHF32.5
- @ www.zermattsnowboat.com

뷔페 바 수네가 Buffet Bar Sunnegga

수네가 전망대에 있는 레스토랑으로 깔끔한 시설을 자랑한다. 전망대이니만큼 내부의 좌석보다는 넓은 선 테라스에 앉아 천천히 경치를 감상하며 여유롭게 식사나 와인을 즐기는 사람이 많다. 안쪽에 음료수와 와인, 커피, 샌드위치, 크루아상, 머핀, 따뜻한 수프, 샐러드, 뢰스티 등이 뷔페식으로 차려져 있어 원하는 것을 쟁반에 담아 한꺼번에 계산하면 된다. 뢰스티는 달걀 프라이나 소시지 등을 곁들일 수도 있어 입맛에 따라 선택할 수 있다.

- Sunnegga, 3920 Zermatt ☎ +41 27 967 30 46
- 수네가 전망대 오픈 시간과 동일
- CHF 뢰스티 CHF19~, 스몰 샐러드 CHF9~, 굴라시 수프 CHF11~
- @ restaurant-zermatt.ch/

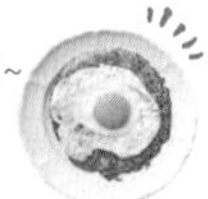

브라운 카우 Brown Cow

아침부터 밤늦게까지 오픈하는 펍으로 햄버거, 샌드위치, 수프, 샐러드 등을 비롯해 아이스크림, 커피, 차 등 음료는 물론 각종 술을 판매한다. 오크통으로 만든 테이블이 곳곳에 섞여 있어 펍 분위기를 한껏 살리며 해가 진 후 간단히 한잔 하기에도 좋다. 유니크 호텔 포스트Unique Hotel Post에 속한 펍으로 호텔 1층에 자리하고 있다.

- Bahnhofstrasse 41, 3920 Zermatt
- ☎ +41 27 967 19 31
- 매일 09:00-02:00(주방 10:00-23:00)
- CHF 핫도그 CHF10~11.5, 버거 CHF 18~26, BBQ 치킨 윙 CHF22, 와인 1잔 CHF4~, 생맥주(500cc 기준) CHF9~10.5, 병맥주(330~500cc) CHF7~9.5
- @ www.hotelpost.ch/en/bars-clubs

윔퍼 슈투베 Whymper Stube

퐁뒤와 라클렛, 감자튀김을 곁들인 소시지 요리인 브라트부르스트, 발레 주의 전통 음식 등 다양한 스위스 전통 요리를 즐길 수 있는 레스토랑이다. 미트 퐁뒤의 경우 다양한 소스와 샐러드, 과일, 감자튀김 또는 밥이 곁들여 나와 양이 푸짐한 편이다. 반호프 거리에 있어 관광 중에 들르기에 편하며 항상 사람들로 북적이기 때문에 전화로 미리 예약하는 것이 좋다.

- Bahnhofstrasse 80, 3920 Zermatt
- ☎ +41 27 967 22 96
- 여름 11:00-23:00, 겨울 15:00-23:00, 4~5월 휴무
- CHF 치즈 퐁뒤 CHF27~32, 미트 퐁뒤 CHF47~51, 브라트부르스트 CHF23
- @ www.whymper-stube.ch

세이치즈! Saycheese!

그랜드 호텔 체르마트호프 레스토랑 중 하나로 치즈 퐁뒤는 체르마트에서 으뜸으로 꼽힌다. 체르마트의 유일한 작은 치즈 공장에서 직접 공수한 치즈를 사용해 그 맛이 더욱 깊다. 아늑한 분위기에서 친절한 서비스를 받으며 즐겁게 식사할 수 있으며 좀 더 색다른 퐁뒤를 원한다면 트러플이나 포르치니 버섯을 곁들여도 좋다.

- Bahnhofstrasse 55, 3920 Zermatt
- ☎ +41 27 966 66 00
- 수~일요일 18:00-22:00, 월~화요일 휴무(시즌에 따라 변동)
- CHF 샐러드 CHF16~24, 치즈 퐁뒤 CHF28-36, 미트 퐁뒤 CHF52
- @ www.zermatterhof.ch/restaurants-and-bars/saycheese

체르마트 추천 숙소

체르마트 대부분의 숙소는 스키 시즌에 최소 3박 이상 예약해야 하니 참고하자.

Cervo Mountain Boutique Resort

★★★★★

알프스 헌팅 로지의 분위기에 컨템포러리 디자인을 절묘하게 조합한 부티크 샬레 호텔로 전체적인 느낌은 아늑하면서도 시크하다. 리셉션과 레스토랑으로 사용하는 건물 외에 별도로 있는 6개의 샬레에는 부드러운 색조의 미니멀한 인테리어로 꾸며진 객실들이 있는데 투숙객은 이곳에서 프라이빗한 휴가를 만끽할 수 있다. 마터호른이 정면으로 바라보이는 호텔의 테라스는 여유롭게 와인이나 맥주 한잔을 즐기기에 그만이며 각 샬레마다 갖추어져 있는 스파에서 여행의 피로를 풀어도 좋다. 주변이 한적하고 조용하면서도 수네가 터널과 엘리베이터로 연결되므로 중심가까지도 쉽게 이동할 수 있다.

- 🏠 Riedweg 156, 3920 Zermatt
- ☎ +41 27 968 12 12
- @ cervo.swiss/en

The Omnia ★★★★★

체르마트의 특급 호텔 중 가장 인기가 많은 디자인 샬레 호텔로 체르마트 마을이 굽어보이는 바위 위에 자리 잡고 있다. 최고의 전망과 시설, 세심한 서비스로 고객 만족도가 매우 높으며 다양한 크기의 30개 객실 모두에 발코니가 있다. 여름철에는 3박 이상 묵을 경우 할인 요금이 적용된다.

- 🏠 Auf dem Fels, 3920 Zermatt
- ☎ +41 27 966 71 71
- @ www.the-omnia.com/en/hotel

Mont Cervin Palace ★★★★★

1852년에 문을 연 전통 있는 호텔로 체르마트가 지금의 세계적인 알핀 리조트가 되기까지의 모든 역사를 함께한 호텔이다. 반호프 거리 중심에 자리 잡고 있으며 우아하고 고풍스러운 시설을 자랑한다.

- 🏠 Bahnhofstrasse 31, 3920 Zermatt
- ☎ +41 27 966 88 88
- @ www.montcervinpalace.ch

Riffelalp Resort 2222m ★★★★★

체르마트에서 고르너그라트 전망대에 오르는 길인 해발 2222m에 있는 럭셔리 리조트 호텔이다. 따뜻한 분위기의 객실에는 현대적인 시설이 잘 갖추어져 있으며 마터호른이 손에 잡힐 듯이 보이는 테라스 레스토랑과 라운지는 미리 예약을 해야 할 정도로 인기 만점이다.

🏠 3920 Zermatt
☎ +41 27 966 05 55
@ www.riffelalp.com

Unique Hotel Post ★★★★

반호프 거리에 있는 디자인 호텔로 세련된 알프스 로지 스타일이다. 객실은 돌과 원목으로 꾸며진 아늑하고 고급스러운 분위기이며 이탈리언 레스토랑 Spaghetti & Pizza Factory를 비롯한 4개의 레스토랑, 5개의 바와 클럽이 있어 신나는 저녁 시간을 즐기기를 원하는 사람들에게 추천한다.

🏠 Bahnhofstrasse 41, 3920 Zermatt
☎ +41 27 967 19 31
@ www.hotelpost.ch

SchlossHotel Zermatt ★★★★

1980년대부터 가족이 경영해온 정감 넘치는 호텔로 기차역에서 1분만 걸어가면 된다. 따뜻한 톤의 안락한 객실과 핀란드식 사우나, 짐, 수영장 등의 웰니스 시설을 갖추고 있다. 호스트의 이름을 딴 5성급 아파트먼트인 알렉스 로지Alex Lodge는 가족 여행에 적합하며 2~4인용과 4~8인용, 총 4개가 있다.

🏠 Bahnhofpl. 18, 3920 Zermatt
☎ +41 27 966 44 00
@ schlosshotelzermatt.ch

Hotel La Ginabelle Zermatt ★★★★

기차역에서 도보 5분이면 닿는 호텔로 1년 내내 즐길 수 있는 실내 월풀 및 야외 수영장, 스파, 사우나 등의 부대시설을 보유하고 있다. 싱글, 더블 객실은 물론 4~6인까지 숙박할 수 있는 아파트먼트가 있어 가족 여행객도 많이 찾는다.

🏠 Vispastrasse 52, 3920 Zermatt
☎ +41 27 966 50 00
@ www.la.ginabelle.ch

BEAUSiTE Zermatt ★★★★

기차역에서 조금 떨어진 한적한 곳에 있는 우아한 일급 호텔로 체르마트에서도 가장 환상적인 마터호른 뷰를 자랑한다. 아늑한 객실과 뛰어난 레스토랑, 아름다운 스파를 갖추고 있으며 친절한 서비스로도 정평이 나 있다.

- 🏠 Brunnmattgasse 9, CH 3920 Zermatt
- ☎ +41 27 966 68 68
- @ www.beausitezermatt.ch/en/

Hotel Bellerive ★★★

모던하면서도 안락한 분위기의 호텔로 수네가 케이블카 승강장과 마터호른 글래시어 파라다이스 케이블카 승강장 사이에 있다. 홈페이지에서 직접 예약할 경우 셔틀 서비스를 이용할 수 있고 겨울 특정 시즌에는 최소 3박 이상 숙박해야 한다. 총 24개의 객실이 있으며 마터호른이 보이는 단 하나뿐인 스카이 스위트는 특별한 경험을 선사한다.

- 🏠 Riedstrassse 3, 3920 Zermatt
- ☎ +41 27 966 74 74
- @ www.bellerive-zermatt.ch

Bella Vista ★★★

가족이 운영하는 아담하고 사랑스러운 샬레 호텔로 기차역에서 도보 5분 정도 떨어진 한적한 지역에 있다. 21개 객실 중 14개 객실에서 마터호른을 감상할 수 있으며 직접 구운 빵과 신선한 계란, 과일, 주스 등으로 차린 맛있는 아침 식사로도 유명하다.

- 🏠 Riedweg 15, CH 3920 Zermatt
- ☎ +41 27 966 28 10
- @ bellavista-zermatt.ch

Best Western Hotel Butterfly ★★★

예쁜 샬레 모양의 외관이 돋보이는 체르마트 전통 스타일의 호텔로 편안한 분위기의 넓은 객실을 가지고 있다. 체르마트 기차역과 고르너그라트역에서 도보 2분 거리에 있어 찾아가기 쉽고 관광하기에 편리하다.

- 🏠 Bodmenstrasse 21, CH 3920 Zermatt
- ☎ +41 27 966 41 66
- @ www.hotel-zermatt.com/en/

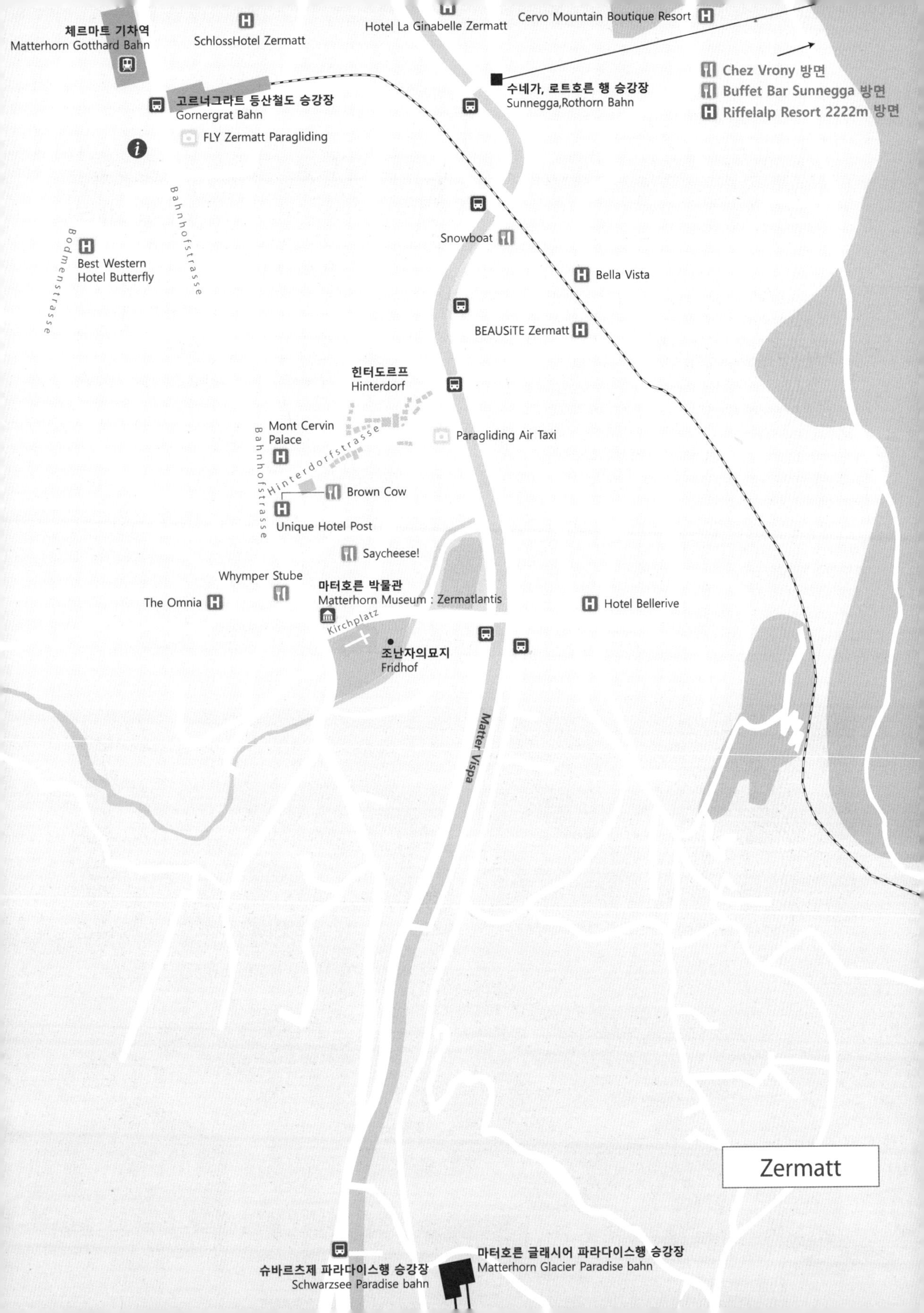
체르마트 기차역
Matterhorn Gotthard Bahn
SchlossHotel Zermatt
Hotel La Ginabelle Zermatt
Cervo Mountain Boutique Resort
Chez Vrony 방면
Buffet Bar Sunnegga 방면
Riffelalp Resort 2222m 방면
고르너그라트 등산철도 승강장
Gornergrat Bahn
수네가, 로트호른 행 승강장
Sunnegga,Rothorn Bahn
FLY Zermatt Paragliding
Bahnhofstrasse
Bodmenstrasse
Best Western
Hotel Butterfly
Snowboat
Bella Vista
BEAUSiTE Zermatt
힌터도르프
Hinterdorf
Mont Cervin
Palace
Hinterdorfstrasse
Paragliding Air Taxi
Brown Cow
Unique Hotel Post
Saycheese!
Whymper Stube
The Omnia
마터호른 박물관
Matterhorn Museum : Zermatlantis
Hotel Bellerive
Kirchplatz
조난자의묘지
Fridhof
Matter Vispa
Zermatt
마터호른 글래시어 파라다이스행 승강장
Matterhorn Glacier Paradise bahn
슈바르츠제 파라다이스행 승강장
Schwarzsee Paradise bahn

Leukerbad

로이커바트

알프스의 가장 큰 온천 휴양지

약 900m 높이의 절벽이 병풍처럼 마을을 둘러싸고 있는 알프스 산악 마을 로이커바트는 하루 약 390만 리터, 평균 온도 약 51℃의 온천이 솟아나는 알프스 최대의 온천 리조트로 알려진 곳이다. 마을 내에는 로이커바트 테름과 발리서 알펜 테름이라는 2개의 대표적인 대중 온천 센터를 포함해 30개가 넘는 온천풀이 있어 방문객은 자신이 원하는 스타일의 온천을 마음껏 즐길 수 있다. 대중 온천 센터는 각각 온천풀에서의 '샴페인 아침 식사'나 달밤에 즐기는 '문라이트 바스' 같은 창의적인 프로그램으로 방문객을 끌어들인다. 마을 주변의 알프스에서 하이킹, 스키도 즐길 수 있으며 스포츠 활동 이후 온천으로 느긋하게 피로를 풀 수 있다는 것이 이 마을의 가장 큰 매력이다. 로이커바트 내 숙소에 머물면 대중 온천 센터와 케이블카 10% 할인, LLB 버스 무료 이용 등의 혜택이 있는 로이커바트 카드 플러스Leukerbad Card Plus(LBC+)를 체크인 시 제공한다.
로이커바트 관광청 | www.leukerbad.ch

찾아가기

기차

로이커바트는 기차로 로이크Leuk까지 이동해 LLB 버스로 환승한 후 30분 정도 더 이동해야 마을에 도착하게 된다. LLB 버스 탑승장은 기차역 바로 앞에 있다. 자세한 버스 시간표는 www.llbreisen.ch 참고.

자동차

바젤이나 취리히에서 온다면 베른까지 1번 도로로 이동한 후 6번 도로로 갈아타고 슈피츠Spiez, 뢰치베르그 터널Lötschberg Tunnel을 경유해서 오거나 12번과 9번 도로를 이용하여 몽트뢰를 경유하여 오는 방법이 있다. 제네바에서는 1번 도로로 로잔까지 온 후 9번 도로를 이용하면 된다.

©Leukerbad Tourismus

발리서 알펜테름 Walliser Alpentherme

1993년 11월에 문을 연 고급스러운 온천 센터인 발리서 알펜테름은 1개의 실내풀과 야외풀, 발레 지역의 전통 마을을 재현한 300㎡ 규모의 사우나 빌리지, 유럽의 전통 목욕 문화를 체험해볼 수 있는 로만 아이리시 바스, 다양한 마사지 프로그램 등으로 총체적인 웰니스 & 스파 프로그램을 제공하고 있다. 멋진 알프스의 경치를 감상하며 즐길 수 있는 야외풀이 가장 인기 있으며 7~12월에는 한 달에 한 번 보름달이 뜨는 밤 8시 30분부터 11시 30분까지 밝은 달빛과 촛불 아래에서 야외 온천과 사우나를 즐기는 낭만적인 프로그램인 Moonlight Bathing을 선보이고 있다. 사우나 빌리지와 로만 아이리시 바스는 수영복까지 모두 벗고 입장하며 로만 아이리시 바스는 사전 예약이 필수다. 좀 더 자세한 정보는 www.alpentherme.ch 참고.

- 도르프 광장Dorfplatz에 위치, 로이커바트 버스 터미널에서 도보 약 8분 소요
- 연중무휴 09:00-20:00(로만 아이리시 바스 금~토요일 10:00-18:00, 예약 추천), 09:00-18:00(12/24, 12/31)
- CHF 3시간 티켓 성인 CHF33, 8~16세 CHF26.4

©Leukerbad Tourismus

로이커바트 테름 Leukerbad Therme

유럽에서 가장 큰 알핀 온천 센터인 로이커바트 테름은 수중 마사지를 즐길 수 있는 실내풀, 어린아이들을 위한 어린이풀, 워터 제트 마사지 의자가 있는 레저풀, 여름철 수영을 즐기기에 좋은 스포츠풀 등 28~43℃까지 다양한 온도의 10개 풀을 자랑하며 동굴 모양의 야외 사우나, 튜브를 타고 내려오는 106m 길이의 워터 슬라이드 등 어른과 아이가 함께 즐길 수 있는 시설이 가득하다. 스파 존에서는 다양한 트리트먼트와 마사지를 받을 수 있으며 넓은 선 테라스가 있는 레스토랑과 그릴-피자리아, 바에서는 세트 메뉴와 로컬 푸드를 즐길 수 있다. 좀 더 자세한 정보는 www.leukerbad-therme.ch 참고.

- 로이커바트 버스 터미널과 관광 사무소에서 Rathaus-strasse를 따라 도보 약 6분 소요
- 연중무휴 08:00-20:00(사우나, 스팀 바스 10:00-19:30)
- CHF 3시간 티켓 성인 CHF28, 9~16세 CHF17 / 일일권 성인 CHF35, 9~16세 CHF21 / 8세 이하 어린이 무료

©Leukerbad Tourismus

겜미 고개 Gemmi Pass

베르너 알프스와 로이커바트를 이어주는 산악 도로인 겜미 고개에는 아찔한 전망을 감상할 수 있는 전망 플랫폼, 멋진 테라스 레스토랑, 산악 호텔 등이 있으며 다양한 하이킹 트레일이 연결되어 있다. 마을 외곽에 있는 승강장에서 케이블카를 타면 6분이면 오를 수 있으며 로이커바트 마을과 발리스 알프스의 파노라믹 전망이 눈앞에 펼쳐진다. 6월에서 11월 초까지는 고산식물로 둘러싸인 아름다운 다우벤 호수Daubensee까지도 케이블카가 왕복 CHF9에 운행되며 도보로도 갈 수 있으므로 호수까지 하이킹을 즐겨보자. 좀 더 자세한 정보는 www.gemmi.ch 참고.

- 로이커바트 버스 터미널에서 도보 약 10분 거리에 있는 승강장에서 케이블카로 6분 소요
- 5월 하순~11월 초, 12월 하순~4월 중순, 매년 날짜 변동 있음
- CHF 성인 왕복 CHF38, 9~16세 CHF19, 스위스 트래블 패스 소지자 50% 할인

Restaurant & Café

발드하우스 Waldhaus

발리서 알펜테름에서 도보 4분 거리에 있는 발드하우스 호텔 레스토랑으로 성수기에는 예약을 해야 할 정도로 인기가 많다. 스위스 전통 요리는 물론 파스타, 시즌별 메뉴 등 여러 가지 요리를 선보이며 지역 특산 와인 리스트가 있어 더욱 풍미 있는 식사를 즐길 수 있다.

- Promenade 17, 3954 Leukerbad ☎ +41 27 470 32 32
- 매일(크리스마스~부활절) 11:30-14:00, 17:30-22:00 (그 외 시즌 화요일 혹은 수요일 휴무)
- CHF 스타터 CHF25~29, 수프 CHF9.5, 뢰스티 28, 치즈 퐁뒤 CHF29.5, 파스타 CHF24~33, 메인 요리 CHF28.5~59
- @ www.hotel-waldhaus.ch/en/Restaurant-Bar

라운지 1411 Lounge 1411

바, 라운지, 레스토랑을 한 공간에 담은 곳으로 전통과 모던함을 조화시킨 인테리어가 편안한 느낌을 주며 멋진 풍경을 벗삼아 식사를 할 수 있다. 신선하고 엄선된 재료를 사용한 샐러드, 파스타, 고기 요리, 생선 요리 등 다양하게 준비되어 있어 선택의 폭이 넓다.

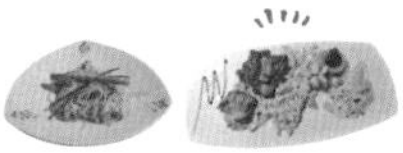

- Dorfstrasse 1, 3954 Leukerbad
- ☎ +41 27 470 14 11
- 목~화요일 11:00-23:00, 월요일 휴무
- CHF 스타터 CHF11~36, 파스타 CHF19~39, 메인 요리 CHF29~49
- @ www.lounge1411.ch/

지아르디노 Giardino

피자와 리소토, 파스타 등을 제공하는 피자리아로 특히 다양한 종류의 피자가 맛있기로 유명하다. 아이들이 신나게 놀 수 있는 놀이터와 놀이방도 마련되어 있어 가족 여행객의 만족도가 무척 높다. 로이커바트 버스 터미널과 관광 안내소에서 멀지 않은 곳에 있다.

- Rathausstrasse 7, CH 3954 Leukerbad ☎ +41 27 530 05 84
- 목~화요일 11:00-23:00(고기 메뉴 11:00-15:30, 17:00-21:30), 수요일 휴무
- CHF 스타터 CHF10.5~28, 피자 CHF17.5~25.5, 파스타 CHF19.5~26
- @ www.pizzeriagiardino.ch

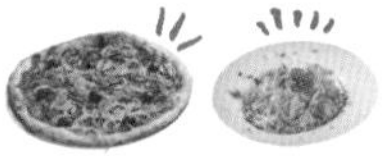

로이커바트 추천 숙소

Les Sources des Alpes ★★★★★

로이커바트 마을 내에 있는 유일한 특급 호텔로 규모가 크지 않지만 고급스럽고 클래식한 시설과 친절한 서비스를 자랑한다. 사계절 내내 36℃를 유지하는 전망 좋은 야외 온천 수영장과 자체 스파 시설이 유명하다.

- 🏠 Tuftstrasse 17, CH 3954 Leukerbad
- ☎ +41 27 472 20 00
- @ www.sourcesdesalpes.ch

De France by Thermalhotels ★★★★

발리서 알펜테름 온천 센터와 연결된 메종 블랑쉬Maison Blanche 및 그랑 뱅Grand Bain 호텔과 더불어 온천과 휴양에 집중하기에 좋은 곳이다. 드 프랑스 호텔은 온천 센터와 지하 통로로 연결되어 있어 날씨와 상관없이 오가기 편하며 2018년에 새로 단장한 깔끔한 객실을 보유하고 있다.

- 🏠 Dorfplatz 1, 3954 Leukerbad
- ☎ +41 27 472 10 00
- @ thermalhotels.ch

Le Bristol ★★★★

로이커바트에서 가장 규모기 큰 프라이빗 스파 센터를 가진 호텔로 다양한 실내외 풀과 사우나, 스팀 바스, 마사지 시설, 피트니스 센터가 있다. 토렌트행 케이블카 승강장과 가까워 겨울철에 더 인기가 있다.

- 🏠 Rathausstrasse 51, 3954 Leukerbad
- ☎ +41 27 472 75 00
- @ www.lebristol.ch

Hotel Quellenhof ★★★

발리서 알펜테름과 30m 거리에 있는 호텔로 스타일리시한 객실과 넓은 테라스와 정원, 맛있는 레스토랑이 있다. 투숙객은 조식과 석식, 발리서 알펜테름 3시간 입장 티켓, 겜미 고개 케이블카 등이 모두 포함된 Quellenhof-Pass를 CHF59에 구입하여 사용할 수 있다.

- Promenade 7, 3954 Leukerbad
- ☎ +41 27 472 70 60
- @ quellenhofscuol.ch/

Hotel Viktoria ★★★

로이커바트 테름 바로 앞에 있는 샬레 스타일 호텔로 투숙객에게는 로이커바트 테름 무료 입장, 겜미 고개 케이블카 무료 이용 등의 혜택이 있다. 가족룸과 놀이방 등의 시설이 있어 가족 여행객에게 특히 인기가 있다.

- Pfolongstutz 2, 3954 Leukerbad
- ☎ +41 27 470 16 12
- @ www.viktoria-leukerbad.ch

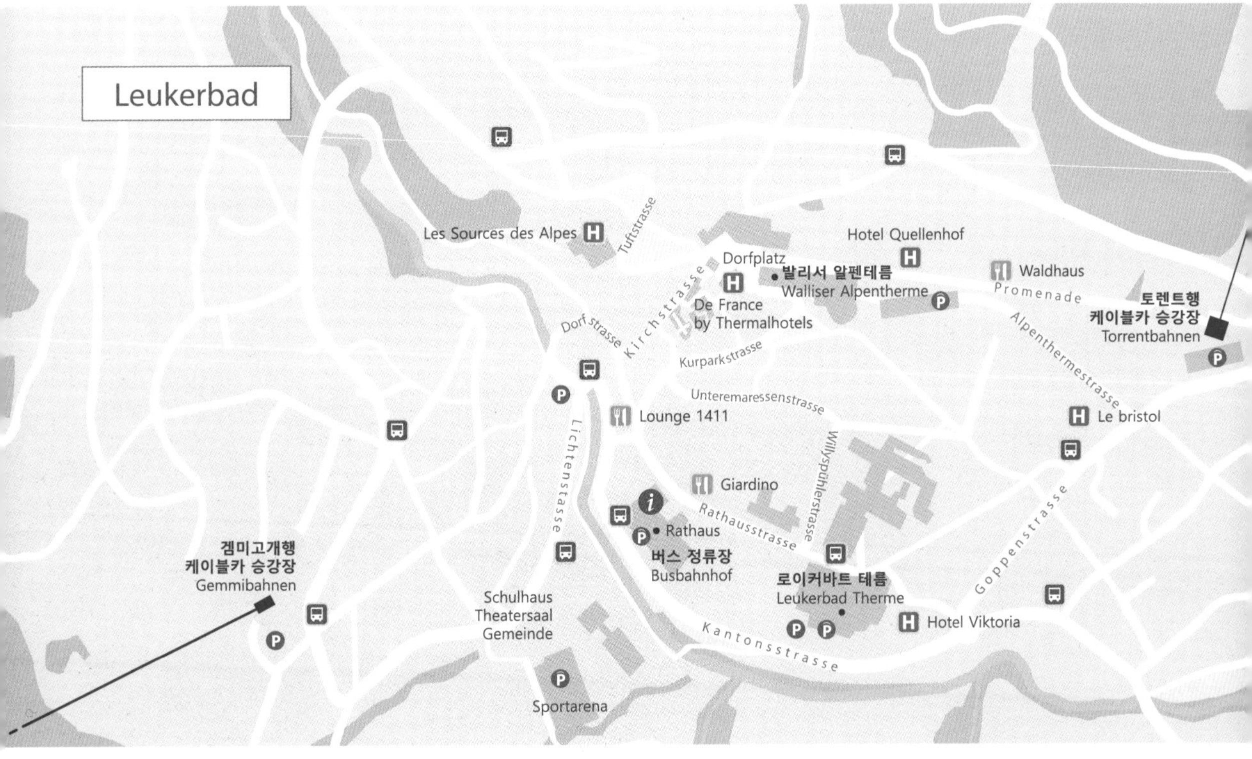

Aletsch Arena

알레치 아레나

알레치 빙하를 관람하는 최고의 로열석

23km의 길이와 1800m의 폭, 100㎢의 표면적을 가진 알프스 최대 규모의 알레치 빙하를 가장 가까이에서 감상하고 체험할 수 있는 발레의 산악 마을을 알레치 아레나 리조트들Aletsch Arena Resorts이라고 부르는데, 리더알프Riederalp(1925m), 베트머알프Bettmeralp(1950m), 피에셔알프Fiescheralp(2212m)가 이에 해당된다. 이 마을들은 모두 케이블카로만 갈 수 있는 Car-Free 청정 마을이며 이곳에서 다시 케이블카를 타고 무스플루Moosfluh나 베트머호른Bettmerhorn, 에기스호른Eggishorn 등의 전망대에 오르면 웅장한 알레치 빙하가 눈앞에 펼쳐진다. 알레치 빙하를 좀 더 가까이에서 체험하고 싶다면 가이드와 함께 빙하 위를 걷는 빙하 워킹 투어에 도전해보자.

알레치 아레나 관광청 | www.aletscharena.ch

©aletscharena.ch

찾아가기

기차

리더알프, 베트머알프, 피에셔알프로 가기 위해서는 브리그Brig나 비스프Visp에서 마터호른 고타르드 반Matterhorn Gotthard Bahn의 열차로 환승해 각각 케이블카 승강장이 있는 마을인 뫼렐Mörel(리더알프행), 베텐Betten(베트머알프행), 피에쉬Fiesch(피에셔알프행)까지 이동해야 한다.

자동차

북부에서는 베른, 슈피츠, 뢰치베르그 터널Lötschberg Tunnel을 경유하는 6번 도로를 이용하며 제네바에서는 1번과 9번 도로를 이용한다. 동부에서는 19번 도로를 이용해 푸르카 고개Furka Pass를 넘어오거나 차량을 기차에 싣고 푸르카 터널Furka Tunnel을 이용한다. 리더알프, 베트머알프, 피에셔알프는 케이블카를 타고 이동해야 하므로 자동차는 각각 뫼렐, 베텐, 피에쉬에 있는 주차장에 세워야 한다.

케이블카

뫼렐에서 출발하는 리더알프행 케이블카는 리더알프 미테Riederalp Mitte로 바로 가는 편과 리트 뫼렐Ried-Mörel을 경유해 리더알프 베스트Riederalp West로 가는 것 2가지가 있으며 베텐에서 베트머알프로 가는 케이블카도 직행과 베텐 도르프Betten Dorf를 경유하는 것이 있다. 피에쉬에서 피에셔알프까지는 직행 케이블카로 7분이면 올라갈 수 있다. 베트머호른이나 에기스호른 등의 전망대까지 한꺼번에 티켓을 구입할 수도 있으며 어린이와 스위스 트래블 패스 소지자는 50% 할인을 받을 수 있다. 4월 중순~6월 초와 10월 말~12월 초에는 모든 케이블카의 운행 편수가 줄고 피에셔알프~에기스호른 케이블카는 점검을 위해 운행이 중지되므로 미리 확인하는 것이 좋다. 짐은 1인 기준 2개(최대 20㎏)까지 무료로 탑승할 수 있으며 기차역 로커에 보관해두어도 된다. 자세한 케이블카 시간표와 가격은 www.aletscharena.ch 참고.

Travel Highlight

에기스호른 Eggishorn

위대한 알레치 빙하의 파노라마를 제대로 감상하기 위해서는 호플루Hohfluh나 모스플루Moosfluh, 베트머호른Bettmerhorn, 에기스호른 등의 뷰 포인트까지 케이블카를 타고 올라가야 하는데 그중 가장 높고 유명한 곳이 해발 2926m의 에기스호른이다. 날씨가 좋으면 알레치 빙하와 함께 빙하를 둘러싸고 있는 아이거, 묀히, 융프라우를 비롯한 4000m급 알프스 봉우리들까지 모두 감상할 수 있지만 구름이 많이 낀 날은 앞이 전혀 보이지 않는 낭패를 볼 수도 있다. 하지만 금세 구름이 걷히고 빙하가 모습을 드러내는 경우도 있으므로 조금 참고 기다려보자. 베트머호른 케이블카 역에서 출발해 에기스호른 케이블카 역까지 하이킹을 하는 알핀 루트 트레일도 인기가 있다.

- 피에쉬에서 케이블카를 타고 피에셔알프에서 환승하여 22분 소요
- 6월 초~10월 하순, 12월 하순~3월 말, 매년 날짜 변동 있음
- CHF 성인 왕복 CHF49, 6~16세 및 스위스 트래블 패스 소지자 50% 할인

알레치 빙하 워크 Aletsch Glacier Walks

여름철에 알레치 아레나를 방문하면 유네스코 세계자연유산으로 등재된 알레치 빙하 위를 걸으며 가장 가까이에서 빙하를 체험하는 잊지 못할 시간을 보낼 수 있다. 경험이 풍부한 산악 가이드와 동행하는 가이드 투어로만 가능한 빙하 워크 프로그램은 총 6시간 정도 소요되는 가장 기본적인 프로그램부터 숙박과 식사가 포함된 1박 2일 프로그램까지 다양한 투어가 있으며 요일별로 다르게 진행되기 때문에 일정을 미리 확인하고 예약해두는 것이 좋다. 투어일 전날 오후 5~6시 이전까지는 예약을 해야 하며 알레치 아레나 관광청 홈페이지(www.aletscharena.ch)나 리더알프, 베트머알프 관광 사무소 등을 통해 예약할 수 있다.

- 리더알프, 베트머알프 또는 피에쉬 출발(상품에 따라 다름)
- 6월 중순~10월 중순(일부 상품은 7월 중순~8월 중순에만 가능)
- CHF 성인 CHF80부터, 어린이 CHF50부터

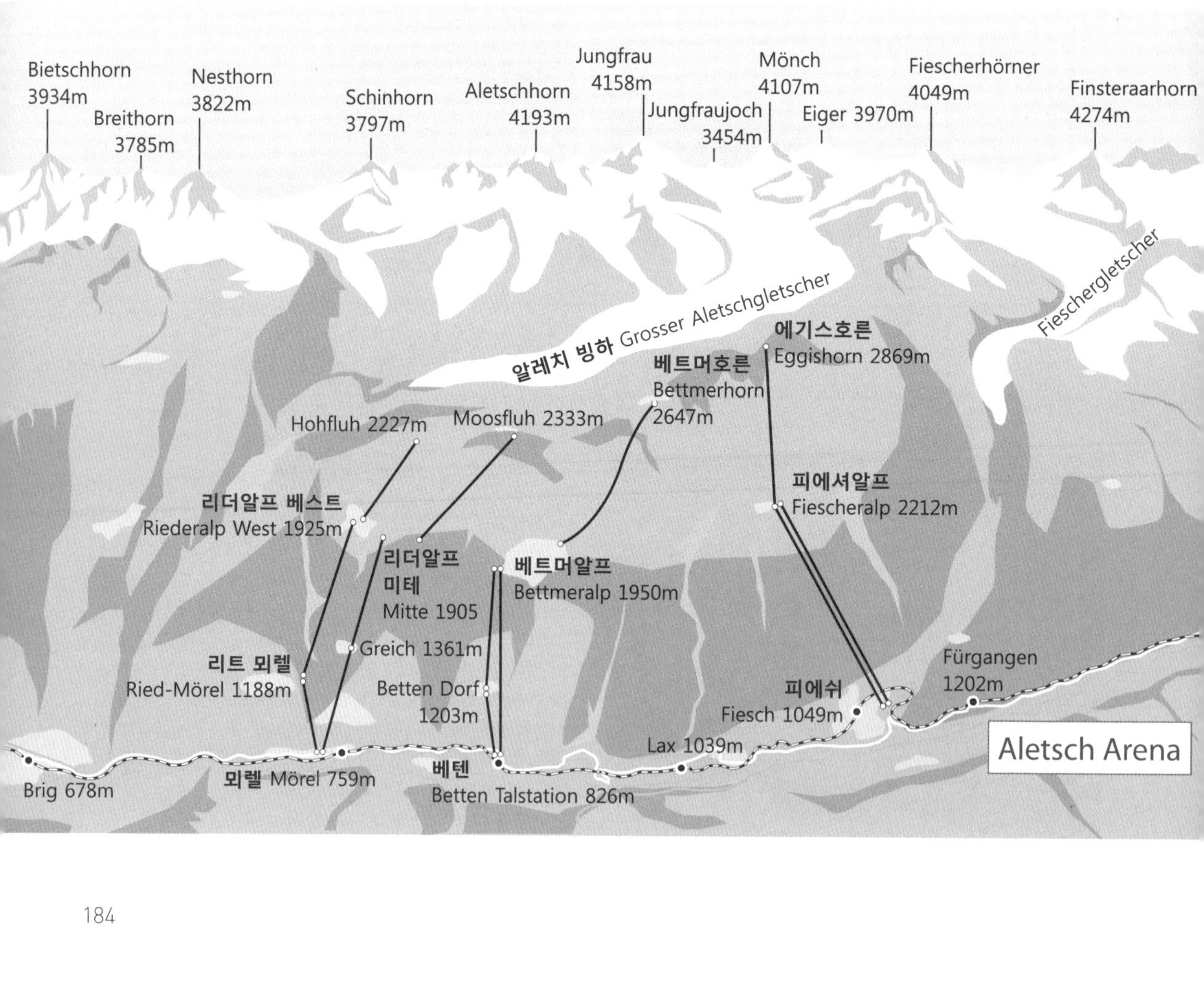

Genèva

제네바

레만 호반의 매력적인 국제도시

스위스 종교개혁의 중심지, 수많은 국제기구가 있는 국제도시, 세계 시계 산업의 수도 등 다양한 수식어를 가진 도시 제네바는 산책하기 좋은 호반 산책로, 중세 건물과 노천 카페가 늘어선 예쁜 구시가, 멋진 컬렉션을 자랑하는 박물관, 세련된 쇼핑 거리 같은 소소한 즐거움을 모두 가지고 있는 곳이기도 하다. 특히 프로테스탄트의 역사적 현장이나 국제연합 유럽 본부, 탄성이 나올 정도로 아름다운 시계 박물관은 제네바만의 독특한 매력을 느낄 수 있는 관광 스폿이다. 수많은 국제선과 저가 항공들이 운행되는 제네바 공항에서 시내까지 기차로 10분 정도면 이동할 수 있고 파리와도 TGV로 연결되어 여러 나라에서 스위스로 들어오고 나가는 관문 역할을 한다. 또한 가까운 프랑스 샤모니로도 정기적으로 버스가 운행되기 때문에 유럽 최고봉 몽블랑을 보기 위해 당일 여행을 다녀오기에도 좋다.

제네바 관광청 | www.geneve.com

찾아가기

항공

제네바 공항Genève Aéroport(www.gva.ch)은 130개가 넘는 직항 노선을 가진 스위스 제2의 국제공항으로 유럽 대도시들에서 제네바까지는 약 1~2시간 정도면 이동할 수 있다.

공항에서 시내로

제네바 공항에서 도심까지는 자동차로는 약 10분, 기차로는 7분이 소요되며 기차로 이동할 경우 공항에 연결되어 있는 기차역에서 기차를 탑승하면 된다. 제네바 공항에서는 공항 이용객에게 제네바의 대중교통을 80분 동안 이용할 수 있는 무료 티켓을 제공하며 별도의 교통 패스가 없을 경우 이 티켓을 이용하면 무료로 시내까지 이동할 수 있다. 티켓은 도착 층 수하물 찾는 구역에 있는 티켓 발매기에서 뽑을 수 있다.

기차

스위스 각 도시에서 제네바로 갈 경우에는 제네바 도심에 있는 코르나뱅역Gare Cornavin을 이용하며 파리에서는 TGV로 3시간, 밀라노에서는 EuroCity 기차로 4시간이면 제네바 코르나뱅역에 도착한다.

주요 도시-제네바 열차 이동 시간

취리히 : 약 2시간 40분
베른 : 약 1시간 40분
인터라켄 : 약 2시간 50분
체르마트 : 약 3시간 50분
파리 : 3시간 8분~20분(TGV)
밀라노 : 약 4시간(EuroCity)

자동차

제네바 공항에서 차량을 픽업한 경우에는 1번 고속도로를 이용해 레만 호수를 따라 10분이면 제네바 시내까지 들어올 수 있다. 하지만 제네바 구시가는 차량 진입이 금지된 구역이 많기 때문에 도보나 대중교통을 이용해 관광하는 것이 좋으며 다른 도시로 이동할 때 시내에서 차를 렌트하는 것을 추천한다.

주요 도시-제네바 자동차 이동 시간

취리히 : 약 3시간 40분
베른 : 약 2시간
파리 : 약 5시간
리옹 : 약 1시간 40분
샤모니 : 약 1시간 10분

시내 교통

제네바의 주요 관광지는 도보로 거의 다 둘러볼 수 있지만 시내에서 조금 떨어져 있는 박물관이나 관광지에 가려면 버스나 트램을 이용하는 것이 좋다. 제네바의 호텔이나 유스호스텔, 캠핑장에 숙박하는 경우에는 체류하는 동안 버스와 트램, 택시 보트, 기차 탑승 시 모두 사용할 수 있는 제네바 교통 카드Genèva Transport Card를 체크인 시 무료로 받을 수 있으며 만약 제네바에 숙박하지 않는다면 필요할 때마다 티켓을 구입하는 것이 낫다. 자세한 버스 및 트램 노선은 www.tpg.ch 참고.

CHF 3정거장 이내 1회권 CHF2, 60분용 CHF3, 일일권 CHF10

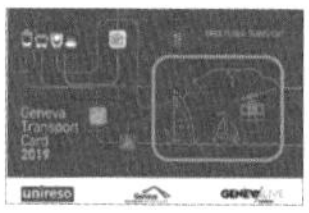

· 제네바 도심 일일 여행 추천 루트 ·

1 제네바 코르나방역에서 1번 버스를 타고 École-Médecine 하차

2 현대미술관

3 파텍 필립 뮤지엄

4 뇌브 광장

5 종교개혁 기념비

6 루소의 집

Travel Highlight

영국 공원 Jardin Anglais

영국 공원은 호숫가 몽블랑 다리 옆에 있는 영국식으로 꾸며진 산책로 때문에 붙여진 이름이다. 이 공원 내에 있는 꽃시계는 세계적으로 유명한 제네바 시계 산업의 상징으로 기술력과 플라워 아트가 결합된 걸작품이다. 특히 2.5m가 넘는 꽃시계의 초침은 세계에서 가장 큰 것으로 유명하다.

📍 몽블랑 다리를 건너면 바로 왼쪽에 위치, 코르나뱅역에서 도보 약 10분

제토 분수 Jet d'edu

제네바의 가장 유명한 랜드마크인 제토는 영국 공원에서 가까운 곳에 있는 분수로 200km/h 속도로 초당 500리터의 물줄기를 140m 높이까지 힘차게 쏘아 올린다. 저녁때는 조명이 비춰 더욱 웅장한 모습을 감상할 수 있으며 바람이 심하게 불거나 기온이 2℃ 이하로 떨어질 때, 11월 3주간의 점검 기간에는 작동이 중시된다.

📍 영국 공원에서 도보로 약 5분

7 타벨 저택

8 옛 무기고

9 생피에르 대성당

10 영국 공원, 꽃시계

11 제토 분수

12 레만 호수 유람선

루소 섬 Ile Rousseau

1832년 베르그 다리Pont des Bergues가 건설되면서 걸어서 갈 수 있는 루소 섬은 제네바 출신의 위대한 철학자 장 자크 루소의 이름을 딴 작은 섬이다. 루소의 동상이 나무에 둘러싸인 섬 중앙에 자리 잡고 레스토랑도 있어 로맨틱한 산책 장소로 인기가 있다.

베르그 다리 중간에 위치, 코르나뱅역에서 도보 약 10분

부르 뒤 푸르 광장 Place du Bourg-de-Four

구시가 중심에 있는 부르 뒤 푸르 광장은 18세기의 아름다운 분수를 가운데 두고 작은 앤티크 숍이나 분위기 좋은 비스트로, 노천 카페들이 즐비해 관광객뿐만 아니라 제네바 시민의 약속 장소로도 사랑받는 곳이다.

구시가 중심, 생피에르 대성당 바로 옆

생피에르 대성당 Cathédrale St. Pierre

구시가 한가운데 우뚝 솟은 첨탑이 인상적인 생피에르 대성당은 1160~1232년에 걸쳐 로마네스크 양식으로 건축되었다. 하지만 이후 증축과 개축이 계속되면서 고딕 양식의 아치, 그리스 로마 양식의 기둥을 가진 파사드, 로마 판테온의 영감을 받은 쿠폴라 등이 더해져 현재는 여러 시대의 건축양식이 혼재되어 있다. 16세기 종교개혁을 이끌었던 칼뱅이 사용한 '칼뱅의 의자'가 내부에 남아 있다. 성당의 북쪽 탑에 가면 레만 호수와 제네바 시가의 멋진 전경을 감상할 수 있다.

영국 공원에서 도보 약 10분

6월 1일~9월 30일 월~금요일 09:30-18:30, 토요일 09:30-16:30, 일요일 12:00-18:30 / 10월 1일~5월 31일 월~토요일 10:00-17:30, 일요일 12:00-17:30

CHF 탑 성인 CHF7, 6~16세 CHF5

시테 뒤 탕 Cité du Temps

제네바 산업 발달의 상징인 마쉰 다리Pont de la Machine에 위치한 시테 뒤 땅은 세계 최대의 시계 제조사인 스와치 그룹Swatch Group에서 운영하는 전시관이다. 스와치의 경쾌한 스타일과 오메가의 럭셔리한 개성이 돋보이는 두 개의 박물관을 탐험하며 서로 다른 매력을 느낄 수 있다. 저마다의 스토리를 지닌 수천 개의 스와치 시계는 다이내믹한 공간을 가득 채우고 있으며 매력적인 쇼케이스, 다양한 체험 공간을 통해 오메가의 유구한 역사를 볼 수 있다.

- 마쉰 다리에 위치, 코르나뱅역에서 도보 약 8분
- 화~금요일 11:00-18:00
  토, 일요일 10:00-17:00
  월요일, 공휴일 휴관
- CHF 무료

옛 무기고 L'ancien Arsenal

구시가 중심에 있는 옛 무기고는 17세기 초반 곡물을 저장하기 위해 지어졌으나 1720~1877년까지 무기고로 사용되었다. 현재는 제네바의 기록 보관소로 사용되며 외부의 아케이드에는 도시의 성벽을 수호하던 5개의 대포가 전시되어 있다. 아케이드 벽면을 장식하고 있는 아름다운 3개의 모자이크는 제네바 역사에서 가장 중요했던 순간을 묘사하고 있다.

- 부르 뒤 푸르 광장에서 도보 약 4분, 시청사 맞은편

타벨 저택 Maison Tavel

제네바에서 가장 오래된 개인 주택인 타벨 저택은 1334년 화재로 소실된 후 제네바의 유명 귀족 가문이었던 타벨이 현재와 같은 모습의 요새화된 저택으로 다시 지은 것이다. 1986년부터 박물관으로 일반에게 개방하고 있는데 내부를 관람하다보면 중세부터 19세기까지의 제네바 역사와 시민들의 생활 모습을 그대로 느낄 수 있다. 맨 위층에는 박물관의 자랑거리인 19세기 중반 제네바의 모습을 세밀하게 묘사한 도시 모형이 전시되어 있다.

- 구시가 옛 무기고 근처
- 화~일요일 11:00-18:00, 월요일 휴관
- CHF 무료(특별 전시는 CHF5)

루소의 집
Maison de Rousseau et de la Littérature(MRL)

18세기 위대한 계몽주의 사상가이자 작가, 음악가였던 장 자크 루소가 1712년 태어나 어린 시절을 보낸 루소의 집은 지금은 루소의 일생과 작품에 대한 25분 코스의 시청각 투어 등을 제공하는 기념관이다. 구시가의 중심 거리인 그랑 거리Grand Rue에 있어 주변에 분위기 좋은 노천 카페와 레스토랑도 많다.

- 구시가 그랑 거리 40번지
- 화~일요일 11:00-18:00, 월요일 휴관
- CHF 성인 CHF7, 어린이(0~12세), 스위스 트래블 패스 소지자 무료

뇌브 광장
Place de Neuve

제네바의 옛 구시가 벽을 따라 내려오다보면 만나게 되는 뇌브 광장은 오페라를 비롯한 다양한 공연이 열리는 대극장Grand Théâtre과 음악원Conservatoire de Musique, 스위스 최초의 순수 미술 전시관인 라트 미술관Musée Rath 등이 있는 곳이다. 광장에 서 있는 말 탄 조각상은 스위스의 국민 영웅 뒤푸르 장군Général Dufour이다.

- 구시가 시청사에서 도보 3분

종교개혁 기념비
Le Murs des Réformateurs

1909년 칼뱅 탄생 400주년을 기념하여 세워진 종교개혁 기념비는 제네바 대학교 맞은편 바스티옹 공원 내에 서 있는 길이 100m의 거대한 벽이다. 벽 중앙에 있는 5m 높이의 4명의 인물 석상은 왼쪽부터 파렐, 칼뱅, 베즈, 녹스이며 뒷면에는 종교개혁의 모토였던 '어둠 뒤에 빛이 있으라Post Tenebras Lux'가 새겨져 있다. 관광객보다는 시민들이 휴식을 위해 공원을 산책하며 많이 찾는 곳이다.

- 뇌브 광장에서 도보 3분, 바스티옹 공원 내

©Patek Philippe SA

©Mamco, Genève/Kalkkinen

파텍 필립 뮤지엄 Patek Philippe Museum

제네바가 세계 시계 산업의 수도라는 것을 다시 한 번 실감할 수 있는 박물관인 파텍 필립 뮤지엄은 시계 장인들의 귀중한 작품을 만나볼 수 있는 곳이다. 전시품은 층별로 스위스와 유럽에서 수집한 16~19세기까지의 화려하고 아름다운 시계를 전시한 The Antiques Collection과 스위스의 명품 시계 메이커 파텍 필립이 1839년 창업 당시부터 지금까지 선보인 모델들을 한눈에 볼 수 있는 The Patek Philippe Collection으로 나뉘어 전시되고 있다.

- 현대 미술관 MAMCO에서 도보 2분 / 버스 1번 École-de-Médecine 하차 / 트램 12번과 15번 Plainpalais 하차
- 화~금요일 14:00-18:00, 토요일 10:00-18:00, 일요일, 월요일, 공휴일 휴관
- CHF 성인 CHF10, 18~25세 학생 CHF7, 18세 이하 및 스위스 트래블 패스 소지자 무료

현대미술관 MAMCO(Musée d'art Moderne et Contemporain)

1994년 문을 연 스위스에서 가장 크고 최근에 생긴 현대미술관인 MAMCO는 1950년대 공장을 개조해 탄력적이고 쉽게 변경할 수 있는 전시 공간을 만들어냈다. 1960년대부터 현재에 이르는 설치미술, 비디오아트, 회화, 사진, 조각 등 다양한 범주의 4000점이 넘는 컬렉션을 자랑한다.

- 뇌브 광장에서 도보 8분 / 버스 1번 École-de-Médecine 하차 / 트램 12번과 15번 Plainpalais 하차
- 화~금요일 12:00-18:00, 토~일요일 11:00-18:00, 월요일 휴관
- CHF CHF15, 매달 첫 번째 일요일 무료, 18세 이하 및 스위스 트래블 패스 소지자 무료

Cern©Cern

유럽 원자핵 공동 연구소 CERN

세계 최대 소립자 물리학 연구소인 CERNConseil Européen pour la Recherche Nucléaire은 대형 강입자 가속기 실험을 통해 빅뱅을 재현해 힉스 입자와 펜타쿼크를 발견한 곳으로 제네바와 프랑스 국경에 있다. 2개의 전시관에서 CERN이 연구하는 프로젝트에 대한 전시를 하고 있으며 영어 가이드 투어에 참여하려면 15일 전에 홈페이지(visit.cern)에서 미리 예약해야 한다.

- 트램 18번 종착역인 CERN 하차(SBB에서 검색 시 목적지를 Meyrin, CERN으로 설정)
- Universe of Particles 월~토요일 10:00-17:00, Microcosm 월~금요일 08:30-17:30, 토요일 09:00-17:00, 일요일, 특정 공휴일 휴무
- CHF 무료

국제연합 유럽 본부
Palais des Nations

1946년에 국제연합의 유럽 본부가 된 Palais des Nations은 제네바 호수가 내려다보이는 광대한 아리아나 공원Parc de l'Ariana 내에 있는 웅장한 흰 대리석 건물이다. 1973년 새로운 부속 건물이 완성되면서 뉴욕에 있는 UN 본부 다음으로 중요한 위치를 차지하는 국제연합 본부로 자리 잡았으며 매년 2만 5000명 이상의 각국 대표들이 이곳에서 모여 국제회의를 갖는다. 내부는 가이드 투어를 이용해 관람할 수 있다.

- 📍 버스 8번, 20번, F번 Appia 하차 / 버스 5번과 트램 15번 Nations 하차
- 🕓 월~금요일 10:00-12:00, 14:00-16:00, 토~일요일 휴무
- CHF 어른 CHF16, 대학생 CHF13, 6~17세 CHF10

ONU©Genève Tourisme

ONU©Genève Tourisme

©Genève Tourisme

레만 호수 유람선 Navigation sur le lac Léman

제네바 호반의 아름다운 풍경을 여유롭게 감상하고 싶다면 1시간 동안 크루즈를 타고 벨뷰Bellevue 지역까지 다녀오는 'Belles Rives Genevoises' 크루즈에 탑승해보자. 여름철에는 몽블랑 선착장과 영국 공원 앞 선착장에서 매일 6편이 운행된다. 그 외에 벨 에포크 스타일의 크루즈를 타고 선상에서 런치(2시간 소요)나 디너(3시간 소요)를 즐길 수 있는 특별한 크루즈들이 있으며 중세 마을 이부아르Yvoire(4시간 소요)에 다녀오거나 로잔 우시Lausanne-Ouchy 지역과 에비앙Evian-les-Bains까지 다녀오는 9시간의 긴 왕복 크루즈도 있다. 유람선 운행 시간표와 크루즈 정보는 www.cgn.ch 참고. 만약 시간상 유람선을 탈 수 없다면 호수를 가로지르는 노란색 택시 보트 레 뮤에트Les Mouettes(프랑스어로 갈매기라는 뜻)에 탑승해보는 것도 색다른 경험이 된다. M1~M4 4가지 노선이 있으며 제네바 교통 카드가 있으면 무료로 탑승할 수 있다. 자세한 정보는 www.mouettesgenevoises.ch 참고.

- 📍 제네바 몽블랑 선착장 또는 영국 공원 선착장

샤모니 몽블랑 일일 투어

Excursion à Chamonix Mont-Blanc

샤모니(정식 명칭은 샤모니 몽블랑)는 유럽 최고봉인 몽블랑 기슭에 자리 잡은 알핀 리조트로 프랑스령이지만 제네바에서 장거리 직행버스로 1시간 30분~2시간 정도면 닿을 수 있어 하루 일정으로 다녀오기 좋다. 샤모니 마을은 전형적인 알프스 산악 리조트답게 예쁘고 아기자기한 분위기로 중심부인 발마 광장과 그 주변으로는 산책하기 좋은 보행자 전용 도로와 수많은 상점, 분위기 좋은 노천 카페들이 자리 잡고 있다.

샤모니를 찾는 사람들이 맨 처음 가는 곳은 몽블랑을 가장 가까이에서 볼 수 있는 전망대인 에기유 뒤 미디Aiguille du Midi(3842m)다. 케이블카로 20분 정도면 쉽게 오를 수 있는 전망대 정상은 여름철에도 영하를 넘나들어 춥기 때문에 따뜻한 옷을 준비해가는 것이 좋다. 프랑스 최대 빙하인 빙하의 바다, 메르 드 글라스Mer de Glace를 자세히 보고 싶다면 빨간 등산열차를 타고 몽탕베르Montenvers에도 올라볼 것을 추천한다. 여름철에는 에기유 뒤 미디에서 내려올 때 갈아타는 역인 프랑 드 레기유Plan de l'Aiguille(2310m)에서 몽탕베르까지 약 3시간 정도를 하이킹으로 이동해 등산열차를 타고 샤모니로 돌아오는 코스도 인기가 있다.

- 제네바 시내의 장거리 버스 터미널Gare Routière 또는 제네바 공항에서 직행버스로 이동(자세한 버스 시간표는 www.gare-routiere.ch 참고)
- 에기유 뒤 미디 연중 운행, 단 11월 초~12월 중순 보수 점검으로 운휴
- € 에기유 뒤 미디 성인 왕복 €75~, ~15세 €63.8~

Restaurant & Café

레 자르뮈르 Les Armures

제네바 구시가에 있는 레 자르뮈르 호텔의 레스토랑으로 제네바에서 가장 오래된 레스토랑으로 유명하다. 퐁뒤, 라클렛, 소시지, 뢰스티 등의 스위스 전통 요리와 제네바 호수에서 잡은 생선으로 요리한 이 지방 특유의 요리인 필레 드 페르슈Filet de Perche도 맛볼 수 있다. 고풍스러운 내부 자리도 좋지만 날씨만 좋다면 옛 무기고와 타벨 저택 사이에 있는 야외석에서 식사를 즐겨보자.

- Rue Puits-St-Pierre 1, 1204 Genève
- ☎ +41 22 818 71 72
- 연중무휴 12:00-22:30
- CHF 치즈 퐁뒤 CHF28~31, 미트 퐁뒤 CHF46, 구운 소시지와 뢰스티 CHF24, 필레 드 페르슈 CHF47
- @ www.lesarmures.ch/restaurant

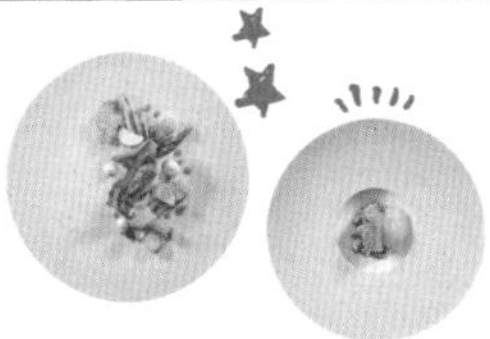

르 샤 보테 Le Chat-Botté

보히바주Beau-Rivage 호텔에서 운영하는 '장화 신은 고양이'라는 재미있는 이름의 미슐랭 원스타 레스토랑이다. 멋진 호수를 감상하며 예술적인 프렌치 컨템포러리 요리를 즐길 수 있다.

- Quai du Mont-Blanc 13, 1201 Genève
- ☎ +41 22 716 69 20
- 화~토요일 19:00-21:00, 일~월요일 휴무
- CHF 4코스 CHF190, 6코스 CHF230
- @ www.beau-rivage.ch

비스트로 뒤 뵈프 후즈 Bistrot du Boeuf Rouge

20년 넘게 가족이 운영해온 편안한 분위기의 레스토랑으로 프랑스 리옹 지방의 요리를 전문으로 한다. 플레이팅은 다소 투박하지만 현지인들에게 인기 있는 맛집이라 예약하고 가는 것이 좋다.

- 🏠 Rue Dr. Alfred-Vincent 17, 1201 Genève ☎ +41 22 732 75 37
- ⏲ 월~금요일 11:45-15:15, 18:45-24:00, 19:00-22:00, 토~일요일 휴무
- CHF 전식 메뉴 CHF15~25, 메인 요리 CHF40~50
- @ www.boeufrouge.ch

라 플랑샤 La Plancha

부담스럽지 않은 가격에 맛있는 프랑스 요리와 버거, 와인을 즐길 수 있는 비스트로다. 날씨가 좋을 때는 분위기 좋은 야외 테라스석이 더 인기라서 금세 들어차는 편이다.

- 🏠 Place des Eaux-Vives 2, 1207 Genève ☎ +41 22 735 22 50
- ⏲ 월~금요일 12:00-14:30, 18:00-24:00, 토요일 19:00-24:00, 일요일 휴무
- CHF 오늘의 메뉴 CHF22, 애피타이저 CHF12.5~24.5, 메인 요리 CHF26.5~46, 버거 CHF29.5~37.5
- @ www.laplancha.ch

셰 마 쿠진느 Chez Ma Cousine

구시가의 중심인 부르 뒤 푸르 광장에 있는 캐주얼 프렌치 레스토랑으로 치킨 요리와 디저트가 맛있기로 유명하다. 제네바에 3개 지점이 있는데 한 곳은 시내에서 떨어져 있고 코르나뱅역에서 도보 5분 거리에 있는 지점은 일요일에 문을 닫으니 참고하자.

- 🏠 Place de Bourg de Four 6, 1204 Genève
- ☎ +41 22 310 96 96
- ⏲ 11:00-22:30
- CHF 치킨 CHF19.7, 샐러드 CHF18.4, 수프 CHF13.4
- @ www.chezmacousine.ch

보틀 브라더즈 Bottle Brothers

맛있는 칵테일과 홈메이드 버거, 스위스 와인을 즐기며 신나는 제네바의 밤을 만끽할 수 있는 분위기 좋은 바다. 영국 공원에서 도보 7분 거리에 있으며 로잔에 있는 보틀 브라더즈는 로잔 대성당 근처에 있다.

- 🏠 Rue Henri Blanvalet 12, 1207 Genève
- ☎ +41 22 772 30 32
- ⏲ 화~수요일 18:00-01:00, 목~토요일 18:00-02:00, 일요일, 월요일 휴무
- CHF 무알코올 칵테일 CHF12~15, 칵테일 CHF19, 미니 버거 CHF7~8
- @ bottlebrothers.ch

제네바 추천 숙소

Hotel d'Angleterre ★★★★★

1872년부터 시작된 오랜 전통을 자랑하는 몽블랑 호반 산책로에 위치한 럭셔리 호텔로, 환상적인 전망과 친절하고 세심한 서비스로 최고의 인기를 누리고 있다.

🏠 Quai du Mont-Blanc 17, 1201 Genève ☎ +41 22 906 55 55

@ www.dangleterrehotel.com

Les Armures ★★★★★

구시가 중심 옛 무기고 맞은편에 있는 역사적 호텔로 17세기 저택을 개조한 고풍스러운 외관과는 달리 객실은 고급스러우면서도 현대적인 시설을 자랑한다. 미국 역대 대통령을 비롯해서 명사들이 많이 찾는 호텔로도 유명하다.

🏠 Rue Puits-St-Pierre 1, 1204 Genève

☎ +41 22 310 91 72

@ www.hotel-les-armures.ch

Hotel de la Cigogne ★★★★★

제네바의 럭셔리 쇼핑 거리인 론 거리와 구시가 사이에 있는 전통 있는 호텔로 아름다운 파사드와 금색으로 빛나는 황새가 눈길을 끈다. 가격대는 좀 높은 편이지만 고급스러운 시설과 서비스로 단골 투숙객이 많다.

🏠 Place Longemalle 17, 1204 Genève

☎ +41 22 818 40 40

@ www.cigogne.ch

Fraser Suites Genèva

★★★★

프레이저 호스피탤러티Frasers Hospitality 그룹의 한 브랜드인 프레이저 스위트는 부엌이 있는 아파트먼트 스타일의 호텔이다. 일반 호텔보다 객실이 넓어 편안하며 루소의 집, 타벨 저택에서 도보 3분 거리에 있어 관광하기에도 편리하다.

- Rue de la Rôtisserie 3-5, 1204 Genève
- +41 22 525 98 88
- @ www.frasershospitality.com/en/switzerland/geneva/

Eastwest Hotel

★★★★

코르나뱅역과 몽블랑 호반 산책로 사이에 있는 동서양의 아름다움을 조화시킨 컨템포러리 인테리어 디자인이 돋보이는 호텔이다. 총 41개의 깔끔한 객실에는 네스프레소 머신이 구비되어 있으며 2인 기본 객실 크기는 23㎡이다.

- Rue des Paquis 6, 1201 Genève
- +41 22 708 17 17
- @ www.eastwesthotel.ch

NH Genèva Airport Hotel

★★★★

제네바 공항 근처에 있어 무료 셔틀로 이동할 수 있는 호텔이며 깔끔하고 모던한 시설을 갖추고 있다. 이른 아침 비행 편으로 출국하는 경우 조식 불포함으로 예약하면 비교적 저렴하게 이용할 수 있다.

- 21 Av. De Mategnin, 1217 Meyrin 1, Genève
- +41 22 989 90 00
- @ www.nh-hotels.com

9 Hotel Paquis ★★★

나인 호텔은 프랑스에 기반을 둔 단독 호텔 체인으로 파리, 로마, 브뤼셀 등에서도 만날 수 있다. 코르나뱅역에서 도보 3분 거리에 있어 이동하기 편리하며 총 6개 타입으로 나뉜 56개 객실을 보유하고 있다. 기본 클래식 룸은 12~13㎡로 협소한 편이다.

- Rue de Berne 31, 1201 Genève
- +41 22 552 90 95
- @ www.9-hotel-geneve-paquis.ch/

Ibis Styles Genève Gare ★★★

코르나뱅역 바로 앞에 있는 준일급 호텔로 전체적으로 스타일리시하게 리노베이트되어 깔끔하고 현대적인 시설을 자랑한다. 기본 스탠더드 객실은 12㎡로 좁은 편이며 근처에 Ibis Styles Genève Centre Gare도 있으니 헷갈리지 말자.

- 8 Place Cornavin, 1201 Genève
- +41 22 906 47 00
- @ www.accorhotels.com

Genève
❶ ~ ⓬ 제네바 도심 일일 여행 추천 루트
제네바 공항 방면
NH Geneva Airport Hotel
CERN
국제연합 유럽 본부 방면
Quai Wilson
❶ 제네바 코르나뱅역
Gare de Cornavin
Rue de Lausanne
Rue de Monthoux
9 Hotel Paquis
Bistrot du Boeuf Rouge
Rue Dr.A.Vincent
Hotel d'Angleterre
Eastwest Hotel
Le Chat-Botté
Rue des Alpes
Rue des Paquis
R.A.-Fabri
Place de Cornavin
Ibis Styles Genève Gare
Rue du Mont-Blanc
장거리 버스 터미널
Gare Routière
Quai du Mont-blanc
제토 분수
Jet d'eau
⓫
레만 호
Lac Léman
시테 뒤 탕
Cité du Temps
Pont de la Machine
Pont de l'Ile
Pont des Bergues
Pont du Mont-Blanc
루소 섬
Ile Rousseau
Quai Gustave ador
⓬ 유람선 선착장
Place de Bel-Air
꽃시계
Horloge Fleurie
영국 공원
Jardin Anglais
❿
Rue du Rhône
Quai du Général guisan
Rue des Eaux-Vives
Rue de Montchoisy
Fraser Suites Genève
Rue du Marché
Pl.de Longemalle
Rue du Rhône
루소의 집
Maison de Rousseau
타벨 저택
Maison Tavel
Rue la Croix-d'or
Hotel de la Cigogne
La Plancha
Place des Eaux-Vives
Bottle Brothers
Av.Pictet-de-Rochemont
Musée Rath
Grand Théatre
Grand-rue
Les Armures
❼
❻
Les Armures
❽
❾
생피에르 대성당
Cathédrale St. Pierre
Boulevard G.favon
❹
뇌브 광장
Place de Neuve
현대미술관
MAMCO
Rue.de la Croix rouge
❺
Rue.de l'Hôtel de ville
Chez Ma Cousine
부르 뒤 푸르 광장
Place du Bourg-de-Four
종교개혁 기념비
Murs des Réformateurs
Rue des Bains
Avenue du Mail
❷
des Vieux-Grenadiers
❸
필립 뮤지엄
k Philippe Museum
Plaine de Plain palais
제네바 대학교
Université de Genève
시청사
Hôtel de Ville
미술 역사 박물관
Musée d'Art et d'Histoire
옛 무기고
L'ancien arsenal
Boulevard des Philosophes
Avenue Henri-dunant
Avenu du Mail
Boulevard des Tranchées
Rue de Contaminés

Lausanne

중세 도시와 호반 휴양지가 공존하는 올림픽의 수도

근대 올림픽의 아버지인 쿠베르탱 남작이 이곳을 국제올림픽위원회 본거지로 정한 후 'Olympic City'로 알려진 로잔은 와인으로 유명한 보 주의 주도이기도 하다. 로잔의 관광지는 크게 구시가가 있는 언덕 위의 플롱Flon 지구와 호반 휴양지 분위기가 물씬 풍기는 우시Ouchy 지구로 나눌 수 있는데 두 곳 모두 가 보지 않고는 로잔을 제대로 봤다고 할 수 없다. 우아한 노트르담 대성당이 중심을 잡고 있는 로잔의 플롱 지구는 다소 가파른 언덕길이 많은데 대신 그 언덕을 올라가면 호수와 구시가를 한꺼번에 감상할 수 있는 전망 포인트가 많다. 눈부신 호수와 호반 산책로, 숲이 우거진 공원, 유람선 등 호반 휴양지의 여유로움을 만끽할 수 있는 우시 지구 또한 놓치기엔 아까운 곳이다. 또한 로잔은 유럽에서 유일하게 아직까지 야경꾼의 전통이 유지되는 도시로 매일 밤 10시~새벽 2시까지 매시간마다 성당의 탑에서는 시간을 전하는 야경꾼들의 목소리가 울려 퍼진다.

로잔 관광청 | www.lausanne-tourisme.ch

로잔

찾아가기

기차 로잔은 스위스 대도시들에서 직행 기차로 빠르고 편리하게 이동할 수 있으며 제네바와 몽트뢰로 이동할 때에는 기차 창밖으로 펼쳐지는 레만 호수의 멋진 경치를 감상할 수 있다.

주요 도시-로잔 열차 이동 시간

취리히 : 2시간 15분(직행) **베른** : 1시간 6분(직행)
제네바 : 35~50분 **몽트뢰** : 20~30분

자동차 제네바에서 차로 이동할 경우 1번 도로를 타고 레만 호수를 따라 로잔까지 이동할 수 있으며 라보 지구나 브베, 몽트뢰 등으로 이동할 때에는 9번 도로를 이용한다.

주요 도시-로잔 자동차 이동 시간

취리히 : 약 2시간 30분 **제네바** : 약 50분
몽트뢰 : 약 30분 **뤼트리(라보 지구)** : 약 10분

시내 교통

로잔 기차역에서 구시가가 있는 플롱 지구나 호반의 우시 지구까지 가기 위해 지하철, 즉 메트로Metro 이용이 필수이며 도보로 이동하기에는 조금 먼 박물관들을 관람하려면 버스를 이용해야 할 경우도 많다. 로잔의 메트로는 1호선과 2호선이 있는데 관광객이 주로 이용하는 것은 2호선인 M2다(로잔 메트로 노선 및 좀 더 자세한 정보는 www.mobilis-vaud.ch 참고). 로잔 시는 호텔 투숙객 모두에게 체크인 시 로잔 시내의 버스와 메트로를 무료로 이용할 수 있는 교통 카드인 Mobilis를 제공하는데 플롱 지구와 우시 지구를 모두 둘러보는 데 무척 유용하게 사용된다. 로잔에 숙박하지 않는다면 관광 일정에 따라 1회권이나 일일권을 선택해 구매하면 된다.

CHF 1~2존 1회권(1시간 유효) CHF 2.4
일일권(1 Zone, 2등석) CHF8.6

• 로잔 도심 일일 여행 추천 루트 •

1. 로잔 기차역에서 나와 맞은편 언덕길로 이동

2. 팔뤼 광장

3. 마르셰 계단

4. 로잔 대성당

Travel Highlight

팔뤼 광장 Place de la Palud

17세기에 지어진 시청사가 있는 팔뤼 광장은 구시가의 중심에 있어 구시가 관광을 시작하기에 좋은 곳이다. 중앙에는 저울을 든 정의의 여신 분수가 있고 시장이 열리는 수요일과 토요일 아침에는 광장은 물론, 큰길에서 광장에 진입하는 퐁 거리Rue du Pont까지 싱싱한 채소와 과일, 꽃을 파는 상인들로 가득 찬다. 주변에 상점과 카페, 레스토랑이 많아 쇼핑하기에도, 쉬어 가기에도 좋다.

메트로 M2 Riponne-M. Béjart역에서 도보 1분 / Flon역에서는 Rue Centrale을 따라가다가 왼쪽 길로 이동(도보 4분)

생메르 성 Château St-Maire

1397~1427년에 건축된 성으로 주교관으로 사용되었던 건물인 생메르 성은 현재 보 주의 주 청사로 이용되고 있다. 일반에게 내부는 공개되지 않으나 대성당에서 생메르 성에 이르는 한적한 구시가 거리들은 아름답고 오래된 간판을 가진 집이 많아 산책하듯 올라가보면 좋다.

대성당에서 도보 5분

5 생메르 성

6 뤼민 궁전

7 Riponne-M. Béjart역에서 메트로를 타고 Ouchy-Olympique역으로 이동

8 우시 지구 산책

로잔 대성당 La Cathédrale de Lausanne

스위스에서 가장 아름다운 고딕 양식의 성당으로 손꼽히는 로잔 대성당은 구시가 중앙의 언덕에 자리 잡고 있다. 성당의 남쪽 입구에 남아 있는 정교한 중세의 조각들과 우아하고 아름다운 고딕 양식의 내부, 중세의 우주관이 표현되어 있는 남쪽 벽 장미창의 스테인드글라스는 놓치지 말고 보아야 한다. 또한 성당의 파이프오르간은 디자인, 음악적 특색, 크기 모든 면에서 세계적으로 유일무이한 것으로 정기적으로 콘서트도 개최된다. 팔뤼 광장에서 오른쪽으로 꺾어지면 13세기에 만들어진 지붕이 덮인 나무 계단인 마르셰 계단Escaliers du Marché이 나오는데 이 계단의 끝이 성당 앞 광장과 연결된다. 계단 옆에 있는 완만한 경사지에서는 대성당을 배경으로 멋진 사진을 찍을 수 있다.

- 팔뤼 광장에서 나무 계단으로 도보 3분 / 메트로 M2 Riponne-M. Béjart역에서 도보 5분
- 4~9월 09:00-19:00, 10~3월 09:00-17:30, 12/25, 1/1~1/2 휴무 CHF 무료

Fondation de l'hermitage©François Bertin

뤼민 궁전 Palais de Rumine

뤼민 궁전은 넓은 리폰 광장에 위치한 위풍당당한 르네상스 양식의 건물로 초기에는 로잔대학교로 사용되다가 고고학 박물관, 지질학 박물관, 동물학 박물관, 화폐 박물관과 도서관으로 사용되고 있다.

- 메트로 M2 Riponne-M. Béjart역 앞 / 버스 1번과 2번 Rue Neuve 하차 / 버스 8번 Riponne 하차
- 10:00-17:00, 월요일, 1/1, 1/2, 9/16, 12/25 휴관

CHF 무료

에르미타쥬 재단 Fondation de l'Hermitage

아름다운 영국식 정원을 가진 19세기 저택에 자리 잡고 있는 이 미술관은 루이 15~16세 시대와 제정 시대의 가구들이 남아 있어 마치 그 시대 상류층의 생활을 엿보는 듯한 즐거움을 느낄 수 있는 곳이다. 주로 19~20세기 회화 작품을 전시하며 도시가 굽어보이는 언덕 위에 있어 창밖으로 대성당과 생메르 성, 제네바 호수, 사보이 알프스가 그림같이 펼쳐진다.

- 버스 3, 8, 22번 Motte 하차 후 표지판을 따라 도보 10분 / 버스 16번 Hermitage 하차
- 화~일요일 10:00-18:00(목요일은 21:00까지), 월요일 휴관

CHF 성인 CHF22, 6~17세 CHF10, 6세 미만, 스위스 트래블 패스 소지자 무료

©Collection de l'Art Brut, Lausanne/Caroline Smyriladis

아르브뤼 미술관 Collection de l'Art Brut

아르브뤼는 정신병원, 교도소 등에서 정식으로 미술교육을 받은 적이 없는 아웃사이더들이 창작한 자연스러운 비주류 아트의 가치를 처음으로 인식한 프랑스 예술가 장 뒤뷔페Jean Dubuffet가 수집한 6만 3000점 이상의 작품을 전시해놓은 독특한 미술관이다. 아마추어 미술가들이 만들어낸 순수하고 독창적인 작품이 18세기 저택인 Château de Beaulieu에 전시되어 있으며 검은색으로 꾸며진 내부에 전시된 강렬하고 원시적인 작품이 관람객을 꿈꾸는 듯한 분위기로 이끈다.

- 버스 2, 3, 21번 Beaulieu-Jomini 하차
- 7~8월 매일 11:00-18:00(공휴일 포함), 9~6월 화~일요일 11:00-18:00(월요일 휴관), 1/1, 12/25 휴관
- CHF 성인 CHF12, 학생 CHF6, 16세 이하 무료, 매달 첫째 토요일 무료, 스위스 트래블 패스 소지자 무료

©CIO_Cedric Widmer

올림픽 박물관 Le Musée Olympique

로잔에서 가장 유명한 박물관으로 1980~2001년 IOC 위원장을 역임했던 사마란치가 오랜 기간의 꿈과 열정을 기울여 1993년 6월 23일에 개관했다. 올림픽 정신을 널리 알리고자 했던 그의 목적대로 올림픽은 단순한 스포츠 경기 그 이상의 의미가 있음을 박물관 전체에서 느낄 수 있다. 2012년에서 2013년 말까지 진행된 대대적인 보수공사 후에 다시 문을 연 올림픽 박물관은 1000㎡의 전시 공간이 추가되었으며 박물관 남쪽에는 호수와 알프스의 멋진 전망을 감상할 수 있는 스타일리시한 레스토랑 겸 카페가 있다. 또한 레만 호수를 향해 시원하게 펼쳐진 계단식 정원도 아름다운 레만 호수의 전경을 감상하기에 좋다.

- 메트로 M2, 버스 2번 Ouchy 하차 후 호숫가를 따라 도보 약 10분 / 버스 8, 25번 Musée Olympique 하차
- 6/30~9/28 매일 09:00-18:00, 9/29~6/29 화~일요일 10:00-18:00, 월요일 휴관(부활절 월요일 제외), 12/24~25, 12/31~1/1 휴관
- CHF 성인 CHF20, 학생 CHF14, 15세 이하, 스위스 트래블 패스 소지자 무료

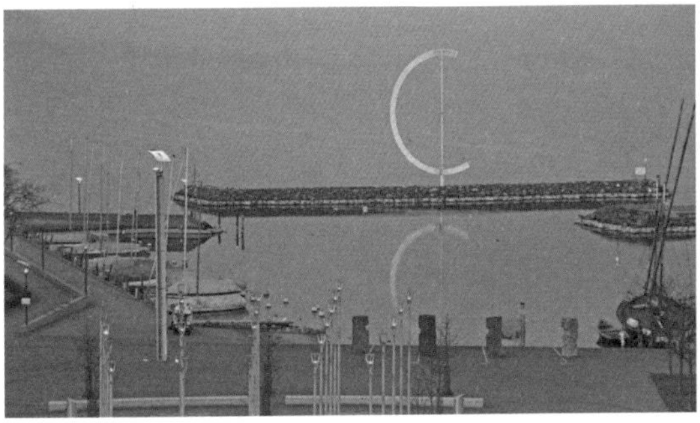

우시 Ouchy

로잔역에서 메트로를 타고 우시역에 내리면 눈앞에 반짝이는 호수가 펼쳐진 우시 지구에 도착하게 된다. 멀리 우시항을 상징하는 초승달 모양의 풍향계가 보이고 고풍스러운 우시 성과 한가롭게 산책하는 사람들, 회전목마를 타는 아이들의 웃음소리와 아이스크림 가게 등 플롱 지구와는 사뭇 다른 여유로운 휴양지의 모습이다. 호수를 따라 뻗어 있는 산책로는 봄이면 꽃들이 만개하며 호수 반대편인 프랑스의 에비앙까지 정기적으로 유람선도 운행된다. 호반 도시 로잔의 진면목을 제대로 느낄 수 있는 곳이다.

- 메트로 M2 Ouchy역 앞

Restaurant & Café

레 자르슈 Les Arches

19세기에 세워진 다리인 로잔 그랑 퐁Grand Pont 아래 4개의 아치 부분에 자리 잡은 독특한 바인 레 자르슈는 저녁에 들러 시원한 맥주 또는 칵테일을 즐기기에 그만인 곳이다. 로잔의 학생들이 파티를 많이 여는 장소이기도 하다.

- 🏠 Place de l'Europe, 1003 Lausanne
- ☎ +41 79 967 79 61
- 🕒 화~수요일 14:00-23:45, 목요일 14:00-12:45, 금요일 14:00-01:45, 토요일 11:00-01:45, 일~월요일 휴무
- CHF 커피 CHF3.5, 맥주 CHF5~
- @ www.lesarches.ch

안느 소피 픽 Anne-Sophie Pic

유명한 프랑스 여성 셰프 Anne-Sophie Pic의 환상적인 요리를 맛볼 수 있는 보히바주 팰리스 호텔의 대표 레스토랑으로 미슐랭 2스타와 고미요 포인트 18점을 받은 곳이다. 정기 휴일 외에도 1년에 3번 정도 특정 기간에 문을 열지 않으니 미리 확인하자.

- 🏠 Place du Port 17-19, 1006 Lausanne
- ☎ +41 21 613 33 39
- 🕒 화~토요일 12:00-13:30, 19:00-21:30, 일~월요일 휴무
- CHF 풀코스 CHF340(랍스터 제외 CHF290), Jacques PIC's favourite CHF290
- @ www.brp.ch

카페 뒤 그뤼틀리 Café du Grütli

구시가 팔뤼 광장에서 마르셰 계단 가는 길에 위치한 레스토랑으로 1849년부터의 전통을 자랑한다. 전통 스위스 요리와 프랑스 요리를 맛볼 수 있다.

- 🏠 Rue de la Mercerie 4, 1003 Lausanne
- ☎ +41 21 312 94 93
- 🕒 월~금요일 10:00-14:30, 18:30-23:00, 토요일 10:00-15:00, 18:30-23:00, 일요일, 공휴일 휴무
- CHF 전식 CHF13~31.5, 메인 요리 CHF28.5~49.5, 디저트 CHF9.2~13
- @ www.cafedugruetli.ch

로잔 추천 숙소

Beau Rivage Palace

★★★★★

우시 지구에 있는 럭셔리 호텔로 1861년에 오픈해 지금까지 빅토르 위고, 찰리 채플린, 코코 샤넬 등 수많은 명사들의 사랑을 받은 호텔이다. 미슐랭 2스타 레스토랑을 비롯한 다양한 레스토랑과 스파 시설을 갖추고 있다.

- Place du Port 17-19, 1006 Lausanne
- ☎ +41 21 613 33 33
- @ www.brp.ch

Le Chateau d'Ouchy

★★★★

12세기의 고성인 우시 성을 개조한 유서 깊은 샤토 호텔로 선착장과 가까운 우시 지구 호반에 자리 잡고 있다. 고풍스러운 외관과 모던하게 개조된 내부를 자랑하며 호수 전망 객실에서는 멋진 레만 호수의 전경을 감상할 수 있다.

- Place du Port, 1006 Lausanne
- ☎ +41 21 331 32 32
- @ www.chateaudouchy.ch/en/welcome

Hotel Agora Swiss Night by Fassbind ★★★★

스위스 샬레를 연상시키는 아늑하고 깔끔한 객실을 가지고 있으며 꼭대기 층에 있는 아침 식사 레스토랑에서는 레만 호수와 알프스의 경이로운 전망을 감상할 수 있다. 조식은 객실 요금에 불포함되며 커피와 크루아상(CHF4.9)부터 풀 뷔페식(CHF22)까지 원하는 대로 선택할 수 있다.

- Avenue du Rond-Point 9, 1006 Lausanne
- ☎ +41 21 555 59 55
- @ byfassbind.com/hotel/agora-swiss-night-by-fassbind/

Hotel des Voyageurs

★★★

2015년에 보수를 마친 호텔로 아르데코 스타일의 건물에 모던하게 꾸며진 깔끔한 객실을 자랑한다. 플롱 지구에 있어 구시가를 관광하기에 편리하다.

- Rue Grand-St-Jean 19, 1003 Lausanne
- ☎ +41 21 319 91 11
- @ www.voyageurs.ch

Hotel Continental

★★★★

로잔 기차역 맞은편에 자리한 시티 호텔이다. 깔끔하게 인테리어 된 객실은 편안한 분위기를 자랑하며 친절한 서비스와 무료 WI-FI, 프레스코화로 장식된 콘퍼런스 룸을 제공하고 있어 비즈니스 이용객과 관광객 모두에게 편리한 호텔이다.

- Place de la Gare 2 1001 Lausanne
- ☎ +41 21 321 88 00
- @ www.hotelcontinental.ch/

Hotel Swiss Chocolate Lausanne By Fassbind ★★

2018년에 지은 2성급 숙소로 54개의 깔끔한 객실은 싱글, 더블, 트리플, 4인실 도미토리, 패밀리룸 등으로 나뉜다. 전 객실은 금연이며 무료 Wi-Fi 서비스를 제공하고 구시가에 있어 관광하기에 좋다.

- Rue Marterey 15, 1005 Lausanne
- ☎ +41 21 601 80 00
- @ byfassbind.com/cities/lausanne/

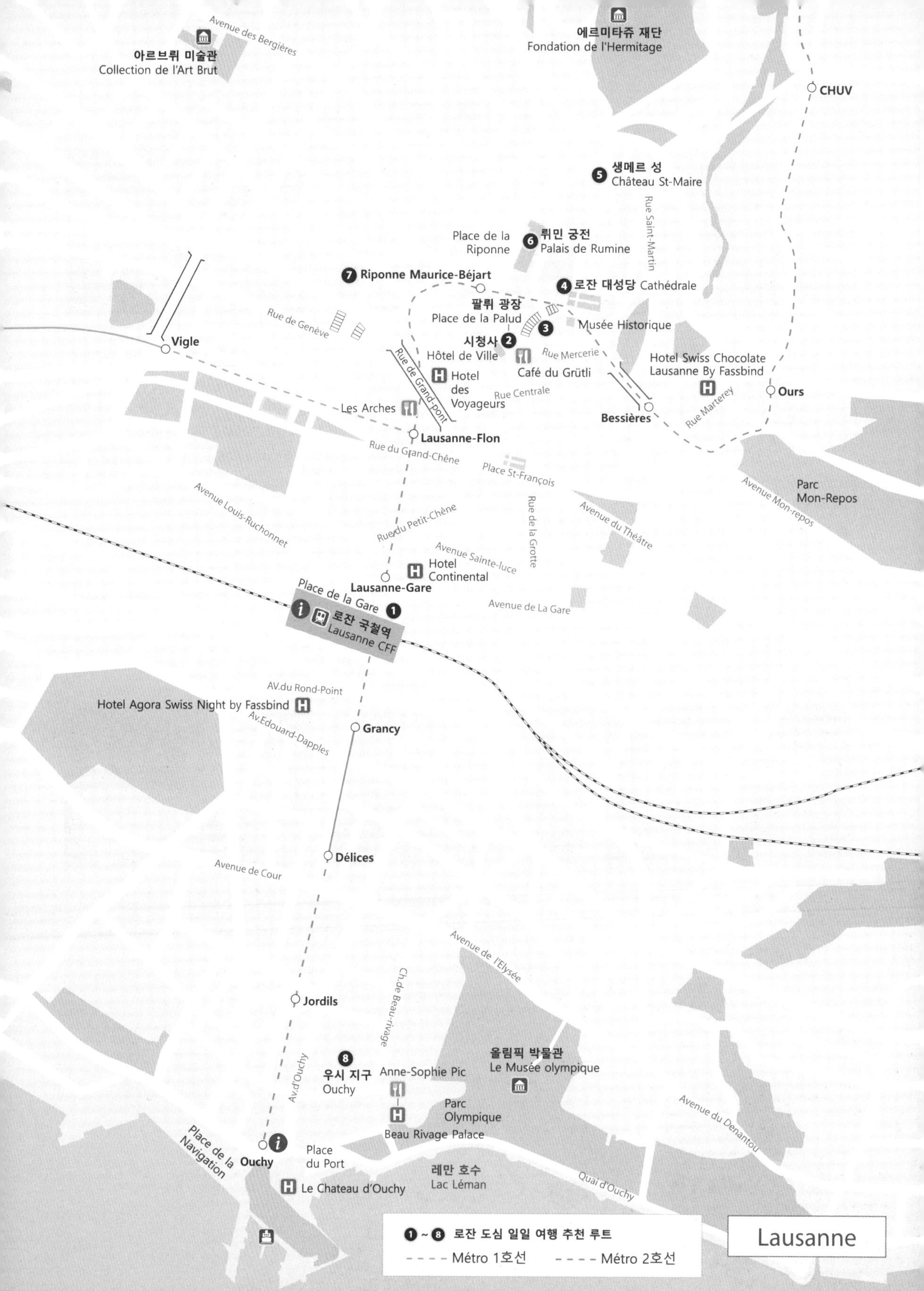

Avenue des Bergières
아르브뤼 미술관
Collection de l'Art Brut
에르미타쥬 재단
Fondation de l'Hermitage
CHUV
5 생메르 성
Château St-Maire
Rue Saint-Martin
Place de la Riponne
6 뤼민 궁전
Palais de Rumine
7 Riponne Maurice-Béjart
4 로잔 대성당 Cathédrale
팔뤼 광장
Place de la Palud
3 Musée Historique
Rue de Genève
Vigle
시청사 2
Hôtel de Ville
Rue Mercerie
Café du Grütli
Hotel Swiss Chocolate Lausanne By Fassbind
Hotel des Voyageurs
Rue de Grand-pont
Rue Centrale
Ours
Les Arches
Bessières
Rue Marterey
Lausanne-Flon
Rue du Grand-Chêne
Place St-François
Parc Mon-Repos
Avenue Mon-repos
Avenue Louis-Ruchonnet
Rue du Petit-Chêne
Rue de la Grotte
Avenue du Théâtre
Avenue Sainte-luce
Hotel Continental
Lausanne-Gare
Place de la Gare 1
Avenue De La Gare
로잔 국철역
Lausanne CFF
AV.du Rond-Point
Hotel Agora Swiss Night by Fassbind
Av.Edouard-Dapples
Grancy
Délices
Avenue de Cour
Avenue de l'Elysée
Ch.de Beau-rivage
Jordils
8 우시 지구
Ouchy
Anne-Sophie Pic
올림픽 박물관
Le Musée olympique
Av.d'Ouchy
Parc Olympique
Beau Rivage Palace
Avenue du Denantou
Place de la Navigation
Ouchy
Place du Port
레만 호수
Lac Léman
Le Chateau d'Ouchy
Quai d'Ouchy
1 ~ 8 로잔 도심 일일 여행 추천 루트
Métro 1호선
Métro 2호선
Lausanne

Montreux

몽트뢰

흥겨운 재즈 페스티벌의 호반 휴양지

몽트뢰는 비탈진 언덕에 펼쳐진 포도밭과 흰 눈 덮인 알프스, 맑고 눈부신 호수가 어우러진 아름다운 경치로 스위스가 세계적인 관광 대국으로 성장할 수 있는 발판이 된 곳이다. 18세기 후반부터 19세기에 걸쳐 영국과 프랑스의 상류층이 이곳으로 휴양 여행을 오는 것이 유행이었다고 전해지며 스위스에서 최초로 호텔이 등장한 곳도 몽트뢰였다. 지중해 연안과 같은 온화한 기후 덕분에 스위스 리비에라의 중심 도시로 불리며 채플린, 프레디 머큐리를 비롯한 수많은 세계 명사들에게도 사랑받았다. 브베까지 길게 이어지는 호반 산책로와 바이런의 시에도 등장한 중세의 시옹 성, 세계에서 25만 명이 몰려드는 몽트뢰 재즈 페스티벌, 환상적인 크리스마스 마켓 등으로 오늘날에도 세계적인 관광지로 각광받고 있다. 또한 스위스의 대표적인 풍경열차 골든패스 라인의 발착지이며 흥미로운 테마 열차인 초콜릿 열차도 몽트뢰에서 출발한다.

몽트뢰 리비에라 관광청 | www.montreuxriviera.com

찾아가기

기차 몽트뢰는 골든패스 라인으로 융프라우 지역과 연결되며 취리히와 체르마트 등 주요 관광지로도 쉽게 이동할 수 있다.

주요 도시-몽트뢰 열차 이동 시간

취리히 : 약 2시간 40분 **인터라켄** : 3시간 5분(골든패스 라인)
체르마트 : 약 3시간 40분 **제네바** : 1시간(직행 기차) **로잔** : 20~30분

자동차 제네바에서 차로 이동할 경우 1번 도로를 타고 레만 호수를 따라 로잔까지 이동할 수 있으며 라보 지구나 브베, 몽트뢰 등으로 이동할 때에는 9번 도로를 이용한다.

주요 도시 -몽트뢰 자동차 이동 시간

취리히 : 약 2시간 10분 **베른** : 약 1시간
제네바 : 약 1시간 10분 **생 사포랑(라보 지구)** : 약 20분

시내 교통

호반 산책로를 따라 산책하듯 도보로 관광이 가능하며 시옹 성에 갈 경우에는 버스나 유람선을 이용하는 것이 좋다. 브베-몽트뢰-시옹 성-빌뇌브 Vevey-Montreux-Chillon-Villeneuve 지역을 VMCV(www.vmcv.ch) 버스가 다닌다. 몽트뢰-브베 관광청에서는 시내 숙소에 숙박하는 투숙객 모두에게 체크인 시 지역 버스를 무료로 이용할 수 있고 등산철도와 유람선을 50% 할인받을 수 있는 Montreux Riviera Card를 제공하고 있다.
가격 | 1회권(1 Zone) CHF3, 1회권(2 Zone) CHF3.7

· 몽트뢰 반일 여행 추천 루트 ·

* 페리 운행 시기에는 몽트뢰 선착장Montreux(lac)에서 Château-de-Chillon(lac)으로 이동해 시옹 성 관광 후 201번 버스를 타고 시내로 가는 것을 추천한다.

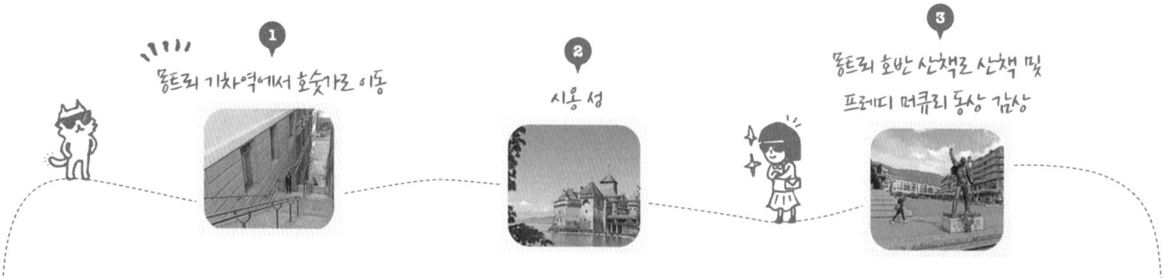

Travel Highlight

시옹 성 Château de Chillon

시옹 성은 원래 이탈리아에서 알프스를 넘어오던 동방의 상인들에게 통행세와 물품세를 징수하기 위해 9세기에 처음 세워진 성으로, 사보이 가문이 이 성을 사들여 수차례 개축을 거쳐 오늘의 모습이 되었다. 무기고, 감옥, 사보이가의 임시 거주지 등으로 사용되었으며 사보이가에 반기를 든 제네바의 종교개혁자 프랑소와 보니바르François Bonivard가 갇혀 있었던 곳으로 이 사건을 모티브로 한 바이런의 서사시 '시옹 성의 죄수'가 쓰여졌다. 기둥에 바이런의 서명이 남아 있는 지하 감옥과 당시의 가구가 남아 있는 방들, 화장실, 14세기 성화들이 남아 있는 예배당 등이 볼 만하다. 한국어 안내서도 준비되어 있다.

- 몽트뢰에서 호숫가 산책로를 따라 도보 45분 소요, 인포메이션 앞 정류장에서 201번 버스를 타고 Château de Chillon 하차(약 10분 소요), 인포메이션 앞 선착장에서 유람선을 타고 Château-de-Chillon(lac) 하차 (10~15분 소요)
- 6~7월 매일 09:00-19:00 / 4~5월, 9~10월 09:00-18:00 / 11~3월 10:00-17:00, 1/1, 12/25 휴관
- CHF 성인 CHF13.5, 학생 CHF11.5, 6~15세 CHF7, 가족(부모+어린이) CHF35, 스위스 트래블 패스 소지자 무료

호반 산책로 Les quais de Montreux

약 7km에 이르는 몽트뢰의 호반 산책로는 이국적인 꽃들과 야자수로 엑조틱하게 꾸며져 있는 데다가 호수 뒤로 펼쳐진 웅장한 알프스의 파노라마까지 감상할 수 있어 산책을 즐기는 사람들로 항상 붐빈다. 호반 산책로 중간에 있는 시장 광장Place du Marché 앞에는 몽트뢰를 사랑한 대표적인 인물인 퀸의 리더 프레디 머큐리Freddie Mercury의 동상이 세워져 있다.

- 몽트뢰 기차역에서 길을 건넌 후 계단으로 내려와 그랑 거리Grand Rue에서 호수 방향

브베 Vevey

찰리 채플린이 1953년부터 죽기 전까지 그의 부인과 함께 생의 마지막 25년간 살았던 것으로 유명한 마을인 브베는 몽트뢰에서 기차나 버스, 유람선으로 쉽게 갈 수 있다. 네슬레 본사가 있는 것으로 유명하며 찰리 채플린의 동상이 있는 호반 산책로는 몽트뢰의 산책로에 비해 한적하고 여유로운 풍경이다. 사진기 박물관, 네슬레에서 운영하는 음식에 대한 박물관 알리망타리움Alimentarium도 볼 만하다.

- 몽트뢰에서 기차를 타고 브베역 하차(약 6분 소요) / 몽트뢰에서 201번 버스를 타고 Vevey Gare 하차(약 30분 소요) / 선착장에서 유람선을 타고 Vevey Marché 하차(약 30분 소요)

©Toibas Ryser

MONTREUX SPECIAL

골든패스 익스프레스 프레스티지 경험하기

알프스와 호수, 아기자기한 마을이 그림처럼 펼쳐지는 골든패스 라인의 특별한 경험은 프레스티지 클래스에서 더욱 진가를 발휘한다.

예약이 필수인 프레스티지 좌석은 일반석에 비해 40cm 높게 설치되어 있으며 온열 기능을 갖추고 있다. 좌석은 기본적으로 순방향이나 승무원에게 요청 시 180도 회전이 가능해 마주보고 앉을 수있다. 또한, 다양한 케이터링 메뉴 중 샴페인과 프루티겐산 최고급 캐비아는 프레스티지석과 1등석 전용 옵션으로 최소 출발 날짜 하루 전에 예약을 해야 한다. 자세한 일정과 예약은 www.gpx.swiss/en 참고.

📍 몽트뢰 기차역 혹은 인터라켄 동역에서 탑승

CHF 1등석 패스 소지자의 경우 좌석 예약비 CHF35

©MOB-GoldenPass

초콜릿 열차 Train du Chocolat

초콜릿 열차는 골든패스와 카이에-네슬레사의 합작품으로 그뤼에르 치즈 공장과 네슬레사의 초콜릿 공장을 모두 방문한다. 몽트뢰에서 '벨 에포크'라 불리는 풀만식 기차 또는 현대적인 파노라믹 기차를 타고 몽보봉Montbovon으로 간 후 버스를 타고 그뤼에르 치즈 공장을 방문한다. 공장 견학 후 그뤼에르 마을 관광 및 점심 식사를 하고 브록Broc에 있는 '메종 카이에Maison Cailler'로 이동해 공장 견학과 초콜릿 시식을 한 후 몽트뢰로 돌아오는 일정이다. 스위스에서만 가능한 색다른 체험 여행이라 꽤 인기가 있으며 사전 예약은 필수다. 자세한 일정과 예약은 journey.mob.ch/en/products/chocolate-train 참고.

- 몽트뢰 기차역에서 탑승
- 5~6월, 9월 화, 목, 일요일, 7~8월 화, 목~일요일 운행

CHF 성인 CHF99, 스위스 트래블 패스 1등석 소지자 CHF59, 스위스 트래블 패스 2등석 소지자 CHF69

몽트뢰 재즈 페스티벌

Montreux Jazz Festival

1967년 클로드 놉스Claude Nobs가 시작한 몽트뢰 재즈 페스티벌은 전 세계에서 매년 25만 명 이상의 재즈 팬이 모여드는 국제적인 축제다. 티켓을 구매해서 입장하는 공연은 오디토리엄 스트라빈스키Auditorium Stravinski, 몽트뢰 재즈 클럽Montreux Jazz Club, 몽트뢰 재즈 랩 Montreux Jazz Lab을 중심으로 열리며 이 외에도 다양한 무료 공연이 열려 축제가 펼쳐지는 2주간은 몽트뢰 전체가 축제 장소로 변하며 보통 6월 말이나 7월 초에 시작한다. 자세한 프로그램과 티켓 구매는 www.montreuxjazzfestival.com 참고.

- 몽트뢰 기차역에서 오디토리엄 스트라빈스키까지 도보 약 10분 소요

라 후브나즈 La Rouvenaz

맛있는 이탤리언 요리와 해산물 요리를 즐길 수 있는 트라토리아 겸 비스트로로 테라스석에서는 호수가 내려다보인다. 인포메이션과 시장 광장 사이 마르셰 거리 입구에 자리 잡고 있어 관광 중에 들르기에 편리하다. 호텔도 운영하고 있으며 저녁 시간에는 예약을 해야 할 정도로 인기가 있다.

- 1 Rue du Marché, 1820 Montreux
- +41 21 963 27 36
- 매일 런치 12:00-15:00, 디너 18:30-23:30
- CHF 샐러드 CHF17.5~24, 파스타 CHF24~29, 피자 CHF18~26.5, 메인 요리 CHF30~49
- @ www.rouvenaz.ch

레스토랑 르 45 Restaurant Le 45

스위스 마제스틱 호텔의 메인 레스토랑으로 고미요 포인트 13점을 받았다. 프랑스 요리를 제공하며 테라스와 실내석 모두에서 끝내주게 멋진 호수의 파노라믹 전경을 감상할 수 있다.

- Avenue des Alpes 45, 1820 Montreux
- +41 21 966 33 33
- 매일 런치 12:00-14:00, 디너 19:00-22:00
- CHF 샐러드 CHF29, 전식 CHF17~28, 메인 요리 CHF37~56, 디저트 CHF8~21
- @ brhhh.com/suisse-majestic

몽트뢰 재즈 카페 Montreux Jazz Café

페어몬트 몽트뢰 팰리스 호텔 내에 있는 캐주얼한 분위기의 카페 겸 레스토랑으로 재즈 페스티벌의 도시 몽트뢰에 딱 어울리는 곳이다. 부담 없이 들러 맛있는 식사와 글라스 와인, 칵테일, 맥주 등을 즐길 수 있다. 제네바 공항, 취리히 공항, 런던, 파리 등에도 지점이 있다.

- Avenue Claude Nobs 2, 1820 Montreux
- +41 21 962 13 00
- 매일 11:30-22:30
- CHF 전식 CHF21~54, 메인 요리 CHF38~63, 음료 CHF12~20
- @ www.montreuxjazzcafe.com

위트 스시 Huit Sushi

카지노 근처에 있는 깔끔하고 아담한 일식 레스토랑으로 초밥은 물론 회, 라멘, 우동, 데리야키 덮밥 등 다양한 일본 요리를 제공하며 비빔밥, 소불고기 등 한국 요리도 있다. 비교적 저렴한 가격에 아시안 요리를 즐길 수 있다는 점이 좋다.

- 17 Avenue du Casino, 1820 Montreux
- +41 21 960 32 24
- 월~화요일, 목~금요일 11:30-14:30, 18:00-22:00, 토~일요일 12:00-15:00, 18:00-22:00, 수요일 휴무
- CHF 초밥(9개 세트) CHF23, 캘리포니아 롤 CHF13~17.5, 덮밥 CHF25~29
- @ huitsushi.ch

피자리아 라스토란테 몰리노 Pizzeria Ristorante Molino

1988년에 오픈한 피자리아로 스위스 전역에 걸쳐 18개 지점이 있다. 몽트뢰 지점은 프레디 머큐리 동상 바로 근처에 있으며 48시간 숙성시킨 도우로 만든 피자를 비롯해 파스타, 해산물 요리 등을 맛볼 수 있으며 매일 바뀌는 런치 메뉴는 큰 부담 없이 즐길 수 있다.

- Place du Marché 6, 1820 Montreux
- +41 21 965 13 34
- 10:00-23:00
- CHF 런치 메뉴 CHF21~35, 피자 CHF27~34, 파스타 CHF25~34
- @ molino.ch/en/pizzeria-ristorante-molino-montre

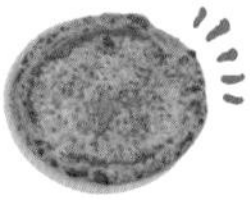

몽트뢰 추천 숙소

Fairmont Le Montreux Palace ★★★★★

1906년에 세워진 벨 에포크 건축양식의 우아하고 고전적인 호텔로 스위스 리비에라 지역에서 가장 규모가 큰 호텔 중 하나다. 레만 호수를 바라보는 최고의 전망과 다양한 레스토랑과 바, 스파 등을 자랑한다.

🏠 Avenue Claude Nobs 2, 1820 Montreux

☎ +41 21 962 12 12 @ www.montreux-palace.ch

Grand Hotel Suisse Majestic ★★★★

노란 차양이 있는 고풍스러운 벨 에포크 양식의 호텔로 2010년 리노베이션을 거치면서 전통과 트렌디한 유행을 동시에 갖춘 호텔로 거듭났다. 레이크 뷰 객실에서는 물론 호텔의 자랑인 Restaurant 45에서도 레만 호수와 알프스가 어우러진 기막힌 경치를 감상할 수 있다. 기차역 맞은편에 있다.

🏠 Avenue des Alpes 45, 1820 Montreux

☎ +41 21 966 33 33

@ www.marriott.com/

Best Western Eurotel Riviera ★★★★

레만 호숫가에 자리 잡은 현대적인 고층 건물 호텔로 넓은 객실에는 몽트뢰 시내와 호수를 모두 조망할 수 있는 환상적인 전망의 발코니가 있으며 시원한 호수 옆 야외 테라스가 있는 레스토랑도 있다.

🏠 Grand' Rue 81, 1820 Montreux

☎ +41 21 966 22 22

@ www.eurotelriviera.ch

La Rouvenaz ★★★

맛있는 이탤리언 레스토랑을 갖춘 호텔로 객실은 심플하면서도 세련된 디자인이 돋보인다. 테라스가 달린 스위트 객실에서는 멋진 레만 호수의 전경을 감상할 수 있다. 기차역, 인포메이션과도 멀지 않은 곳에 있어 관광하기에도 편리하다.

- 🏠 1 Rue du Marché, 1820 Montreux
- ☎ +41 21 963 27 36
- @ www.rouvenaz.ch

J5 Hotels Helvetie ★★★

1865년에 오픈한 유서 깊은 호텔로 카지노와 호수에서 200m 정도 떨어진 곳에 있다. 아직도 고풍스러운 외관을 그대로 유지하며 클래식한 분위기의 62개 객실은 모두 다르게 장식되어 있다.

- 🏠 Avenue du Casino 32, 1820 Montreux
- ☎ +41 21 966 77 77
- @ www.helvetie.ch

Hotel Splendid ★★★

몽트뢰 기차역에서 도보 3분 거리에 있는 호텔로 3대째 가족이 경영하고 있다. 19세기 말에 지어진 건물의 특징을 최대한 살려 그 안에 28개 객실을 꾸몄으며 에어컨 대신 선풍기가 비치되어 있다. 일부 객실은 호수 전망이니 예약 시 참고하자.

- 🏠 Grand' Rue 52, 1820 Montreux
- ☎ +41 21 966 79 79
- @ www.hotel-splendid.ch

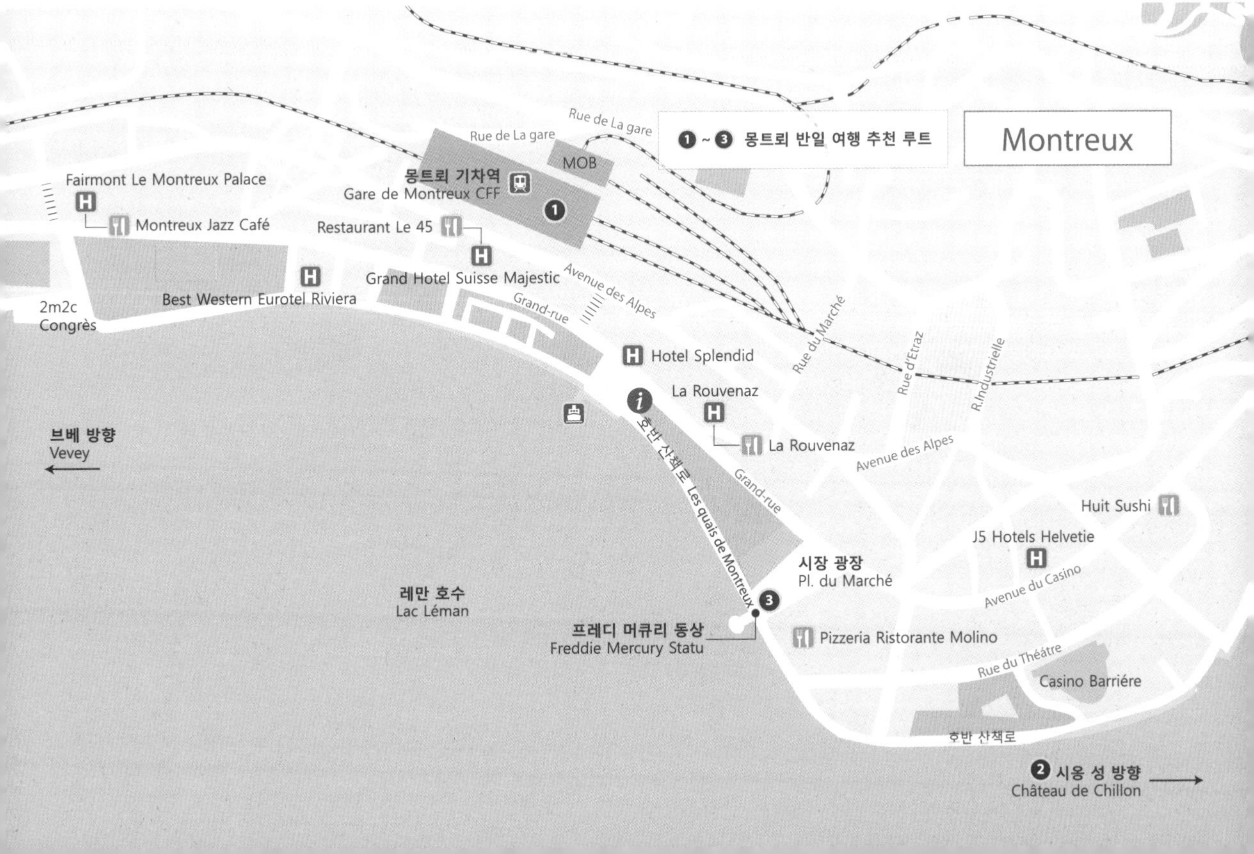

Lavaux

라보

레만 호수와 계단식 포도밭이 빚어낸 와인 파라다이스

로잔과 브베 사이 레만 호숫가에 있는 라보Lavaux 지역은 보 주에서 가장 유명한 와인 생산지이자 2007년 유네스코 세계문화유산으로 등재된 계단식 포도밭Lavaux Vineyard Terraces의 절경을 감상하며 걷는 하이킹으로도 잘 알려진 지역이다. 약 830만 ㎡에 이르는 라보 와인 생산 지역, 즉 아펠라시옹Appellations은 뤼트리Lutry, 빌레트Villette, 에페스Epesses, 칼라망Calamin Grand Cru, 데잘레Dézaley Grand Cru, 생사포랑St-Saphorin, 샤르도네Chardonne, 브베-몽트뢰Vevey-Montreux의 8개 지역으로 구분되어 있으며 작은 마을마다 있는 꺄보Caveau에서는 맛있는 라보 와인을 맛볼 수 있다. 포도밭 사잇 길을 누비며 달리는 꼬마 열차나 유람선을 타고 라보를 여행하는 것도 색다른 경험이 된다.

라보 와인 & 지역 홈페이지 | www.lavaux.ch

찾아가기

기차

기차를 이용해 뤼트리, 그랑보, 쉐브레, 퀴이, 생사포랑 등 라보 지역의 주요 마을로 이동할 수 있다.

자동차

제네바에서 차로 이동할 경우 1번 고속도로를 타고 레만 호수를 따라 로잔까지 이동할 수 있으며 라보 지구나 브베, 몽트뢰 등으로 이동할 때에는 9번 도로를 이용한다.

뤼트리 Lutry

로잔과 라보의 포도밭 사이에 있는 작은 중세 마을 뤼트리는 라보 지역 관광의 시작점 중 하나다. 중세 시대에 세워진 교회와 성벽, 성 등이 남아 있으며 1984년에는 BC 4000년 정도의 것으로 추정되는 선사시대의 거석 유적인 멘히르Menhirs가 발견되기도 했다. 4~10월에는 뤼트리에서 출발해 아랑Aran과 그랑보Grandvaux를 거쳐 뤼트리로 돌아오는 꼬마 관광 열차 라보 익스프레스Lavaux Express도 운행된다.

- 로잔에서 기차로 5분, 로잔 생프랑수아 광장Place St. François에서 9번 버스로 17분 소요, 로잔 우시 선착장에서 유람선으로 18분 소요

뀌이 Cully

뤼트리에서 동쪽으로 약 5km 떨어진 호숫가에 위치한 마을 뀌이는 라보 지역 관광에 중심이 되는 곳으로 좁은 골목길이 이어져 있는 마을 내에는 16~19세기에 지어진 아름다운 집들에 수많은 꺄보가 자리 잡고 있으며 호반으로 나오면 시원한 산책로와 선착장이 있다. 뀌이에서도 4~10월 라보 익스프레스가 운행되는데, 뀌이에서 출발해 리에Riex, 에페스Epesses, 데잘레Dézaley를 거쳐 뀌이로 돌아온다. 매년 4월에는 재즈 페스티벌이 개최되어 이 시기에 뀌이를 찾는다면 재즈와 와인을 한꺼번에 즐길 수 있다.

- 뤼트리에서 기차로 5분, 유람선으로 15분 소요

에페스 Epesses

라보 계단식 포도밭의 중간 지점에 있는 에페스는 레만 호수가 굽어보이는 포도밭 한가운데에 자리 잡고 있는 마을이다. 17~19세기에 지어진 와인 농가들이 옹기종기 모여 마을을 이루고 있으며 에페스 와인은 물론 칼라망Calamin과 데잘레Dézaley의 그랑크뤼 와인을 맛볼 수 있는 까보가 많다. 매년 4월 말~5월 초에는 새 와인을 시음하는 페스티벌도 열린다.

📍 뀌이에서 버스로 6분, 도보로 약 30분 소요

쉐브레 Chexbres

레만 호수와 라보 계단식 포도밭의 멋진 전경을 감상할 수 있는 언덕 위에 있는 쉐브레는 '레만 호수의 발코니'라는 별명을 가진 마을이다. 쉐브레에서 출발해 다른 마을들로 하이킹을 즐길 경우 내리막이라 걷기 쉬울 뿐 아니라 기막히게 아름다운 풍경을 감상할 수 있다. 4월부터 10월까지는 쉐브레, 히바즈Rivaz, 생사포랑St. Saphorin, 샤르도네Chardonne를 도는 미니 열차 라보 파노라믹Lavaux Panoramic도 운행된다.

📍 몽트뢰에서 기차로 20분, 브베에서 기차로 8분 소요

생사포랑 St. Saphorin

라보 지역에서 가장 아름다운 중세 마을로 손꼽히는 생사포랑은 뤼트리까지 12km에 이르는 라보 하이킹 트레일의 출발점이 되는 곳이다. 호숫가에 있는 아담한 역에 내려 마을에 들어서면 좁은 골목길을 따라 로마 시대의 유적 위에 1530년에 세워진 교회와 오래된 집들이 늘어서 있다.

📍 몽트뢰에서 기차로 13분, 브베에서 기차로 3분 소요

라보 꼬마 열차 Lavaux Petit Train

라보 하이킹과 함께 라보의 진정한 매력을 만끽하기에 가장 좋은 방법은 깜찍한 꼬마 열차를 타고 포도밭 사이를 달려보는 것이다. 작은 기차 모양의 이 관광 차량들은 와인 마을을 연결하는 포도밭 사이 길을 천천히 달리며 푸른 레만 호수와 계단식 포도밭이 만들어낸 아름다운 경치를 승객에게 선사한다. 가장 인기 있는 것은 뤼트리와 뀌이를 중심으로 운행하는 라보 익스프레스(www.lavauxexpress.ch)이며 5월 초~9월 중순에는 아랑, 뀌이, 에페스, 그랑보, 리에, 뤼트리 중 한 곳의 와인 셀러를 방문해 와인 시음을 하는 'Train des Caveaux'도 운행된다. 쉐브레와 생사포랑, 샤르도네 사이에는 라보 파노라믹(www.lavaux-panoramic.ch)이라는 또 다른 열차가 운행되는데 이 열차는 언덕 위의 쉐브레 마을에서 출발하기 때문에 좀 더 드라마틱한 경치를 감상할 수 있다. 4~10월 주 2~3일만 운행되므로 미리 홈페이지에서 운행 시간표를 미리 확인하는 것이 좋으며 예약도 가능하다.

📍 라보 익스프레스 뤼트리, 뀌이 선착장 출발 / 라보 파노라믹 쉐브레 기차역 앞 광장 출발

🕒 4월 초~10월 말

CHF 성인 CHF15(Train des Caveaux CHF28), 어린이 CHF10

라보 하이킹 Lavaux Hiking

생사포랑에서 뤼트리까지 계속 이어서 걷는 하이킹 트레일은 약 12km 거리를 포도밭과 마을들을 지나며 걷는 코스로 빨리 걸어도 4시간 정도가 소요된다. 전체 트레일을 다 걷는 것이 부담스럽다면 아래의 짧은 트레일 중 마음에 드는 것을 골라 걸어보자. 트레일 중간에는 쉴 만한 그늘이 거의 없으므로 햇빛이 뜨거운 오후에 걷기보다는 오전이나 오후 4시 이후에 걷는 것이 좋으며 모자나 선글라스, 마실 물을 준비해가야 한다.

1 뤼트리 → 뀌이

6.2km : 약 2시간 30분~3시간

뤼트리에서 출발하여 샤틀라르, 아랑, 그랑보를 거쳐 뀌이까지 이어지는 이 코스는 작은 중세 마을들과 전망 좋은 포도밭 사잇길, 아름다운 레만 호숫가의 산책로까지 모두 즐길 수 있는 코스이다.

2 뀌이 → 에페스 → 리에 → 뀌이

4.4km : 약 1시간 30분~2시간

레만 호숫가의 예쁘고 평화로운 마을 뀌이에서 포도밭에 둘러싸인 마을 에페스까지 이어지는 쉬운 트레일로 라보 지역 특유의 예쁜 와인 마을들을 돌아볼 수 있다. 에페스에서 뀌이로 돌아올 때는 리에를 들러보자.

3 쉐브레 → 에페스 → 뀌이

5km : 약 2시간

쉐브레에서 에페스를 지나 뀌이까지 이어지는 이 트레일 코스는 라보 하이킹의 모든 매력을 만끽할 수 있는 코스이다. 쉐브레 마을에서 출발해 레만 호수와 포도밭의 파노라믹 전망을 감상하며 에페스에 도착하면 잠시 꺄보에 들러 와인 시음을 즐긴 후 뀌이까지 하이킹을 계속하자.

4 쉐브레 → 생사포랑

2.1km : 약 30분~1시간 소요

쉐브레 마을 역에서 생사포랑까지 하이킹을 하는 이 트레일 코스는 내리막길이라 하이킹에 익숙하지 않은 사람들도 어렵지 않게 걸을 수 있다. 하이킹 도중 기막히게 아름다운 레만 호수와 라보 와이너리의 풍경을 감상할 수 있다.

Lavaux

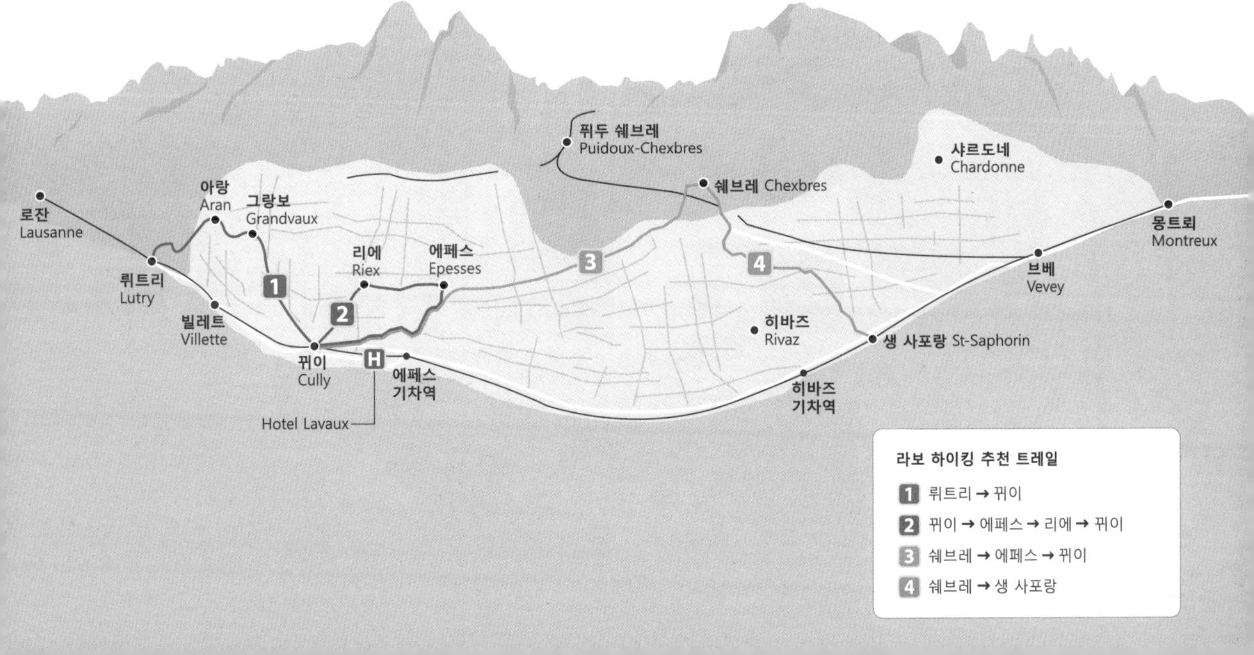

Gruyères

그뤼에르

중세의 향기가 느껴지는 치즈 마을

중세 시대의 느낌이 물씬 나는 그림 같은 구시가를 가진 그뤼에르는 스위스의 자랑인 '그뤼에르 치즈'로 잘 알려진 마을이다. 치즈의 마을답게 기차역에 내리면 바로 현대식 치즈 공장인 메종 뒤 그뤼에르La Maison du Gruyères가 있고 구시가의 레스토랑에서는 퐁뒤를 비롯한 맛있는 전통 치즈 요리를 맛볼 수 있다. 인포메이션이 있는 구시가의 입구에서 그뤼에르 성까지 이어지는 보행자 전용 도로에는 예쁜 간판과 꽃으로 꾸며진 중세 건물들 안에 호텔, 레스토랑, 기념품 숍이 자리 잡고 있다. 몽트뢰에서 출발하는 초콜릿 열차를 타고 그뤼에르 마을과 '메종 카이에Maison Cailler' 초콜릿 공장을 같이 관광하거나 몽트뢰에서 당일치기로 그뤼에르를 즐겨보아도 좋다.

그뤼에르 관광청 | www.la-gruyere.ch

찾아가기

기차 베른이나 몽트뢰에서 열차를 한 번만 환승하면 쉽게 이동할 수 있다.

자동차 베른이나 몽트뢰에서 그뤼에르로 이동하려면 12번 도로를 타고 가다가 Bulle 방향으로 나와서 Gruyères-Le Moléson 표지판을 따라간다. 마을 내에 무료로 이용할 수 있는 주차장이 여러 개 있다.

시내 교통

그뤼에르 기차역에서 구시가까지는 도보로 걸어가거나(약 15~20분 소요) tpf 지역 버스(3분 소요)를 이용해 이동할 수 있다. tpf 버스에 대한 자세한 정보와 시간표는 www.tpf.ch에서 찾아볼 수 있다. | 단거리 버스 1회권(1시간 유효) CHF2.9

Travel Highlight

메종 뒤 그뤼에르 La Maison du Gruyères

기차역 바로 옆에 위치한 현대식 치즈 공장인 메종 뒤 그뤼에르는 전설적인 그뤼에르 치즈의 비밀을 엿볼 수 있는 곳이다. 매일 정해진 시간에 가면 우유에서부터 고체 상태의 치즈가 만들어지는 생생한 모습을 견학할 수 있으며 레스토랑에서 맛있는 치즈 요리를 맛보거나 기념품 숍에서 치즈와 기념품을 구입할 수도 있다.

- 그뤼에르 기차역 바로 옆
- 6~9월 09:00-18:30, 10~5월 09:00-18:00, 12/24~25, 12/31~1/1 09:00-16:00 / 치즈 메이킹 09:00-11:00, 12:30-14:30(시즌에 따라 하루 2~4번)
- CHF 성인 CHF7(그뤼에르 성과 공통 입장권 CHF16), 학생 CHF6, 가족(부모+어린이) CHF12, 스위스 트래블 패스 소지자 무료

그뤼에르 성 Château de Gruyères

그뤼에르 마을 끝 언덕 위에 세워져 있는 아름다운 중세의 성인 그뤼에르 성은 8세기에 걸친 건축과 역사, 문화를 보여주는 곳이다. 성 입구에서는 목가적인 주변의 풍경을 감상할 수 있으며 성 내에는 박물관, 예쁜 프랑스식 정원 등이 있다. 박물관에서는 중세의 모습을 그대로 보전하고 있는 상설 전시 외에도 다양한 특별전도 감상할 수 있다.

- 기차역에서 도보로 이동(15~20분) 또는 마을 입구까지 버스 263번으로 이동한 후(3분) 마을 입구에서 도보 5분
- 4~10월 09:00-18:00, 11~3월 10:00-17:00
- CHF 성인 CHF12, 학생 CHF8, 6~15세 CHF4, 치즈 공장과 공통 입장권 CHF16, HR 기거 박물관과 공통 입장권 CHF19, 스위스 트래블 패스 소지자 무료

HR 기거 박물관 Musée HR Giger

1980년 영화 <에일리언>으로 아카데미 특수 효과상을 받은 스위스 출신 초현실주의 예술가 HR 기거의 그로테스크한 작품 세계에 빠져볼 수 있는 독특한 박물관이다. 그뤼에르 성으로 올라가는 길에 위치한 아담한 생제르맹 성Château St. Germain에 자리 잡은 박물관에서는 그림, 조각, 가구, 영화 촬영용 세트 등 기거의 다양한 작품을 만나볼 수 있다. 또한 박물관 맞은편에는 에일리언을 테마로 디자인된 Giger Bar가 있는데 이곳에 들러 커피나 음료를 한잔 즐겨보는 것도 색다른 경험이 된다. 일부 작품은 어린이들이 보기에 적합하지 않을 수 있어 아이를 동반한 방문은 추천하지 않는다.

- 마을 입구에서 도보 3분, 그뤼에르 성에서는 도보 2분
- 4~10월 매일 10:00-18:00, 11~3월 화~금요일 13:00-17:00, 토~일요일 10:00-18:00, 월요일 휴관
- CHF 성인 CHF12.5, 학생 CHF8.5, 어린이 CHF4, 그뤼에르 성과 공통 입장권 CHF19, 스위스 트래블 패스 소지자 무료

Restaurant & Café

카페-레스토랑 데 햄파르 Café-Restaurant des Remparts

그뤼에르 마을 입구의 예쁜 샘 앞에 위치한 레스토랑으로 16세기에 지어진 전통 가옥 내에 있다. 그뤼에르 치즈로 만든 퐁뒤, 라클렛 등의 스위스 전통 치즈 요리와 고기 요리, 전통 햄 요리 등을 즐길 수 있으며 날씨가 좋은 날에는 빨간색과 하얀색 스트라이프의 깜찍한 차양 아래의 야외석이 인기가 많다.

- Rue du Bourg 19, 1663 Gruyères
- +41 26 921 21 77
- 08:30-23:30, 1월 초~2월 초 휴무
- CHF 전식 CHF19~22, 퐁뒤 CHF24~26, 라클렛 CHF26
- @ www.remparts-resto.ch/en

르 샬레 드 그뤼에르 Le Chalet de Gruyères

HR 기거 박물관 맞은편에 있는 샬레 스타일의 레스토랑으로 아늑한 분위기를 물씬 풍긴다. 퐁뒤, 라클렛 등 스위스 전통 요리와 치즈, 샐러드, 달콤한 디저트까지 준비되어 있어 풀 코스나 간단히 원하는 것만 골라 즐길 수 있다.

- Rue du Bourg 53, 1663 Gruyères
- +41 26 921 21 54
- 10:00-12:00, 14:00-20:00
- CHF 수프 CHF15, 모둠 치즈 CHF19, 그뤼에르 치즈 샐러드 CHF24, 퐁뒤 CHF29.5, 라클렛 CHF29.5
- @ www.gruyereshotels.ch/chalet-de-gruyeres

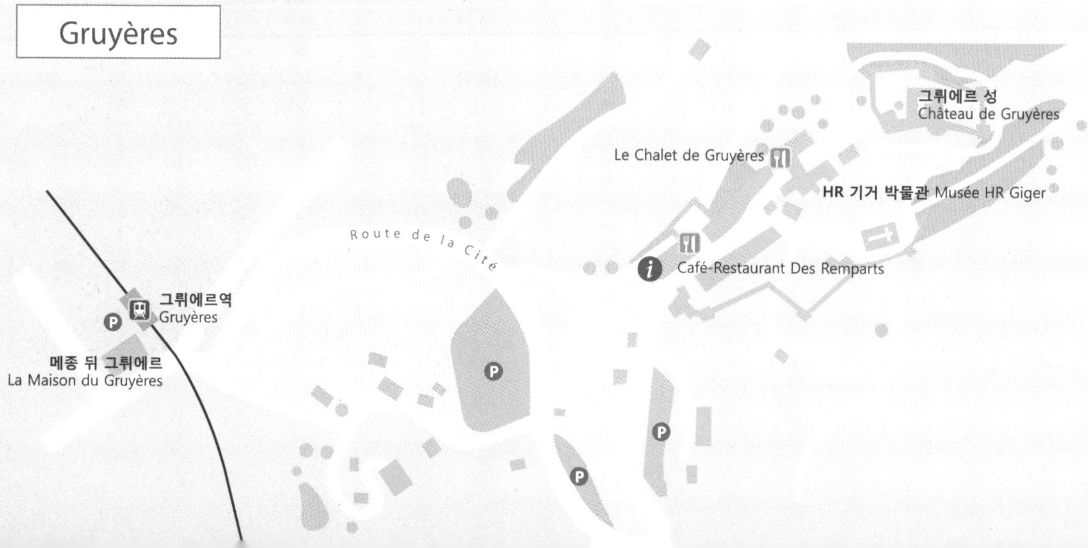

St. Moritz

생모리츠

시크하고 우아한 홀리데이 리조트

스위스 동부 엥가딘Engadine 지방의 중심에 있는 생모리츠는 아름다운 호수가 있는 해발 1856m에 자리 잡고 있어 아름다운 주변 경치와 연중 평균 322일 맑은 날씨, 샴페인처럼 톡 쏘는 상쾌한 공기로 유명한 세계적인 고급 휴양지다. 여름에는 하이킹과 골프, 겨울에는 스키를 즐기기 위해 수많은 관광객이 이곳에 몰려드는데 특히 두 번의 동계 올림픽과 세계 스키 대회를 개최했던 멋진 스키 시설 덕분에 겨울에 더 인기 있다. 기차역 위쪽의 고급스러운 번화가인 도르프Dorf 지구에는 호화로운 호텔과 고급 상점, 레스토랑, 피츠나이르 전망대 승강장이 있으며 호수 옆에 있는 바트Bad 지구에는 다양한 마사지와 온천 치료 요법을 자랑하는 온천 센터와 스포츠 시설이 있다.

생모리츠 홈페이지 | www.stmoritz.ch

ST. MORITZ

GETTING THERE & AWAY

찾아가기

기차 생모리츠는 빙하 특급과 베르니나 특급열차의 발착지이자 포스트 버스 팜 익스프레스의 발착지이기도 한 교통의 중심지로 특급열차를 테마로 한 여행 중에 방문하기 좋은 곳이다. 취리히에서 약 3시간 정도면 이동할 수 있다.

주요 도시-생모리츠 열차 이동 시간

취리히 : 3시간 **스쿠올** : 1시간 20분 **티라노** : 2시간 30분(베르니나 특급)
루가노 : 3시간 50분(팜 익스프레스 버스) **체르마트** : 8시간(빙하 특급)

자동차 취리히에서는 3번 도로로 생모리츠까지 이동할 수 있으며 루가노 등 티치노에서는 투시스와 벨린조나를 지나는 생 베르나르디노San Bernardino 고개를 넘어오거나 팜 익스프레스 루트를 따라 이탈리아로 넘어갔다가 다시 스위스로 오는 길 2가지 중에 선택할 수 있다. 체르마트에서 이동한다면 안데르마트에서 푸르카 고개Furka Pass를 넘어오는 코스에 도전해볼 수 있다.

주요 도시-생모리츠 자동차 이동 시간

취리히 : 약 2시간 35분 **스쿠올** : 약 1시간 5분
루가노 : 약 2시간 40분 **체르마트** : 약 5~6시간

시내 교통

기차역 앞에서 생모리츠 마을 내를 운행하는 Ortsbus 9번 버스 또는 택시를 타면 도르프 지구와 바트 지구로 이동할 수 있다. 무거운 짐이 없는 경우에는 기차역 옆에 위치한 생모리츠 디자인 갤러리The St. Moritz Design Gallery에서 바트루츠 팰리스Badrutt's Palace 호텔까지 연결된 에스컬레이터를 이용하여 도보로 도르프 지구까지 이동해도 된다. 자세한 버스 노선은 www.engadinbus.ch 참고.

CHF 단거리 1회권 성인 CHF3, 6~16세 CHF2.2

©Engadiner-Museum, St.Moritz

생모리츠 도르프 St. Moritz Dorf

호수 북쪽 고지대에 위치한 번화가인 생모리츠 도르프는 럭셔리 리조트 생모리츠의 진면목을 볼 수 있는 곳이다. 도르프의 중심은 포스트 버스 정류장이 있는 학교 광장Plazza da Scoula과 투어리스트 인포메이션이 있는 모리티우스 광장 Plazza Mauritius이며 이 두 광장 주변과 기차역에서 도르프로 이어지는 셀라스 거리Via Serlas에는 발리, 에르메스, 샤넬, 구찌, 루이비통 등 다양한 유명 명품 브랜드 숍이 늘어서 있다.

- 기차역에서 3번 버스를 타고 Schulhausplatz 정류장 하차(약 3분 소요)

엥가딘 박물관 Engadiner Museum

벽면이 스그라피토 기법으로 장식된 전통 엥가딘 스타일의 건물이 돋보이는 엥가딘 박물관은 엥가딘 지역의 전통 생활 방식과 문화를 만나볼 수 있는 박물관이다. 13~19세기에 이르는 엥가딘 지방의 가구, 식기, 농기구, 악기, 책, 민예품 등이 전시되어 있는데 특히 흥미로운 것은 다양한 시대의 거실과 침실, 연기로 그을린 엥가딘 시골의 부엌 등이 그대로 재현되어 있는 것이다.

- 도르프의 학교 광장에서 Via dal Bagn을 따라 도보 10분
- 동계(12월~4월 말) 14:00-17:00, 하계(5월 말~10월 말) 11:00-17:00, 월~수요일, 1/1, 12/25, 4월 말~5월 중순 휴관
- CHF 성인 CHF15(E-Guide 포함), CHF10(E-Guide 불포함), 학생 CHF5, 16세 미만 무료

©CORVATSCH AG

세간티니 미술관 Segantini Museum

1908년 세간티니 사후 100년을 기념해 개장한 세간티니 미술관은 엥가딘의 자연에 매혹되어 삶의 마지막 5년을 이곳에서 보냈던 이탈리아 출신 화가 지오반니 세간티니Giovanni Segantini에게 헌정된 미술관이다. 스위스 건축가 니콜라스 하트만Nicolaus Hartmann이 디자인한 반구형 지붕의 돌로 지어진 건물은 1900년 파리 만국박람회에서 세간티니의 대작 엥가딘 파노라마를 전시하려고 했던 전시관에서 아이디어를 얻었다고 한다. 초기 이탈리아의 작품을 포함해 약 50점의 작품이 전시되어 있으며 세간티니의 유명한 최후의 3부작 <삶>, <자연>, <죽음>은 놓칠 수 없다. 단, 2019년 12월 중순까지 리노베이션 예정이며 재개관할 때까지 생모리츠 바트 지구에 있는 포럼 파라켈수스Forum Paracelsus에서 전시한다. 자세한 정보는 www.segantini-museum.ch 참고.

- 📍 **세간티니 미술관** 도르프의 학교 광장에서 도보로 이동(약 10분 소요)하거나 5번 버스를 타고 Segantini Museum 하차 / **포럼 파라켈수스** Schulhausplatz 정류장에서 1, 6, 9번 버스를 타고 Hallenbad 정류장에 하차해 도보(3분) 이동

피츠나이르 Piz Nair

학교 광장 근처의 승강장에서 푸니쿨라를 타고 찬타렐라Chantarella를 거쳐 코르빌리아Corviglia로 향한 후 케이블카로 갈아타고 올라가면 해발 3057m의 피츠나이르 전망대에 도착한다. 정상에는 레스토랑과 슈타인보크(야생 염소)의 동상이 있으며 이곳에서 내려다보이는 생모리츠 호수와 마을, 엥가딘 계곡과 베르니나 알프스의 360도 파노라마는 정말 장관이다. 또한 피츠나이르에는 동계 올림픽과 스키 세계 선수권 대회가 열린 스키 코스가 있어 겨울이면 스키 마니아로 항상 붐비며 봄, 여름에는 야생화가 만발한 하이킹의 천국이기도 하다.

- 📍 도르프의 승강장에서 푸니쿨라와 케이블카로 약 50분
- 🕓 6월 말~10월 중순, 11월 말~4월 초(코르빌리아-피츠나이르는 12월 중순~4월 초)
- CHF 여름 시즌 성인 왕복 CHF79.2, 13~17세 CHF52.8, 6~12세 CHF26.4 / 겨울 시즌 코르빌리아 스키 패스 1일권 성인 CHF59~81, 13~17세 CHF39~54, 6~12세 CHF20~27.5(예약 시기에 따라 다름)

Restaurant & Café

체사 알 파크 Chesa al Parc

쿨름 호텔에서 운영하는 레스토랑으로 호텔 근처에 있는 쿨름 공원 입구에 자리하고 있다. 아늑한 엥가딘 시골 스타일의 실내석과 시원한 야외 테라스석이 있으며 런치와 디너는 물론 오후에는 가벼운 스낵이나 커피도 즐길 수 있다.

- 🏠 Via Veglia 18, 7500 St. Moritz
- ☎ +41 81 836 82 73
- 🕓 10:00-22:00(시즌에 따라 오픈 시간 및 휴무일 변동)
- CHF 수프와 샐러드 CHF13~32, 파스타와 리소토 CHF22~38, 메인 요리 CHF49~52, 버거(런치 메뉴) CHF30~32
- @ www.kulm.com

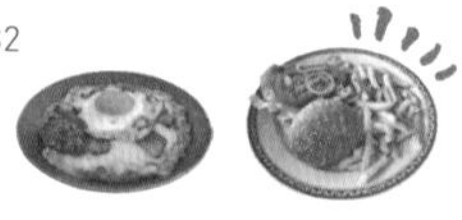

달 무린 Dal Mulin

생모리츠 도르프 중심에 새로 오픈한 이탤리언 & 지중해 요리 레스토랑으로 맛있는 음식과 친절한 서비스로 인기가 높다. 잘 알려진 와인은 물론 소량 생산되는 와인 리스트도 보유하고 있어 요리에 곁들이기 좋다.

- Plazza dal Mulin 4, 7500 St. Moritz
- +41 81 833 33 66
- 화~목요일 18:30-23:30, 금~토요일 12:00-14:00, 18:30-23:30
- CHF 애피타이저 CHF19~39, 홈메이드 파스타 CHF27~49, 메인 요리 CHF38~59
- @ www.dalmulin.ch

하우저 Hauser

샌드위치나 뢰스티, 파스타 등의 가벼운 런치와 디너, 케이크와 차까지 다양하게 즐길 수 있는 하우저 호텔의 레스토랑이다. 요일별로 다른 런치 스페셜 메뉴가 있다.

- Via Traunter Plazzas 7, 7500 St. Moritz
- +41 81 837 50 50
- 매일 06:30-23:00
- CHF 샌드위치 CHF18.5, 파스타 CHF24~27, 메인 요리 CHF34~50, 뢰스티 CHF24~32
- @ www.hotelhauser.ch

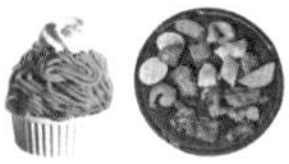

아르테 피자리아 Arte Pizzeria

아르테 호텔에서 운영하는 캐주얼한 분위기의 피자리아로 다양한 종류의 맛있는 피자와 파스타를 부담 없는 가격에 즐길 수 있다.

- Via Tinus 7, 7500 St. Moritz
- +41 81 837 58 58
- 수~월요일 18:00-23:00, 화요일 휴무
- CHF 피자 CHF13.5~29.5, 파스타 CHF25~28, 라비올리 CHF20~25
- @ www.arte-stmoritz.ch

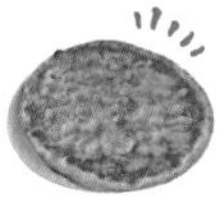

생모리츠 추천 숙소

Carlton Hotel ★★★★★

100년이 넘는 전통을 자랑하는 유서 깊은 호텔 중 하나로 60개의 주니어 스위트와 스위트 객실만 제공하는 부티크 호텔이다. 3층에 걸쳐 마련된 스파 시설은 1200㎡에 이르며 겨울 스키 시즌에만 문을 연다.

- Via Johannes Badrutt 11, 7500 St. Moritz
- ☎ +41 81 836 70 00
- @ www.carlton-stmoritz.ch

Kulm Hotel St. Moritz ★★★★★

생모리츠 호텔업의 선구자인 요하네스 바드루트 Johannes Badrutt가 1856년 세운 전통 있는 호텔로 멋진 전망을 즐길 수 있는 스파 시설과 9홀 골프 코스를 자랑한다. 조식당이자 저녁에는 정찬을 즐길 수 있는 그랜드 레스토랑을 비롯해 좀 더 캐주얼한 레스토랑도 갖추고 있다.

- Via Veglia 18, 7500 St. Moritz
- ☎ +41 81 836 80 00
- @ www.kulm.com

Badrutt's Palace ★★★★★

생모리츠의 상징과도 같은 품격 있는 럭셔리 호텔로 그림 같은 생모리츠 호수의 전경을 만끽할 수 있다. 명품 거리인 셀라스 거리에 있으며 기차역 옆 생모리츠 디자인 갤러리에서 에스컬레이터로 바로 연결된다.

- Via Serlas 27, 7500 St. Moritz
- ☎ +41 81 837 10 00
- @ www.badruttspalace.com

Art Boutique Hotel Monopol

★★★★

모던하고 스타일리시한 일급 호텔로 다양한 사이즈의 더블룸을 가지고 있으며 스파 시설도 갖추고 있다. 학교 광장 바로 근처에 있어 최고의 위치를 자랑한다.

- Via Maistra 17, 7500 St. Moritz
- ☎ +41 81 837 04 04
- @ www.monopol.ch

Hotel Steffani

★★★★

3대째 대대로 한 가족이 운영하는 호텔로 실내 수영장, 3개의 바와 레스토랑 등 다양한 부대시설을 갖추고 있다. 2018년 12월에 리노베이트한 객실은 아늑한 분위기를 자아낸다.

- Via Traunter Plazzas 6, 7500 St. Moritz
- ☎ +41 81 836 96 96
- @ www.steffani.ch

Hauser St. Moritz

★★★★

학교 광장 근처의 활기찬 중심지에 위치한 호텔 겸 레스토랑으로 깔끔하게 개조된 객실과 브런치를 즐길 수 있는 멋진 야외 테라스 레스토랑을 가지고 있다.

- Via Traunter Plazzas 7, 7500 St. Moritz
- ☎ +41 81 837 50 50
- @ www.hotelhauser.ch

TIP 생모리츠 호텔은 춘계, 추계에 한시적으로 문을 닫고 하계, 동계 시즌에만 오픈하는 호텔이 있으니 여행 계획을 세울 때 미리 오픈 여부를 확인하는 것이 좋다.

Scuol

스쿠올

동화처럼 예쁜 비밀의 온천 마을

엥가딘 지방의 독특한 전통을 그대로 고수하고 있는 마을 스쿠올은 알프스나 호수가 아닌 스위스의 또 다른 매력을 발견할 수 있는 곳이다. 스그라피토Sgraffito라는 전통 기법으로 꾸며진 마을의 아름다운 집과 예쁜 꽃으로 장식된 개성 있는 창문을 구경하다보면 마치 그림 동화책 속에 들어와 있는 듯한 착각이 든다. 또한 스쿠올은 19세기부터 유명세를 떨친 온천 마을로도 잘 알려져 있다. 스위스 최초의 로만 아이리시 바스를 가진 온천 센터 엥가딘 바트 스쿠올Bogn Engiadina Scuol은 다양한 스파 시설과 프로그램으로 인기를 얻고 있으며 효과 만점의 미네랄 워터는 온천 센터는 물론 마을 곳곳에 있는 샘에서도 맛볼 수 있다.

엥가딘 스쿠올 홈페이지 | www.scuol.ch

찾아가기

기차 스쿠올은 스위스 동쪽 끝에 있어 다른 도시들에서 이동하는 시간이 꽤 소요되는 편이다. 체르마트에서는 기차를 여러 번 갈아타도 6시간 정도가 소요되므로 차라리 빙하 특급을 타고 멋진 풍경을 감상하며 쿠어나 생모리츠로 이동한 후 기차를 한 번 갈아타고 스쿠올까지 이동하는 편이 낫다.

주요 도시-스쿠올 열차 이동 시간

취리히 : 약 2시간 50분 **생모리츠** : 약 1시간 30분
쿠어 : 약 2시간 **체르마트** : 7시간 33분(빙하 특급+기차)

자동차 취리히에서는 3번과 28번 도로를 이용해 이동할 수 있으며 생모리츠에서는 27번 도로가 연결된다. 오스트리아의 인스부르크 등 접경 지역의 도시에서는 2시간, 독일의 뮌헨에서는 3시간 정도면 스쿠올로 이동할 수 있다.

주요 도시-스쿠올 자동차 이동 시간

취리히 : 2시간 40분 **생모리츠** : 1시간 5분
쿠어 : 1시간 50분 **체르마트** : 5시간 25분

시내 교통

스쿠올 타라스프 기차역에서 우체국과 인포메이션까지는 도보로 약 10분, 마을 중심까지는 도보로 약 20분 정도가 소요된다. 스쿠올 마을 내에서만 운행되는 버스 Bus da Scuol을 이용해 마을 중심으로 이동한다면 마을의 북쪽 지구나 남쪽 지구를 지나 Bogn Engiadina 정류장이나 Belvedere 정류장에 하차하면 된다. 그 외에도 스쿠올 기차역에서 주변 마을로 운행하는 대부분의 포스트 버스도 Belvedere와 Bogn Engiadina 정류장을 거쳐가기 때문에 921번이나 923번 등의 포스트 버스를 타도 된다. 스쿠올 스파 호텔을 예약하는 사람들에게는 포스트 버스 탑승권과 지역철도 티켓 등을 무료로 주는 웰니스 패키지를 제공하는 호텔이 많으므로 호텔 예약 시 미리 확인하자.

Travel Highlight

남쪽 구시가 Unterdorf

마을의 가장 중심 거리인 스트라둔Stradun 거리에서 엥가딘 역사 박물관Museum d'Engiadina Bassa이 있는 방향으로 내려가다보면 스그라피토 기법의 아름다운 엥가딘 전통 가옥들이 죽 늘어서 있는 스쿠올의 남쪽 구시가를 만나게 되는데 이쪽에 가지 않는다면 스쿠올에서 가장 매력적인 곳을 놓쳤다고 할 수 있다. 가는 길에는 몸에 좋은 스쿠올의 미네랄 워터를 맛볼 수 있는 예쁜 광천수 샘도 있으므로 천천히 산책하듯 다녀오면 된다.

📍 스트라둔 거리에서 남쪽 방향으로 도보 5분 / 버스로 이동 시 Plaz 정류장 하차

엥가딘 바트 스쿠올 온천 센터 Bogn Engiadina Scuol

마을 중심에 있는 엥가딘 바트 스쿠올은 6개의 실내풀과 야외풀, 미네랄 워터로 채워진 자쿠지, 천연 미네랄 소금의 마사지 효과를 즐길 수 있는 소금물풀, 솔라리움, 다양한 사우나 등을 가진 현대적인 온천 센터다. 특히 아름다운 엥가딘의 경치를 감상하며 온천을 즐길 수 있는 야외풀과 유럽의 고대 목욕 문화 2개가 결합된 코스 프로그램인 로만 아이리시 바스가 이곳의 자랑이다. 또한 포괄적인 건강 콘셉트를 강조하는 웰니스 센터에서는 온천수의 구성 요소, 휴양, 운동, 음식, 고산기후 등의 결합을 통해 건강과 질병 예방을 증진하는 이상적인 프로그램을 제공하고 있다.

스쿠올 타라스프역에서 버스를 타고 Bogn Engiadina 하차(약 5~8분 소요)

온천	성인	매일	08:00-21:45
	17세 이하	매일	10:30-21:45
사우나	혼탕(18세 이상)	월, 화, 수, 금, 토, 일요일	09:00 -21:45
		목요일	12:00-21:45
	여성 전용	목요일	09:00-12:00
	17세 이하(성인 동반 필수)	수요일, 일요일	10:30-16:30
로만 아이리시 바스	매일 오픈하며 온라인(shop.engadinbad.ch/de/bad/reservation)이나 전화(+41 81 861 26 00)로 예약 시 이용 가능		

CHF

입장료(CHF)	성인	12~17세	6~11세
3시간	34	20	13
1일권	48	28	18
저녁 입장(19:30~)	24	14	9
로만 아이리시 바스 (3시간 50분)	72		
로마 아이리시 바스 +온천+사우나	96		

* 사우나와 로만 아이리시 바스 구역은 18세부터 입장할 수 있으며 누드 존(수건으로 감싸는 것은 괜찮음)이다. 단, 사우나만 18세 미만은 정해진 요일과 시간에 성인과 동반 시 입장할 수 있다.

과르다 Guarda

1985년 스위스의 문화재 보호 지역으로 지정된 아름다운 마을 과르다는 대부분의 집들이 18세기 중반부터 19세기에 건축된 스그라피토 기법으로 장식되어 있어 어느 곳을 봐도 그림엽서 같은 풍경이 펼쳐진다. 스쿠올에서 가려면 과르다 기차역에 내려 다시 포스트 버스로 이동해야 하는 불편함이 있지만, 그 불편함을 감수하고라도 찾을 만큼 아름다운 마을이다.

스쿠올에서 기차를 타고 과르다역에서 하차(약 12분 소요)한 후, 기차역 앞 버스 정류장에서 851번 포스트 버스를 타고 마을 중심으로 이동(약 8분 소요)

타라스프 Tarasp

환상적인 전망의 언덕 위 타라스프 성으로 유명한 마을 타라스프는 다른 주변 마을들에 비해 광활한 풍경을 자랑하는 곳으로 스위스 국립공원 입구에 있어 하이킹이나 자전거 하이킹을 즐기는 사람들이 많이 찾는다. 1040년에 세워진 역사 깊은 타라스프 성(www.schloss-tarasp.ch)은 가이드 투어로만 방문할 수 있으며 입장료는 CHF15이다.

스쿠올에서 923번 포스트 버스를 타고 Tarasp, Fontana 하차(약 20분 소요)

센트 Sent

해발 1440m의 양지바른 곳에 위치한 그림 같은 마을 센트는 아름다운 엥가딘 마을의 전형적인 모습을 볼 수 있는 곳이다. 꼭 들러야 할 관광 스폿이 있는 것이 아니기 때문에 한적한 마을을 한 바퀴 둘러보고 레스토랑에서 맛있는 식사를 하며 여유롭게 시간을 보내면 된다. 스쿠올에서 버스만 한 번 타면 쉽게 다녀올 수 있다.

📍 스쿠올에서 923번 또는 925번 포스트 버스를 타고 Sent, Plaz 하차(약 11분 소요)

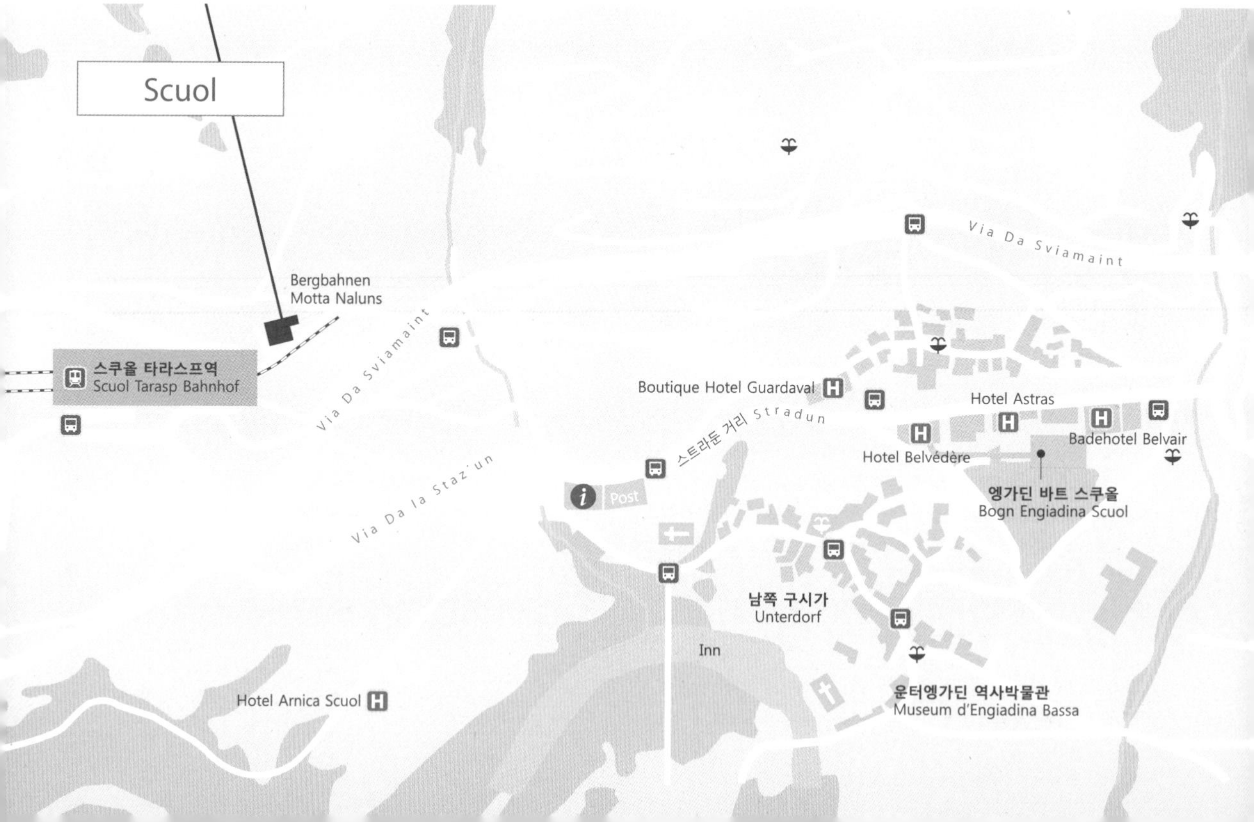

스쿠올 추천 숙소

Hotel Belvédère ★★★★★

벨베데레 호텔즈에서 운영하는 3개의 스쿠올 호텔 중 가장 규모가 크고 유명한 호텔이다. 스쿠올의 중심 거리인 스트라둔 거리에 있어 이동하기에 편리하며 무엇보다 온천 센터인 엥가딘 바트 스쿠올까지 내부 통로로 연결되어 있어 스파를 하러 가기에 편하다. 또한 다양한 마사지와 뷰티 트리트먼트 프로그램을 제공하는 호텔 자체 스파인 Vita Nova도 별도로 운영하고 있다. 숙박 요금에 엥가딘 바트 스쿠올 무료 입장권과 지역 철도 및 포스트 버스 이용, 스쿠올 주변 전망대 곤돌라 및 스키 패스 포함.

- 🏠 Stradun 330, 7550 Scuol
- ☎ +41 81 861 06 06
- @ www.belvedere-scuol.ch

Boutique Hotel Guardaval ★★★★

벨베데레 호텔즈에서 운영하는 3개의 스쿠올 호텔 중 하나로 400년 된 전통 엥가딘 하우스를 개조한 엥가딘 최초의 부티크 호텔이다. 언덕 위에 있어 환상적인 전망을 자랑하며 아늑하면서도 로맨틱한 디테일이 돋보이는 36개의 객실과 맛있는 음식을 제공하는 레스토랑, 분위기 좋은 라운지 바 등 완벽한 휴식을 위한 모든 조건을 갖추고 있다. 숙박 요금에 엥가딘 바트 스쿠올 무료 입장권과 지역 철도 및 포스트 버스 이용, 스쿠올 주변 전망대 곤돌라 및 스키 패스 포함.

- 🏠 Vi 383, 7550 Scuol
- ☎ +41 81 861 09 09
- @ www.guardaval-scuol.ch

Badehotel Belvair ★★★

벨베데레 호텔즈에서 운영하는 3개의 스쿠올 호텔 중 유일한 준일급 호텔이지만 모던한 객실과 쾌적한 시설을 잘 갖추고 있다. 호텔에서 엥가딘 바트 스쿠올로 바로 연결되는 통로가 있어 스파를 이용하기 매우 편리하다. 숙박 요금에 엥가딘 바트 스쿠올 무료 입장권과 지역철도 및 포스트 버스 이용, 스쿠올 주변 전망대 곤돌라 및 스키 패스 포함.

- 🏠 Stradun 169, 7550 Scuol
- ☎ +41 81 861 25 00
- @ www.belvair.ch

Hotel Astras ★★★

편안하고 아늑한 분위기의 호텔로 엥가딘 바트 스쿠올로 연결되는 통로를 따라가면 5분 안에 온천 센터에 도착할 수 있다. 넓은 호텔 테라스는 엥가딘 지역의 멋진 풍경을 감상하며 식사를 하기에 더없이 좋다.

- 🏠 Stradun 325, 7550 Scuol
- ☎ +41 81 864 11 25
- @ www.astras.ch

Hotel Arnica Scuol ★★★

엥가딘 지역의 멋진 자연경관이 한눈에 들어오는 곳에 자리한 성인 전용 호텔로 아르벤 나무를 사용한 독특한 외관이 눈에 띈다. 자연과 잘 어우러지게 꾸민 객실은 큰 창이 있어 답답하지 않으며 사우나, 스팀 바스 등 웰니스 시설도 마련되어 있다. 체크인은 밤 9시 30분까지이니 참고하자.

- 🏠 Via da Brentsch 417, 7550 Scuol
- ☎ +41 81 864 71 20
- @ www.arnica-scuol.ch

Bad Ragaz

바트라가츠

우아하고 고급스러운 스파 리조트

마이언펠트와 더불어 하이디랜드의 핵심적인 마을인 바트라가츠는 소설 <하이디Heidi>에서 다리가 아픈 클라라가 요양을 위해 머물렀던 마을로 실제로도 고급 호텔과 온천 센터, 골프 코스까지 갖춘 최고급 스파 리조트다. 13세기 순례자들이 마을 근처 타미나 계곡 깊은 곳에 숨은 원천을 발견한 이래 서서히 이름이 알려지다가 1840년부터 4km 떨어진 마을까지 파이프가 연결되어 좀 더 쉽게 온천을 즐길 수 있게 되면서 급속도로 유명한 온천 리조트로 발전했다. 마이언펠트와 가까워 하이디를 테마로 두 곳을 함께 여행할 수 있다.

하이디랜드 관광청 | heidiland.com

찾아가기

기차 바트라가츠는 취리히에서 약 1시간~1시간 30분 정도 거리에 있기 때문에 스위스 여행 일정의 처음이나 끝에 부담 없이 추가할 수 있다. 마이언펠트로 이동할 때는 기차역 앞에서 22번 포스트 버스를 이용하면 기차보다 시간은 좀 더 걸리지만 마이언펠트 마을 중심까지 바로 이동할 수 있어 편리하다.

자동차 취리히나 루체른에서 올 때는 3번 도로를, 쿠어나 생모리츠 등 남부에서 이동할 때에는 13번 도로를 주로 이용한다.

주요 도시-바트라가츠 열차 이동 시간

취리히 : 1시간 17분(직행 기차) **루체른** : 약 1시간 50분
쿠어 : 16분 **마이언펠트** : 2분(기차), 15분(포스트 버스)

주요 도시-바트라가츠 자동차 이동 시간

취리히 : 약 1시간 **루체른** : 약 1시간 30분
생모리츠 : 약 1시간 40분 **쿠어** : 약 20분 **마이언펠트** : 약 4분

시내 교통

기차역에서 마을 중심까지는 도보로는 약 15분 정도 소요되며 기차역 앞 Bahnhof 정류장에서 마을 중심의 Post 정류장까지는 451번, 452번, 453번 포스트 버스를 이용하면 2~4분이면 이동할 수 있다.

Travel Highlight

마을 중심 지구 Dorf

기차역에서 반호프 거리Bahnhof Strasse로 이어져 있는 바트라가츠 마을의 중심 지구는 한적하고 평화로운 분위기의 시가지와 온천 리조트로 나뉘어 있다. 마을 곳곳에 있는 조각 작품들은 주변의 건물과도 조화를 잘 이루고 있어 전체적인 마을 분위기를 예술적으로 만든다. 현재 투어리스트 인포메이션이 있는 도르프바트Dorfbad는 1866년에 세워진 역사적인 건물로 현재까지도 스파와 마사지를 즐길 수 있는 Spa House가 운영되고 있다. 타미나 온천으로 가려면 다리를 건너 온천 리조트 쪽으로 이동하면 된다.

- 기차역에서 도보 15분, 포스트 버스로 2~4분 소요

©Tamina Therme AG

타미나 온천 Tamina Therme

1871년 유럽의 첫 번째 온천 실내 수영장으로 문을 연 후 라이너 마리아 릴케, 프리드리히 니체, 토마스 만, 빅토르 위고 등 여러 유명 인사들에게 사랑받던 유서 깊은 온천 센터다. 현재는 특급 호텔과 카지노, 골프 클럽 등이 함께 있는 리조트 단지 내에 있다. 멋진 뷰를 자랑하는 야외풀과 다양한 기능을 가진 실내풀, 워터 그로토, 스팀 바스 등의 시설이 있으며 야외풀의 온도는 1년 내내 타미나 원천과 비슷한 34~36℃를 유지해 겨울철에도 알프스를 보며 온천을 즐길 수 있다.

마을 중심의 바르트홀로메 광장Bartholomé Platz에서 도보 3분

<table>
<tr><th>오픈 시간</th><th>온천</th><th>사우나</th><th>웰니스</th><th>카페</th><th>숍</th></tr>
<tr><td>월, 화, 수, 목, 토, 일요일</td><td>08:00-22:00</td><td>10:00-22:00</td><td rowspan="2">09:00-20:00</td><td rowspan="2">08:00-20:00</td><td rowspan="2">10:00-18:00</td></tr>
<tr><td>금요일</td><td>08:00-23:00</td><td>10:00-23:00</td></tr>
</table>

CHF

온천 입장료 (단위 CHF)	성인		3~16세	
	월~금요일	주말, 공휴일	월~금요일	주말, 공휴일
2시간	33	40	17	20
1일권	47	54	28	31
아침 입장(오픈 시간~11:00)	23	30	13	16

* 사우나 구역 입장 포함 시 성인 CHF18, 12~16세 CHF15 추가
* 3세 미만은 베이비 수영장 이외에 입장 불가
* 12세 미만은 사우나 구역 입장 불가

사우나 입장료 (단위 CHF)	성인		12~16세	
	월~금요일	주말, 공휴일	월~금요일	주말, 공휴일
4시간	37	44	19	22
1일권	51	58	30	33

바트라가츠 추천 숙소

Grand Resort Bad Ragaz ★★★★★

2개의 럭셔리 호텔 Grand Hotel Quellenhof & Spa Suite와 Grand Hotel Hof Ragaz, 온천 센터, 골프 코스 등으로 구성된 리조트 단지다. 대중 온천 센터인 타미나 온천 이외에 Helenabad(34℃)와 Sportbad(28℃), 5~9월에만 이용할 수 있는 Garden Pool 등의 스파 시설이 있으며 18홀의 PGA 챔피언십 골프 코스, 미슐랭 원스타 레스토랑 등을 자랑한다.

🏠 Grand Resort Bad Ragaz, 7310 Bad Ragaz ☎ +41 81 303 30 30

@ www.resortragaz.ch

Sorell Hotel Tamina ★★★★

인포메이션이 있는 도르프바트 옆 마을의 가장 번화한 중심지에 위치한 호텔로 클래식한 외관과 모던한 디자인의 객실을 가지고 있다.

🏠 Am Platz 3, 7310 Bad Ragaz

☎ +41 81 303 71 71

@ sorellhotels.com

Hotel Schloss Ragaz ★★★

그랜드 리조트 근처의 한적하고 울창한 삼림 속에 자리 잡은 성을 개조한 호텔로 성안에 있는 객실인 캐슬룸, 부속 건물들에 위치한 방갈로와 레지던스 객실이 있다.

🏠 Schloss-Strasse 1, 7310 Bad Ragaz

☎ +41 81 303 77 77

@ www.hotelschlossragaz.ch

Hotel Restaurant Rössli ★★★

오래된 호텔을 완벽하게 개조한 디자인 호텔로 밝고 아늑한 분위기의 넓은 객실과 고미요 포인트 15점을 받은 레스토랑이 있다.

🏠 Freihofweg 3, 7310 Bad Ragaz

☎ +41 81 302 32 32

@ roessliragaz.ch

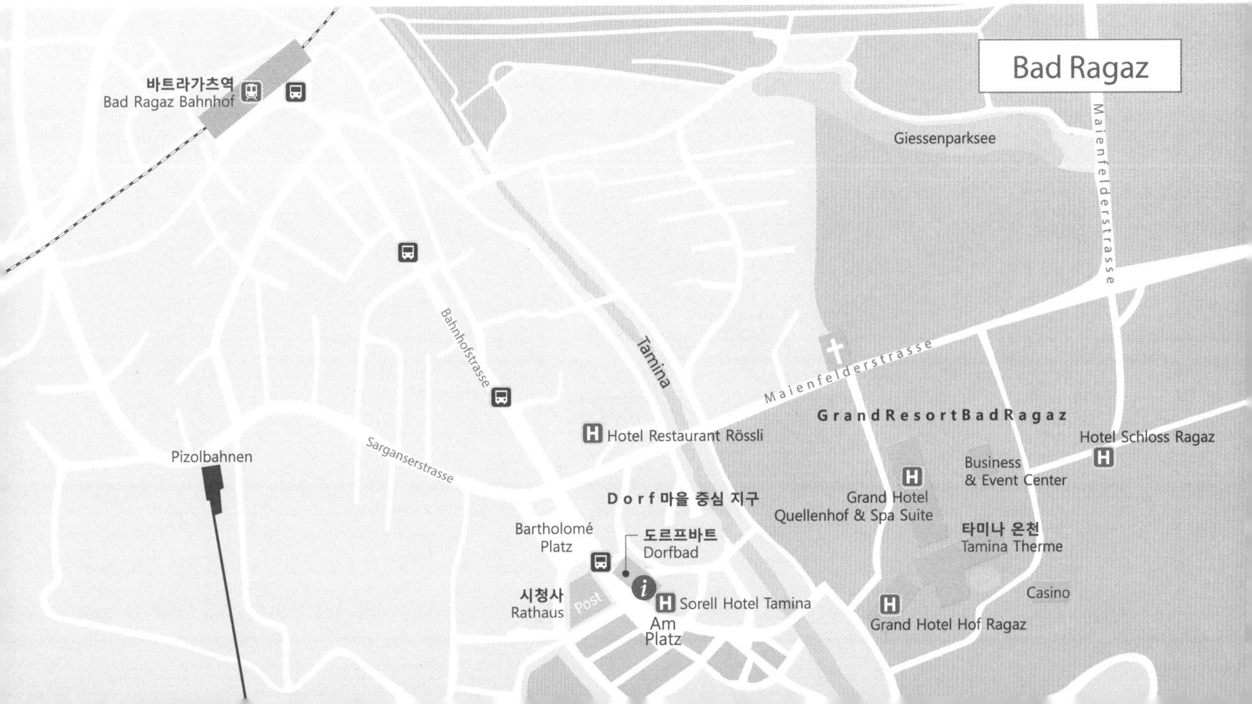

Maienfeld

마이언펠트

하이디와 피터가 살고 있는 한가로운 시골 마을

마이언펠트는 세계적으로 유명한 스위스의 작가 요한나 슈피리Johanna Spyri의 작품 <하이디Heidi>의 무대가 되었던 마을이다. 이곳에서는 카우벨을 울리며 한가롭게 풀을 뜯는 소 떼와 산양들, 마을을 높이 둘러싼 알프스, 한적하고 아름다운 마을 등 어릴 적 동화책을 읽으며 머릿속으로 그리던 풍경이 눈앞에 펼쳐진다. 소설 속 하이디 이야기가 그대로 재현되어 있는 하이디 마을Heididorf은 동심으로 돌아가 한가로운 휴식을 즐길 수 있는 곳이다. 특히 예쁜 꽃이 만발한 계절에는 싱싱한 잔디로 채워진 푸른 평원과 알프스의 멋진 경치를 즐기며 하이킹을 하기에 더없이 좋다.

하이디 마을 홈페이지 | www.heididorf.ch

찾아가기

기차 마이언펠트는 기차역 내에 짐을 보관할 수 있는 코인 로커가 없기 때문에 기차 여행 시 중간 경유지로 들르기보다는 취리히나 바트라가츠에서 숙박하며 하루 일정으로 소풍을 다녀오는 것이 좋으며 좀 더 여유롭게 쉬고 싶다면 하루 정도 마이언펠트에 숙박하는 것도 고려해볼 만하다. 바트라가츠에서 이동할 때는 기차역 앞에서 22번 포스트 버스를 이용하면 마이언펠트 마을 중심까지 바로 이동할 수 있다.

주요 도시-마이언펠트 열차 이동 시간

취리히 : 약 1시간 10분　**스쿠올 :** 약 1시간 40분
쿠어 : 14분　**바트라가츠 :** 2분(기차), 15분(버스)

자동차 취리히나 루체른에서 올 때는 3번 도로를, 쿠어나 생모리츠 등 남부에서 이동할 때는 13번 도로를 주로 이용한다.

주요 도시-마이언펠트 자동차 이동 시간

취리히 : 약 1시간 5분　**스쿠올 :** 약 1시간 40분
쿠어 : 약 16분

시내 교통

기차역에서 마이언펠트 마을까지는 도보로 5~10분 정도 소요되며 기차역 앞에서 포스트 버스로 이동할 수도 있다.

Travel Highlight

시청사 광장 Städtli Platz

마이언펠트 마을의 중심 광장으로 예쁜 분수와 우체국, 카페 등이 있다. 하이디 마을Heididorf로의 본격적인 하이킹을 시작하기 전에 잠시 쉬어가기 좋은 곳이다.

📍 마이언펠트 기차역에서 도보 5분

하이디 마을 Heididorf

하이디가 할아버지와 함께 겨울을 보냈던 하이디 마을에는 소설 속 하이디의 집을 그대로 꾸며놓은 하이디 하우스Heidihaus가 있다. 하이디 하우스의 마당에 들어서면 하이디와 피터의 애완동물이었던 염소와 닭 등 귀여운 동물들이 방문객을 반겨주고 내부는 동화책에 쓰여 있는 대로 부엌과 식당, 하이디의 포근한 건초 침대가 있는 위층의 침실 등으로 꾸며져 있다. 최근에는 요한나 슈피리의 하이디 월드Johanna Spyri's Heidi World라는 작은 박물관도 생겼으며 스위스에서 가장 작은 우체국이 함께 있어 이 우체국에서 하이디 스탬프를 찍어 기념으로 친구나 가족에게 엽서를 보내면 근사한 선물이 된다.

시청사 광장에서 도보 약 25분 3월 중순~11월 중순 10:00-17:00
CHF 성인 CHF13.9, 5~14세 CHF5.9, 5세 미만 어린이 무료

하이디 트레일 Heidiweg

마이언펠트에 갔다면 꼭 한 번 도전해보아야 하는 것이 소설 속 하이디를 찾아 떠나는 즐거운 하이킹이다. 하이디 트레일은 마이언펠트 기차역 근처 하이디 숍 겸 인포메이션 센터에서 시작해 마이언펠트 마을, 하이디 마을, 하이디호프 Heidihof 호텔, 하이디의 샘 등의 명소를 돌아보고 기차역으로 돌아오는 비교적 쉬운 코스로 약 1시간 30분~2시간 정도가 소요된다. 시간이 부족하다면 트레일의 중간 지점인 하이디호프 호텔에서 바로 기차역으로 돌아와도 된다.

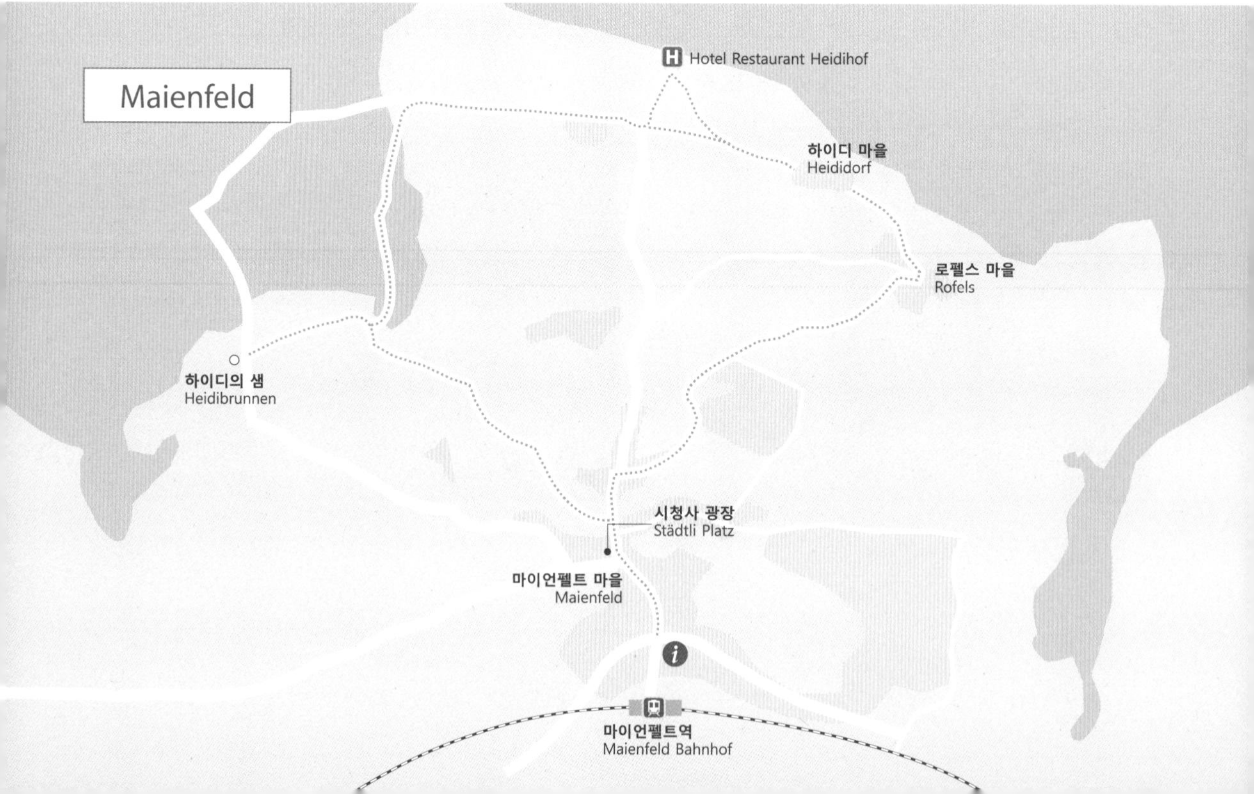

Lugano

루가노

지중해 스타일의 매력적인 호반 도시

티치노 주에서 가장 큰 도시인 루가노는 아름다운 루가노 호수 북쪽에 있는 호반 도시로 마을 양쪽에 드라마틱하게 자리 잡은 멋진 산과 호수를 따라 길게 펼쳐져 있는 로맨틱한 산책로, 야자수와 꽃이 만발한 공원, 보행자 전용 도로로 이어진 컬러풀한 구시가지, 노천 카페가 가득한 광장 등 휴양지 분위기가 넘치는 곳이다. 루가노를 찾는 많은 관광객들은 특별히 무엇을 하기보다는 그저 한가롭게 산책하며 맛있는 이탤리언 요리와 와인을 즐기거나 유람선을 타고 주변 마을로 소풍을 다녀오면서 진정한 휴가를 보낸다.

루가노 관광청 | www.luganoregion.com

찾아가기

기차 루가노는 스위스 중북부 도시들에서는 기차로 쉽게 접근할 수 있지만 서부에서 이동하려면 시간이 많이 소요되므로 여행 일정을 잡을 때 이 점을 참고하는 것이 좋다. 루체른과 티치노 지역을 연결하는 고타르드 파노라마 특급으로 루가노에 온다면 벨린조나에서 기차를 한 번 갈아타야 한다.

주요 도시-루가노 열차 이동 시간

취리히 : 2시간 7분(직행 기차) **인터라켄 :** 약 4시간 10분
루체른 : 약 2시간(기차), 5시간 32분(고타르드 파노라마 특급)
생모리츠 : 4시간(팜 익스프레스 버스) **베른 :** 3시간 15분
티라노 : 3시간 10분(베르니나 특급 버스)

자동차 취리히나 루체른 등 스위스 북쪽에서 이동할 경우 2번 고속도로와 고타르드 터널Gotthard Tunnel을 이용하며 생모리츠에서는 투시스와 벨린조나를 지나는 생 베르나르디노San Bernardino 고개를 넘어오거나 팜 익스프레스 루트를 따라 이탈리아로 넘어갔다가 다시 스위스로 오는 길 2가지 중에서 선택할 수 있다. 이탈리아 밀라노에서도 자동차로 쉽게 이동할 수 있다.

주요 도시-루가노 자동차 이동 시간

취리히 : 약 2시간 30분 **루체른 :** 약 2시간
밀라노 : 약 1시간 10분 **생모리츠 :** 약 2시간 30분
티라노 : 약 2시간 20분

시내 교통

루가노 기차역에서 시내 중심가까지는 도보로 이동하거나(약 10분 소요) 기차역에서 시내 중심의 치오카로 광장Piazza Cioccaro까지 바로 이어지는 푸니쿨라를 이용하면 되는데 푸니쿨라는 오전 5시~자정까지 운행된다. 좀 더 자세한 정보는 루가노 관광청 www.luganoturismo.ch 또는 루가노 대중교통 www.tplsa.ch 참고. 만약 파라디소 지구까지 이동한다면 키아소Chiasso행 기차로 갈아타고Lugano Paradiso역에서 내리거나 기차역에서는 TPL 시내버스 2번을, 시내 중심에서는 1번을 이용하면 된다.

CHF 버스 1회권(단거리) CHF2, 푸니쿨라 CHF1.3

• 루가노 도심 반일 여행 추천 루트 •

1 루가노 기차역

2 산 로렌초 대성당

3 리포르마 광장

4 산타 마리아 델리 안졸리 교회

산 로렌초 대성당 Cattedrale di San Lorenzo

루가노 기차역에서 구시가지 쪽으로 내려가다보면 맨 처음 만나게 되는 곳으로 루가노 호수와 언덕 아래의 마을이 내려다보이는 곳에 세워진 로만 가톨릭 성당이다. 하얀 석재로 만들어진 아름다운 파사드와 쿠폴라로 덮인 벨 타워가 유명하며 '최후의 심판' 장면을 그린 내부의 프레스코화도 볼 만하다. 성당 앞의 광장에서 보는 루가노의 전경도 놓치지 말고 감상하자.

📍 기차역에서 구시가 방향으로 도보 3분

치아니 공원 Parco Ciani

루가노 시에서 운영하는 치아니 공원은 스위스에서 가장 아름다운 공원 중 하나로 손꼽히는 곳이다. 잔잔한 호수와 산 살바토레 산의 웅장한 경치, 화려한 컬러의 꽃밭이 환상적인 조화를 이루어 느긋하게 산책을 즐기기에 좋다. 구시가지 근처 호숫가에 위치해 루가노 시민과 관광객 모두에게 사랑받고 있다. 공원 내에 있는 핑크빛 아름다운 건물 Villa Ciani는 시립 미술관이다.

📍 리포르마 광장에서 호숫가를 따라 도보 5분

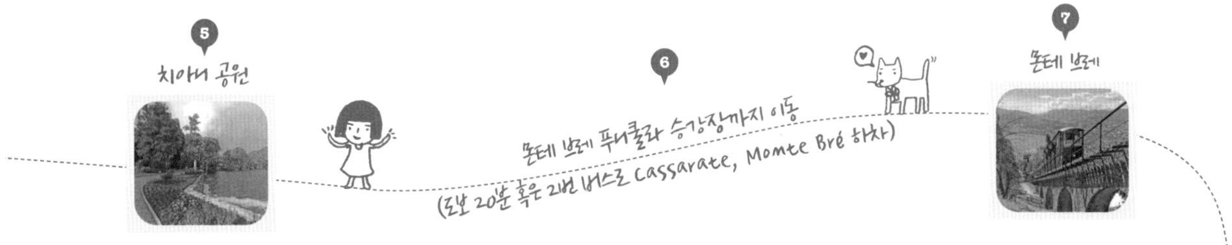

산타 마리아 델리 안졸리 교회
Chiesa di Santa Maria degli Angioli

프란체스코회 수도원의 일부였던 산타 마리아 델리 안졸리 교회는 스위스에서 가장 유명한 르네상스 프레스코화를 볼 수 있는 곳이다. 신도석 앞 벽면을 가득 채우고 있는 풍부한 색채의 프레스코화는 레오나르도 다빈치의 제자인 베르나르디노 루이니Bernardino Luini의 작품으로 '그리스도의 수난과 십자가'를 주제로 하는 생생한 장면들로 구성되어 있다. 쇼핑 거리인 낫사 거리Via Nassa 끝에 있다.

- 낫사 거리 끝 루이니 광장Piazza Luini에 위치

몬테 산 살바토레 Monte San Salvatore

루가노 파라디소 지구에서 푸니쿨라를 타고 올라가는 해발 912m의 몬테 산 살바토레는 10분 정도면 정상에 오를 수 있는 산이다. 정상에는 레스토랑, 박물관, 조그마한 교회가 있으며 루가노 호수와 시가지, 스위스와 사보이 알프스까지의 웅장한 경치가 조화를 이룬 인상적인 경관을 볼 수 있다. 구시가에서 파라디소 지구까지는 기차나 버스, 유람선으로 이동하면 된다.

- 파라디소 지구로 이동한 후 도보 5분 거리의 승강장에서 푸니쿨라로 15분
- 3월 중순~11월 초순
- CHF 성인 왕복 CHF32, 6~16세 CHF14, 스위스 트래블 패스 소지자 50% 할인

몬테 브레 Monte Bré

해발 933m의 몬테 브레는 루가노 도심 동쪽에 있는 카사라테Cassarate에서 푸니쿨라를 타고 오를 수 있는 산으로 정상까지는 환승 시간을 포함해 약 30분이 소요된다. 정상에는 레스토랑과 피크닉 구역 등이 있으며 루가노 호수와 루가노만의 기가 막힌 전망을 감상할 수 있다. 내려올 때는 산 정상 바로 아래에 있는 브레 마을에 들러 예술가들의 혼이 살아 있는 박물관과 미술관을 방문해보자.

- 구시가에서 2번 버스를 타고 Cassarate M. Bré 하차, 승강장에서 푸니쿨라로 약 30분
- 연중 오픈하며 11~5월에는 푸니쿨라 운행 편 감소 CHF 성인 왕복 CHF26, 6~16세, 스위스 트래블 패스 소지자 50% 할인

스위스 미니어처 Swissminiatur

루가노 남쪽에 위치한 마을 멜리데Melide는 스위스 각 주에 있는 주요 건물과 교통수단을 실물의 1/25 크기로 축소하여 전시하고 있는 테마파크인 스위스 미니어처로 유명한 마을이다. 스위스 미니어처는 1만 4000㎡의 야외 부지에 스위스의 알프스와 호수, 모든 명소를 그대로 재현해놓은 곳으로 기차 레일과 푸니쿨라, 등산철도, 케이블카와 보트까지도 놀라울 정도로 세밀하게 묘사되어 있다. 아이들을 위한 놀이터도 마련되어 있고 레스토랑과 기념품점 등의 편의 시설도 잘 갖추어져 있어 아이들을 동반한 가족 여행에 좋다.

- 루가노에서 기차로 7분 이동, 멜리데역 하차 후 도보 5분, 루가노 또는 파라디소에서 멜리데 스위스 미니어처 선착장까지 유람선으로 약 30분
- 3월 중순~11월 초 09:00-18:00
- CHF 성인 CHF21, 65세 이상 CHF17, 6~15세 CHF14, 5세 이하 무료, Family Day Card(부모+동반 어린이) CHF60

헤르만 헤세 박물관 Museo Hermann Hesse

루가노 근교의 몬타뇰라Montagnola는 헤르만 헤세가 1962년 숨을 거두기 전 43년간 말년을 보낸 작은 마을로 헤세의 팬이라면 꼭 한번 가볼 만한 곳이다. 1997년에 문을 연 헤르만 헤세 박물관은 그가 1919년부터 1931년까지 이곳에 와서 살았던 최초의 집, 카사 카무치Casa Camuzzi의 일부인 토레 카무치Torre Camuzzi에 자리 잡고 있으며 그의 작품과 사진, 타자기, 그림 등이 전시되어 있다. 박물관을 둘러본 후 헤세가 자주 들렀던 그로토, 1931년부터 살았던 두 번째 집 카사 로사Casa Rossa, 그가 묻힌 젠틸리노Gentilino의 성 아본디오 교회Sant'Abbondio 묘지까지 그의 발자취를 따라 헤세의 길을 걸어보자. 성 아본디오 교회로 향하는 길은 양쪽으로 아름다운 사이프러스 나무가 늘어서 있어 산책을 즐기기에 더할 나위 없이 좋다.

- 루가노 기차역 뒤편 탑승장에서 포스트 버스 436번을 타고 Montagnola, Paese 하차 후 이정표를 따라 도보 3분
- 3~10월 매일 10:30-17:30, 11~2월 토~일요일 10:30-17:30
- CHF 성인 CHF10, 학생 및 시니어 CHF8, 12세 이하 무료, Family Card(부모+13~18세) CHF26, 스위스 트래블 패스 소지자 무료

루가노 호수 유람선 Navigazione Lago di Lugano

루가노 호수 유람선을 타고 소풍을 다녀올 수 있는 주변의 작은 마을로는 간드리아, 멜리데, 모르코테, 이탈리아의 캄피오네 등이 있으며 만약 주변 마을에 다녀올 정도로 시간 여유가 없다면 몬테 브레나 몬테 산 살바토레에 오르기 위해 카사라테나 파라디소 지구로 이동할 때 유람선을 타면 된다. 유람선은 스위스 트래블 패스가 있으면 무료로 이용할 수 있다. 루가노 호수를 좀 더 특별하게 즐기고 싶다면 추가 요금을 내고 선상에서 런치를 즐길 수 있는 런치 보트(3월 말~10월 중순 운행)나 디너와 음료, 살사 또는 탱고 등을 즐길 수 있는 나이트 크루즈(6월 초~8월 말 운행)에 탑승해보자. 유람선 운행 시간표와 크루즈 정보는 www.lakelugano.ch 참고.

리포르마 광장에서 도보 1분 거리에 선착장 위치

HOT TIP

루가노에서 유람선으로 다녀오는 간드리아 반일 투어(하계 기준)

루가노 → 간드리아
10:15*/11:15 루가노에서 유람선 출발
10:22*/11:22 루가노 파라디소에서 유람선 출발
10:40*/11:50 간드리아 도착, 마을 산책

간드리아 → 루가노
15:05 점심 식사 후 간드리아 출발
15:25 루가노 도착

* 간드리아에서 좀 더 여유로운 일정을 원할 경우 이른 시간 선택

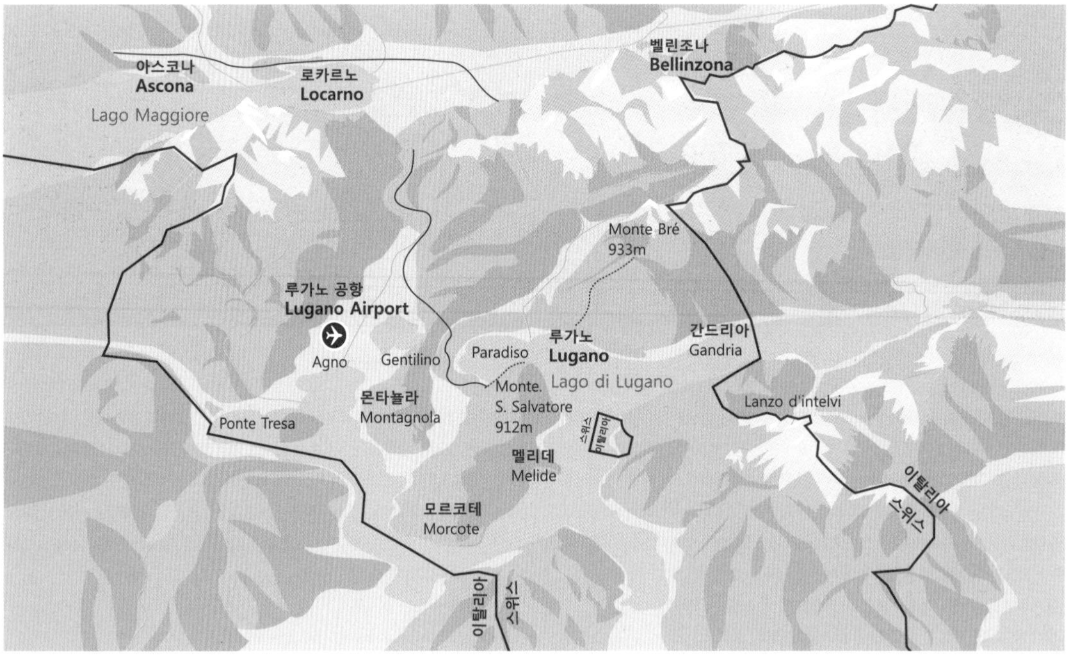

모르코테 Morcote

루가노에서 약 10km 떨어진 아름다운 호반 마을로 간드리아에 이어 루가노에서 하루 소풍을 다녀오기 좋은 곳이다. 포스트 버스로도 갈 수 있지만 그림엽서 같은 마을의 경치를 제대로 감상하려면 유람선을 이용하는 편을 추천한다. 호숫가의 다른 마을들과 비슷하게 좁은 골목길과 예쁜 레스토랑, 상점 등을 가지고 있으며 환상적인 전망과 16세기 프레스코화를 자랑하는 르네상스 바로크 양식의 산타 마리아 델 사소 교회가 유명하며 여러 나라 건축양식의 건물들과 아름다운 정원을 감상할 수 있는 셰레르 공원Parco Scherrer도 산책하기에 좋다.

- 루가노 또는 파라디소 선착장에서 유람선으로 약 50분, 루가노 레초니코 광장Piazza Rezzonico에서 431번 포스트 버스로 약 30분

간드리아 Gandria

루가노에서 약 5km 떨어진 작은 마을 간드리아는 서정적이고 로맨틱한 풍경을 자랑하는 곳이다. 가파른 경사면에 자리 잡고 있는 마을에는 아기자기하게 연결된 좁은 돌길과 16세기 바로크 양식의 교회, 맛있는 레스토랑들이 있다. 호수 맞은편 Cantine di Gandria 건물에 자리 잡고 있는 스위스 세관 박물관Museo delle Dogane은 1835~1921년까지 국경 경비소로 사용되던 곳으로 박물관이 처음 문을 열었던 당시에 밀수품이 주요 전시품이었던 까닭에 밀수 박물관이라는 별칭을 가지고 있다.

- 루가노 또는 파라디소 선착장에서 유람선으로 25분 / 세관 박물관은 Cantine di Gandria 선착장에 하선
- 세관 박물관 4월~10월 중순 12:00-17:00
- CHF 세관 박물관 입장료 CHF5, 6세 이하 무료

폭스 타운 Fox Town

루가노에서 약 15km 정도 떨어진 멘드리시오Mendrisio에 위치한 폭스 타운은 세계적인 명품 브랜드를 30~70%까지 저렴하게 구입할 수 있는 팩토리 아웃렛으로 의류, 스포츠 용품, 아동복, 가방, 신발, 화장품 등 다양한 제품을 갖추고 있다. 구찌, 프라다, 돌체 & 가바나, 에르메네질도 제냐, 펜디, 토즈, 에트로, 발리 등의 브랜드를 만나볼 수 있으며 레스토랑, 카페 등의 부대시설이 있어 여유롭게 쇼핑을 즐길 수 있다.

- 루가노에서 교외선 기차로 Mendrisio S. Martino역으로 이동(17분 소요)한 후 도보로 6분, 포스트버스를 타고 Mendrisio, via Morèe 정류장 하차, 시간과 요금은 사이트 www.postauto.ch/en에서 검색.
- 매일 11:00-19:00, 1/1, 부활절, 8/1, 12/25~26 휴무

Restaurant & Café

라 쿠치나 디 알리체 La Cucina di Alice

루가노 호숫가 산책로에 위치한 아담하고 분위기 좋은 이탤리언 레스토랑. 신선한 생선과 고기 요리, 샐러드, 파스타 등 다양한 요리를 즐길 수 있으며 맛도 훌륭하다. 테라스석에서는 루가노 호수의 멋진 전경을 감상할 수 있다.

- Riva Vela 4, 6900 Lugano
- ☎ +41 91 922 01 03
- 매일 12:00-15:00, 18:30-22:00
- CHF 샐러드 CHF20~29, 파스타와 리소토 CHF25~29, 메인 요리 CHF39~55
- @ www.lacucinadialice.ch

트라토리아-피자리아 갤러리아
Trattoria-Pizzeria Galleria

정통 이탤리언 음식을 맛볼 수 있는 트라토리아 겸 피자리아. 맛있는 음식과 친절한 서비스로 정평이 나 있으며 치아니 공원에서 멀지 않은 곳에 있다.

- Via Gerolamo Vegezzi 4, 6900 Lugano
- ☎ +41 91 922 24 15
- 매일 11:00-15:00, 18:00-24:00
- CHF 리소토, 파스타 CHF19.5~30, 메인 요리 CHF23~45, 피자 CHF14~26
- @ www.trattoriagalleria.ch

그랜드 카페 알 포르토 Ristorante Grand Café Al Porto

1803년에 문을 연 전통 있는 레스토랑 겸 카페. 우아하고 고풍스러운 분위기로 식사보다는 향이 진한 에스프레소와 달콤한 디저트를 즐기기에 좋으며 이탈리아 전통 빵인 파나토네와 아마레티, 초콜릿 등을 선물로 구입할 수도 있다.

- Via Pessina 3, 6900 Lugano
- ☎ +41 91 910 51 30
- 월~토요일 08:00-18:30, 일요일 휴무
- CHF 디저트 CHF6~, 파나토네 CHF19.5~23.5, 비즈니스 런치 3코스 CHF50~
- @ www.grand-cafe-lugano.ch

9젤라또 이탈리아노 9 Gelato Italiano

이탈리아의 전통적인 방식으로 만든 젤라또를 만날 수 있다. 신선한 재료와 고품질의 원료를 사용한 젤라또는 딸기, 초콜릿, 바닐라, 마카다미아넛 등 다양한 맛을 즐길 수 있다. 스위스에서 전통 젤라토를 즐기고 싶다면 방문해 보자

- Via al Forte 4, 6900 Lugano
- ☎ +81 91 921 15 67
- 월, 화, 수, 목요일 11:00-23:00, 금요일 24시간, 토요일 11:00-12:00, 일요일 09:00-23:00
- CHF 젤라또 CHF8~
- @ www.gelato-9.com/

루가노 추천 숙소

Hotel Splendide Royal Lugano

★★★★★

19세기에 오픈한 전통 있는 특급 호텔로 루가노 파라디소로 가는 호반 산책로에 있다. 객실은 클래식한 스타일로 꾸며져 있으며 호수 전망 객실과 레스토랑의 테라스석에서 감상하는 루가노 호수의 풍경이 매우 아름답다.

🏠 Riva Antonio Caccia 7, 6900 Lugano

☎ +41 91 985 77 11

@ www.splendide.ch

Hotel Lugano Dante

★★★★

루가노 기차역에서 푸니쿨라를 타고 내려오는 치오카로 광장에 있는 클래식한 분위기의 호텔. 기차역에서 가까울 뿐 아니라 구시가 중심에 있어 관광하기에 편리하다. 하지만 무엇보다 이 호텔이 고객 만족도가 높은 이유는 고객에 대한 세심한 배려에 있다.

🏠 Piazza Cioccaro 5, 6900 Lugano

☎ +41 91 910 57 00

@ www.hotel-luganodante.com

Hotel City Lugano

★★★★

모던하고 깔끔한 디자인 호텔로 루가노 중심지에서는 약간 떨어진 대학 지구에 있다. 로비에 놓인 컬러풀한 의자는 덴마크 건축가인 아르네 야콥센Arne Jacobsen이 디자인했으며 공용 공간에서 커피, 스낵 등을 무료로 즐길 수 있다.

🏠 Via Giuseppe Bagutti 4, 6900 Lugano

☎ +41 91 222 09 00

@ www.hotelcitylugano.ch

Continental Parkhotel

★★★

루가노 기차역 바로 옆에 있는 유서 깊은 호텔로 같은 가문이 대대로 운영하고 있어 소유주의 자부심이 강하다. 이 호텔 최고의 자랑은 호텔을 둘러싸고 있는 아열대 정원과 그 속에 자리 잡은 야외 수영장으로 여름철 이곳을 찾는 여행객이 가장 만족하는 부분이기도 하다.

🏠 Via Basilea 28, 6900 Lugano

☎ +41 91 966 11 12

@ www.continentalparkhotel.com

Hotel International Au Lac

★★★

100년의 전통을 자랑하는 호텔로 루가노 최고의 쇼핑가인 낫사 거리에 있어 관광과 쇼핑을 모두 즐기기에 최고의 입지를 자랑한다. 야외 수영장과 정원이 있어 가족 여행객에게 인기가 많다. 3월 말 또는 4월 초~10월 말까지만 문을 연다.

🏠 Via Nassa 68, 6901 Lugano

☎ +41 91 922 75 41

@ www.hotel-international.ch

Hotel Federale

★★★

가족이 대대로 경영해온 호텔로 루가노 기차역에서 도보 5분 거리의 보행자 구역에 있다. 무료 Wi-Fi 서비스를 제공하며 지하 주차장, 레스토랑 등의 시설을 갖추고 있다. 싱글 객실부터 최대 5인까지 숙박할 수 있는 패밀리 객실이 있어 가족 여행에도 적합하다.

🏠 Via Paolo Regazzoni 8, 6900 Lugano

☎ +41 91 910 08 08

@ www.hotel-federale.ch

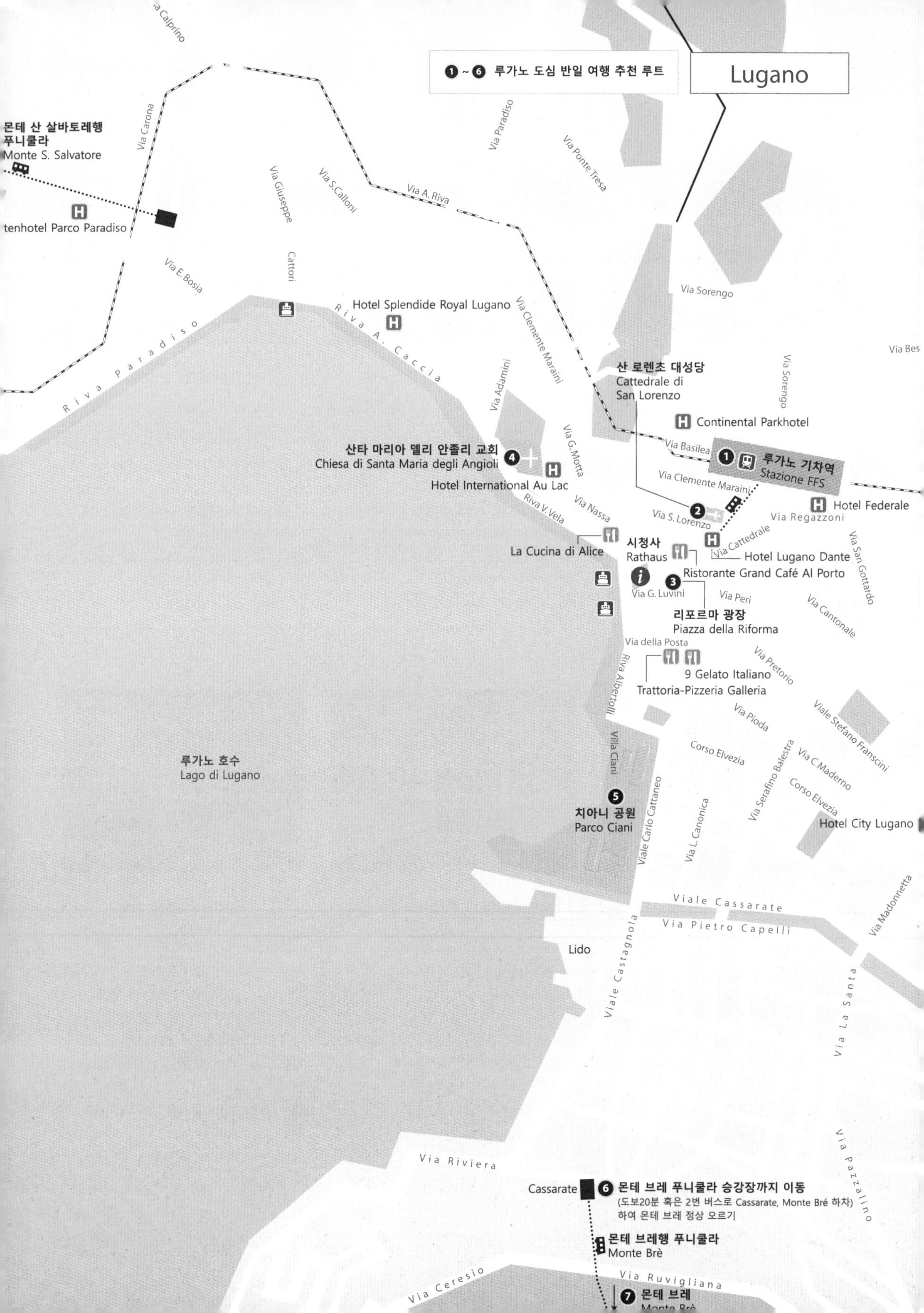

Lugano
❶~❻ 루가노 도심 반일 여행 추천 루트
몬테 산 살바토레행 푸니쿨라
Monte S. Salvatore
tenhotel Parco Paradiso
Via Calprino
Via Carona
Via Giuseppe
Cattori
Via S.Calloni
Via A. Riva
Via Paradiso
Via Ponte Tresa
Via E. Bosia
Riva Paradiso
Riva A. Caccia
Hotel Splendide Royal Lugano
Via Clemente Maraini
Via Sorengo
Via Bes
산 로렌초 대성당
Cattedrale di
San Lorenzo
Via Sorengo
Continental Parkhotel
Via Adamini
Via G. Motta
Via Basilea
❶ 루가노 기차역
Stazione FFS
❹ 산타 마리아 델리 안졸리 교회
Chiesa di Santa Maria degli Angioli
Hotel International Au Lac
Via Clemente Maraini
Hotel Federale
Riva V. Vela
Via Nassa
Via S. Lorenzo
❷
Via Regazzoni
La Cucina di Alice
시청사
Rathaus
Via Cattedrale
Hotel Lugano Dante
Via San Gottardo
Ristorante Grand Café Al Porto
Via G. Luvini
❸
Via Peri
리포르마 광장
Piazza della Riforma
Via Cantonale
Via della Posta
Via Pretorio
9 Gelato Italiano
Trattoria-Pizzeria Galleria
Riva Albertolli
Via Pioda
Viale Stefano Franscini
Villa Ciani
Corso Elvezia
Via Serafino Balestra
Via C.Maderno
Corso Elvezia
루가노 호수
Lago di Lugano
❺
치아니 공원
Parco Ciani
Viale Carlo Cattaneo
Via L. Canonica
Hotel City Lugano
Viale Cassarate
Via Pietro Capelli
Via Madonnetta
Lido
Viale Castagnola
Via La Santa
Via Pazzalino
Via Riviera
Cassarate
❻ 몬테 브레 푸니쿨라 승강장까지 이동
(도보20분 혹은 2번 버스로 Cassarate, Monte Bré 하차)
하여 몬테 브레 정상 오르기
몬테 브레행 푸니쿨라
Monte Brè
Via Ceresio
Via Ruvigliana
❼ 몬테 브레

Locarno

로카르노

마조레 호수의 보석 같은 휴양지

세계적인 영화 축제 로카르노 필름 페스티벌로 유명한 마을인 로카르노는 마조레 호수 북쪽에 있는 유서 깊은 홀리데이 리조트다. 연간 일조량이 2300시간에 이르는 온난한 지중해성 기후 덕분에 2월부터 동백꽃, 미모사, 매그놀리아 등 아름다운 꽃들이 피어나 공원과 호반 산책로를 장식한다. 북부 이탤리언 스타일의 아케이드에 수많은 상점과 레스토랑이 가득한 마을의 중심 광장인 피아자 그랑데는 매년 8월 필름 페스티벌 기간이면 세계에서 가장 아름다운 야외극장으로 탈바꿈한다. 여유 있게 머문다면 100개의 골짜기를 달리는 향수와 낭만의 기차 첸토발리 철도를 타고 이탈리아의 도모도솔라에 다녀오는 것도 추천할 만하다.

아스코나-로카르노 관광청 | www.ascona-locarno.com

찾아가기

기차 루가노나 벨린조나에서 기차로 이동하는 것이 빠르고 편리하다. 아스코나까지는 포스트 버스를 타고 이동하면 된다.

주요 도시-로카르노 열차 이동 시간

루체른 : 약 2시간 6분 **루가노 :** 약 1시간
벨린조나 : 25분(기차), 45분(포스트 버스)
아스코나 : 12~18분(포스트 버스)

자동차 2번 고속도로를 타고 오다가 로카르노 방향으로 나와 13번 도로로 이동한다.

주요 도시-로카르노 자동차 이동 시간

취리히 : 약 2시간 30분 **루가노 :** 약 50분
벨린조나 : 약 30분 **아스코나 :** 약 5분

시내 교통

마을 내 관광지들은 충분히 도보로 이동할 수 있으며 마돈나 델 사소 교회는 기차역에서 멀지 않은 곳에 있는 푸니쿨라로 다녀오면 된다.

Travel Highlight

마돈나 델 사소 교회 Santuario della Madonna del Sasso

황금색 건물과 오렌지색 지붕이 주변의 울창한 숲과 어우러져 인상적이고 아름다운 경관을 연출하는 로카르노의 상징이다. 바위산 위에 있어 도보로 가기보다는 기차역에서 멀지 않은 곳에 있는 승강장에서 푸니쿨라를 타고 가는 것을 추천한다. 푸니쿨라의 종점인 오르젤리나Orselina역에 내려 왼쪽 오르막길로 조금만 가면 마돈나 델 사소 교회와 마조레 호수가 내려다보이는 멋진 경치를 감상할 수 있는 전망 포인트가 있고, 역 앞에서 바로 계단을 내려가면 마돈나 델 사소 교회로 내려갈 수 있다. 시내로 내려올 때는 종점보다 하나 전 역인 산투아리오Santuario역을 이용하는 것이 편리하다. 또한 이곳에서 케이블카로 갈아타고 카르다다Cardada까지 올라가거나 거기서 다시 체어리프트를 타고 시메타Cimetta까지 오르면 아무것에도 방해받지 않는 마조레 호수의 360도 파노라믹 전망을 감상할 수 있다.

📍 기차역과 인포메이션 사이에 있는 한 승강장에서 푸니쿨라로 6분

🕓 **교회** 07:00-18:00, **푸니쿨라** 11~3월 09:05-18:35(11월 중 보수공사로 운휴) / 4월, 9~10월 08:05-21:05 / 5~6월 08:05-22:05 / 7~8월 08:05-24:05

CHF 푸니쿨라 성인 편도 CHF4.8, 왕복 CHF7.2

카스텔로 비스콘테오 Castello Visconteo

12세기에 세워진 성으로 14세기 밀라노의 비스콘티 가문이 마조레 호수까지 세력을 뻗쳤을 때 거주지 겸 요새로 사용되었다. 로카르노 조약이 체결되었던 곳으로 현재는 고고학 박물관으로 일반인에게 공개하며 아름답고 완성도 높은 로마 시대의 유리 제품과 도자기류를 소장하고 있다.

📍 그랑데 광장Piazza Grande에서 도보 5분

🕓 4~10월 화~일요일 10:00-12:00, 14:00-16:30, 월요일 휴관

CHF 성인 CHF15

아스코나 Ascona

마조레 호반에 아름답게 자리 잡고 있는 아스코나는 '마조레 호수의 진주'라는 별명을 가진 유명한 홀리데이 리조트로 한적한 분위기와 고급 호텔, 훌륭한 18홀의 골프 코스, 우아한 부티크, 미식가를 사로잡는 레스토랑, 아름다운 주변 환경 등 고급 휴양지의 요소를 모두 갖추고 있다. 따뜻한 지중해성 기후와 눈부신 호수를 즐기며 한가로운 시간을 만끽하는 것만으로도 충분히 이 마을을 찾을 이유가 있지만 과거에 이곳에서 활동했던 예술가들의 흔적이 남아 있는 아기자기한 구시가지 보르고Borgo와 이른 여름밤을 뜨겁게 달구는 재즈 페스티벌(www.jazzascona.ch)도 아스코나가 꾸준히 사랑받는 이유다.

📍 로카르노에서 버스를 타고 Ascona Posta 하차(약 11~14분 소요)

브리사고 제도 Isole di Brissago

브리사고 제도는 마조레 호수 위 남국의 휴양지를 떠올리게 하는 2개의 섬을 가리키는 것으로 좀 더 큰 섬인 Isola Grande/St. Pancrazio에 티치노 주의 식물원이 있다. 식물원 내에는 1700여 종의 다양한 열대와 아열대 식물과 꽃들이 원산지에 따라 분류되어 재배되고 있다. 열대 꽃들의 아름다운 색과 향기에 빠져들다보면 스트레스도 날아가고 몸과 마음이 평안해짐을 느낄 수 있다. 좀 더 자세한 정보는 www.isoledibrissago.ti.ch/en 참고.

📍 로카르노 선착장(30~45분 소요)이나 아스코나 선착장(10~15분 소요)에서 유람선을 타고 Isole di Brissago 하차

🕒 식물원 3월 말~10월 말

CHF 성인 CHF10, 16세 미만 무료

Bellinzona

벨린조나

세계문화유산으로 지정된 중세 요새 마을

티치노 주의 주도인 벨린조나는 이탈리아에서 알프스로 넘어가는 거점으로 역사상 전략적 요충지 역할을 했던 마을로 지금도 3개의 아름다운 중세 성과 성벽을 만나볼 수 있는 곳이다. 2000년에 유네스코 세계문화유산으로 지정된 카스텔그란데, 몬테벨로, 사소 코르바로 성은 알프스 지역에 있었던 중세 요새의 전형을 볼 수 있는 곳으로, 시간 여유가 없어 1개의 성만 볼 수 있다면 가장 규모가 크면서도 쉽게 볼 수 있는 카스텔그란데를 보는 것이 좋다. 세 성을 모두 입장하려면 공통 입장권을 구입하자.

벨린조나 관광청 | www.bellinzonese-altoticino.ch

찾아가기

기차 취리히나 루체른 등 중북부 도시에서 벨린조나까지는 기차로 2~3시간 정도면 이동할 수 있으며 티치노 주에 있는 도시들에서도 기차를 이용하는 것이 편리하다.

주요 도시-벨린조나 열차 이동 시간

취리히 : 약 1시간 40분 **루가노 :** 약 30분
로카르노 : 25분(기차), 45분(포스트 버스)

자동차 스위스 북쪽이나 루가노에서 이동할 경우 2번 고속도로를 이용하며 생모리츠에서는 투시스와 벨린조나를 연결하는 생 베르나르디노San Bernardino 고개를 넘어온다.

주요 도시-벨린조나 자동차 이동 시간

취리히 : 약 2시간 10분 **루체른 :** 약 1시간 40분
루가노 : 약 30분

시내 교통

기차역에서 Viale Stazione를 따라 10분 정도 걸으면 성벽이 보이고 그 안의 구시가로 들어갈 수 있다. 구시가 내 3개의 성 중에 카스텔그란데는 도보나 엘리베이터를 이용해 쉽게 다녀올 수 있으며 3개 성을 모두 방문하고 싶다면 벨린조나 관광청에서 3월 중순~10월 운행하는 관광 열차(일~금요일 콜레지아타 광장 10:00, 11:20, 13:30, 15:00, 16:30, 토요일 고베르노 광장 11:20, 13:30 , 콜레지아타 광장 15:00, 16:30 출발, 성인 CHF12)를 이용하면 편하게 관광할 수 있다.

Travel Highlight

카스텔그란데 Castelgrande

벨린조나 마을 중앙에 있는 50m 높이의 바위 위에 자리 잡고 있는 카스텔그란데는 3개의 성 중 가장 규모가 크다. 마을의 가장 중심부인 콜레지아타 광장Piazza Collegiata 또는 노세토 광장Piazza Nosetto에서 도보로 올라갈 수 있고 델라 발레 광장Piazzetta Della Valle에 있는 엘리베이터를 이용하면 편리하게 올라갈 수 있다. 내부에는 고고학 박물관과 레스토랑 등이 있으며 성과 연결된 요새 벽인 무라타Murata 위를 산책할 수 있다.

📍 델라 발레 광장에서 엘리베이터로 1분

몬테벨로 성 Castello di Montebello

카스텔그란데보다 90m 높은 몬테벨로라는 이름의 맞은편 언덕에 있는 몬테벨로 성은 요새 벽인 무라타와 연결된 외부 성벽 안에 마름모꼴의 내부 성벽이 있고 그 안에 건물들이 자리 잡고 있다. 성의 탑에는 고고학 박물관이 있으며 맑은 날에는 마조레 호수까지 보이는 멋진 전망을 자랑한다.

📍 콜레지아타 광장에서 도보로 10~15분 / 기차역에서 구시가 오는 길에 있는 Piazzale Stazione에서 4번 버스를 타고 Cast.Montebello 하차(약 4분 소요)

사소 코르바로 성 Castello di Sasso Corbaro

오픈	봄, 여름		가을, 겨울	
	박물관	안뜰	박물관	안뜰
카스텔그란데	10:00-18:00		10:30-16:00	
몬테벨로 성			휴관	10:30-16:00
사소 코르바로 성			휴관	
입장료(CHF)	벨린조나 패스(3개 성 박물관 모두 포함) 성인 CHF28, 6~16세 CHF18 카스텔그란데, 사소 코르바로 성 성인 CHF15, 6~16세 CHF8 몬테벨로 성 성인 CHF10, 6~16세 CHF5			

몬테벨로 성이 내려다보일 정도로 높은 바위 언덕 꼭대기에 세워져 있으며 3개 성 중에 가장 규모가 작다. 워낙 높은 곳에 있어 웅장한 뷰를 자랑하며 몬테벨로 성에서 도보로 올라가거나 Via Ospedale를 통해 자동차로 올라갈 수도 있다.

📍 몬테벨로 성에서 도보 45분

구시가 Città

벨린조나 성벽 내에 위치한 구시가에는 몇 개의 중심이 되는 광장들이 있는데 그중 가장 유명한 것이 콜레지아타 광장Piazza Collegiata과 노세토 광장Piazza Nosetto이다. Piazza Grande로도 불리는 콜레지아타 광장은 아름다운 파사드를 가진 콜레지아타 교회 바로 앞에 있는 광장으로, 18세기 롬바르디아 스타일의 집들이 광장에 면해 있고 노천 카페가 즐비하다. 벨린조나에서 가장 오래된 광장인 노세토 광장은 시청사가 있는 곳으로 광장을 둘러싼 건물들의 1층에는 우아한 아케이드가 자리 잡고 있다.

📍 기차역에서 Viale Stazione를 따라 약 도보 10분

콜레지아타 교회 La Collegiata

하얀 석조로 만들어진 아름다운 파사드를 가진 르네상스 교회로 문 위쪽에 12개의 꽃잎으로 나누어진 아름다운 장미창이 있다. 교회 내부는 17세기 스투코 방식의 조각으로 화려하게 장식되어 있으며 양쪽 옆면의 예배소들에는 17세기를 포함해 다양한 시대의 유화 작품들이 걸려 있다.

구시가 콜레지아타 광장

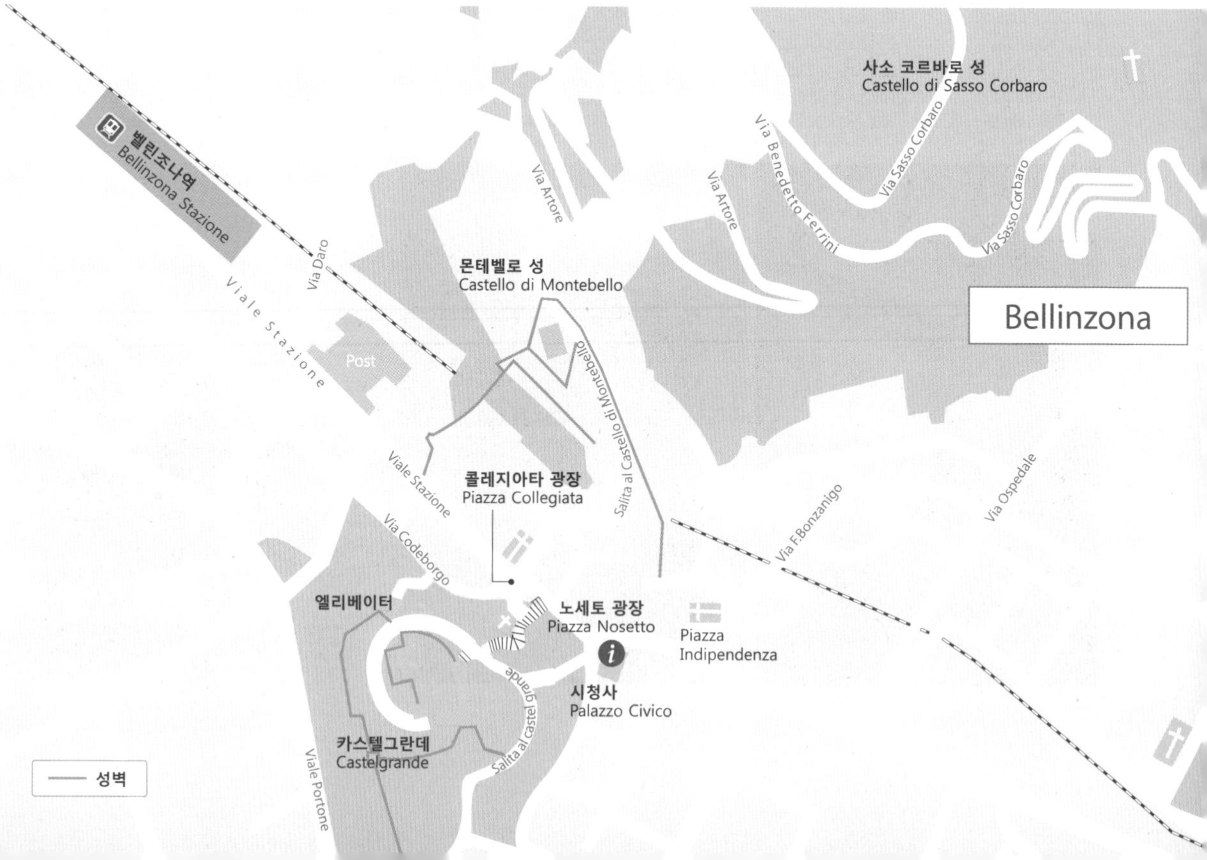

한눈에 보는 스위스 기본 정보

국가명 | 스위스(Switzerland / Swiss Confederation)
수도 | 베른(Bern)
공용어 | 독일어(63%), 프랑스어(22.7%), 이탈리아어(8.4%), 로망슈어(0.6%), 기타(5.3%)
면적 | 4만 1285㎢
위치 | 독일, 리히텐슈타인, 오스트리아, 프랑스, 이탈리아와 접경한 유럽 중부 내륙
인구 | 약 878만명 (2023년 1월 기준)
종교 | 가톨릭 38.2%, 개신교 26.9%, 무교 21.4%, 이슬람교 4.9%, 기타 8.6%
국가 번호 | 41
홈페이지 | www.myswitzerland.com

시차	8시간(서머타임 기간 7시간)
비자	90일 이내 무비자 체류 가능
비행시간	직항편 기준 약 12시간 10분
통화	스위스 프랑(CHF, Fr., SFr.)
물가	한국의 약 3~4배 / 빅맥Big Mac 지수 세계 1위
전압	230V / 50Hz 우리나라 전자 기기를 사용할 수 있으나 콘센트 모양이 달라 어댑터 필요

인터넷	취리히 공항 2시간, 제네바 공항 90분 무료 Wi-Fi 제공/ 대부분의 숙소 및 주요 역을 포함한 약 80개 역에서 무료 Wi-Fi 이용 가능
전화	선불 SIM 카드 이용 공중전화 이용 시 따로 카드를 구입하여 사용
우편	국제우편(100g까지) CHF4.2
여행 최적기	5~8월(그림 같은 풍경에 중점) 12~3월(겨울 액티비티에 중점)
식수	수돗물 음용 가능
팁	팁 문화는 없음. 대부분 서비스 차지가 포함되어 있으며 만족한 서비스를 받은 경우 팁 별도 지불 추천

공휴일
(2023년 기준)

1월 1일 : New Year's Day, 새해 첫날
4월 7일 : Good Friday, 부활절 전 금요일
4월 10일 : Easter Monday, 부활절 다음 월요일
5월 1일 : May Day, 노동절
5월 18일 : Ascension Day, 예수 승천일
5월 29일 : Whit Monday, 성령강림절 다음 월요일
8월 1일 : Swiss National Day, 스위스연방 설립 기념일
12월 25~26일 : Christmas Holiday, 성탄절 휴일

알아두면 편리한 스위스 실용 정보

주요 도시 최고 · 최저 기온

베른

월	1월	2월	3월	4월	5월	6월	7월	8월	9월	10월	11월	12월
최고기온	2	4	9	12	18	22	24	24	19	13	6	2
최저기온	-4	-3	-1	2	7	10	11	11	8	5	1	-2
일출 시간	08:10	07:35	06:45	06:40	05:50	05:35	05:50	06:20	07:10	07:45	07:50	08:15
일몰 시간	17:05	17:50	18:35	20:20	20:55	21:10	21:20	20:40	19:40	18:40	16:50	16:40

체르마트

스위스 기상청 어플리케이션 MeteoSwiss

월	1월	2월	3월	4월	5월	6월	7월	8월	9월	10월	11월	12월
최고기온	1	2	6	11	14	19	20	20	16	12	6	2
최저기온	-7	-7	-3	0	4	8	9	9	6	2	-2	-6
일출 시간	08:05	07:30	06:40	06:45	05:50	05:40	05:50	06:30	07:05	07:40	07:30	08:10
일몰 시간	17:10	17:50	18:35	20:10	20:50	21:20	21:15	20:35	19:35	18:35	16:50	16:40

유용한 전화번호

경찰 117, 구급차 144, 화재 118, 항공 구조대 1414, 차량 고장 140, 날씨 안내 162, 일반 정보 1811

공관 연락처

주스위스 대한민국 대사관

Embassy of the Republic of Korea

- Kalcheggweg 38, 3006 Bern
- ☎ +41 31 356 2444 / 긴급 연락처 근무시간 내 +41 31 356 2454, 근무시간 외 +41 79 897 4086
- ✉ swiss@mofa.go.kr
- @ overseas.mofa.go.kr/ch-ko/index.do

영업시간

은행 월~금요일 08:30-16:30, 토~일요일, 공휴일 휴무

우체국 월~금요일 08:00-12:00, 14:00-17:00, 토요일 08:30-12:00(대도시), 소도시는 휴무

상점 월~금요일 08:30-12:00, 14:00-18:30(대도시는 중간 휴식 없음), 토요일은 단축 영업

전화와 인터넷

해외에서 스위스에 전화를 걸 경우 스위스 국가 번호인 41을 누르고 지역 번호와 전화번호를 누르면 되고, 스위스에서 스위스로 전화를 걸 경우 국가 번호 없이 지역 번호와 전화번호만 누르면 된다. 대부분의 스위스 호텔이나 대도시의 카페에서는 무료 Wi-Fi를 이용할 수 있으며 취리히와 제네바 공항, 약 80개의 기차역에서도 무료로 Wi-Fi를 이용할 수 있는 서비스를 제공하기 때문에 잠깐씩 인터넷을 사용한다면 특별히 불편한 점은 없다. 여행 중 인터넷을 마음대로 사용하고 싶다면 Swisscom, Sunrise, Salt 등 스위스의 다양한 통신사에서 판매하는 선불 SIM 카드를 구입하는 것이 좋다.

환전

스위스의 통화는 스위스 프랑(Swiss Francs, CHF)으로 10, 20, 50, 100, 200, 1000 Francs의 지폐와 1, 2, 5 Francs의 동전 그리고 보조 단위인 5, 10, 20, 50(1/2 Franc)Cents의 동전이 통용된다. 스위스 프랑은 은행마다 보유량이 다르고 아예 환전을 할 수 없는 은행도 있으니 본인이 거래하는 은행에 미리 확인해보고 환전하는 것이 좋다. 가능하면 가장 많이 사용하는 10, 20, 50 Francs 지폐로 환전해가는 것을 추천한다.

유용한 앱

SBB Mobile
에스비비는 스위스 연방 철도 사이트로 스위스 여행에 꼭 필요한 애플리케이션이다. 열차, 버스, 유람선 등의 스케줄과 요금을 확인할 수 있다.

Google Map
구글 지도는 길 찾기와 운전, 도보 이동을 위한 내비게이션으로 경로 탐색에 도움이 된다.

Maps.Me
필요한 지역 지도를 미리 받아 두면 인터넷 연결 없이 휴대폰에 있는 GPS 기능을 이용해 현재 위치와 방향을 알 수 있다.

MeteoSwiss
스위스 기상청의 애플리케이션인 메테오스위스는 일기예보나 날씨 정보를 확인할 때 유용하다.

Google 번역
영어, 독일어, 프랑스어, 이탈리아어 등 103개 언어를 번역해주며 오프라인에 체크하고 받으면 인터넷 없이도 이용할 수 있어 편리하다.

스위스 출입국 정보

스위스 입국

입국 카드는 작성하지 않으며 입국 심사대는 EU와 All Passports로 구분되어 있으므로 All Passports 쪽으로 줄을 서면 된다.

• 스위스 입국 시 세관 규정

스위스에 면세로 한 사람당 하루에 반입 가능한 한도는 주류의 경우, 알코올 농도 18% 이하 5리터와 알코올 농도 18% 이상 1리터다. 담배의 경우, 담배 · 시가는 총 250개비 또는 기타 담배 250g 중 한 가지를 면세 받을 수 있다(주류와 담배는 17세 이상만 반입 가능). 이외의 품목은 CHF300까지 면세로 반입할 수 있다.

스위스 출국

출국 심사는 여권에 출국 스탬프를 찍거나 그냥 통과(찍어주지 않는 경우도 빈번함)하는 등 간단하다.

• 스위스 출국 시 면세 수속

스위스는 상품 판매 가격에 7.7%의 부가가치세가 포함되어 있으며 여행자가 한 점포에서 CHF300(VAT 포함) 이상의 물건을 구입했을 경우 상품 가격에 포함된 부가가치세를 환급받을 수 있다. 부가가치세를 환급받으려면 구입한 물건은 30일 이내에 스위스에서 반출되어야 하며 출국 전 반드시 스위스 세관에 관련 서류와 물건을 보여주고 스탬프를 받아야 한다. 세관 신고 후에는 공항 내 글로벌 블루 사무소Global Blue Office에서 현금 또는 신용카드로 환급받을 수 있다. 스위스는 EU 가맹 국가가 아니므로 다른 유럽 국가로 이동할 경우에도 반드시 스위스 출국 전에 면세 수속을 해야 한다.

스위스주요 축제와 이벤트

1월

Belalp-Hexe | www.belalphexe.com

발레 주 블라텐Blatten 마을과 벨알프Belalp에서는 1월 초 매년 전통 축제인 마녀 스키 레이스가 열린다. 대부분의 참가자들이 우승보다는 참가하는 것을 즐기며 다양한 이벤트가 열린다.

International Hot-Air Balloon Festival | www.festivaldeballons.ch

샤토데Chateau-d'Oex에서는 1월 말 9일 동안 전 세계에서 100개 이상의 열기구가 참가하는 세계 제1의 산악 열기구 축제가 열린다. 저녁에 열리는 'Night Glow'는 축제의 하이라이트다.

Snow Polo World Cup | www.snowpolo-stmoritz.com

생모리츠는 매년 1월 말이면 스노 폴로 월드컵의 독특한 무대가 된다. 1985년 처음으로 생모리츠의 꽁꽁 언 호수 위에서 개최된 이 대회는 지금은 전 세계 유명 선수들이 모이는 대회가 되었다.

2월

White Turf | www.whiteturf.ch

생모리츠의 꽁꽁 언 호수 위에서 펼쳐지는 독특한 경마 대회로 매년 2월의 일요일마다 세 번에 걸쳐 개최된다. 총 상금이 50만 프랑으로 스위스에서 가장 상금이 큰 대회로도 유명하다.

Basel Fasnacht | www.fasnachts-comite.ch

바젤의 파스나흐트는 화려한 등불을 밝힌 행렬이 드럼과 피콜로를 연주하는 밴드와 함께 어두운 바젤 거리를 활보하는 모르게슈트라이흐Morgestraich 퍼레이드로 시작된다. 대성당 앞 뮌스터 광장을 화려하게 장식하는 등불 전시가 하이라이트다.

3월

Lucerne Festival at Easter | www.lucernefestival.ch

매년 부활절과 여름, 11월에 세 번 개최되는 루체른 페스티벌은 1938년에 시작된 세계적인 음악 축제다. 유명 오케스트라의 공연을 보기 위해 매년 12만 명의 사람들이 모여든다.

4월

Zermatt Unplugged | www.zermatt-unplugged.ch

2007년 토마스 스테르치Thomas Sterchi와 마르코 고다트Marco Godat가 가수와 작곡가를 위한 축제로 시작했으며 지금은 세계적인 뮤지션과 밴드의 공연을 즐길 수 있는 유명 음악 축제로 자리 잡았다.

Sechseläuten | www.sechselaeuten.ch

젝세로이텐Sechseläuten은 취리히의 전통적인 봄 축제로 4월 셋째 주 월요일에 시작된다. 오후 6시에 겨울을 상징하는 눈사람 모양의 뵈그Böögg를 불태우는 의식이 이 행사의 하이라이트다.

Landsgemeinde | www.appenzell.ch

매년 4월의 마지막 일요일에 모든 유권자들이 란츠게마인데 광장에 모여 아펜첼 주의 중요한 문제들에 대한 결의안을 거수로 통과시키는 집회로 직접 민주주의의 살아 있는 견본이다.

EpessesNouveau | www.epesses-nouveau.ch

매년 라보 지역 에페스에서 열리는 와인 시음 축제로 4월 말~5월 초 중 하루 동안 행사가 진행된다. 소정의 참가료만 지불하면 라보 와인을 무제한으로 시음할 수 있다.

5월

International Street Artists Festival | www.artistidistrada.ch

아스코나에서 4일 동안 열리는 이 축제에는 전 세계에서 다양한 장르의 프로페셔널과 아마추어 아티스트들이 모여든다. 팬터마임, 연극, 저글링, 댄스, 음악 등 100개가 넘는 무료 공연이 펼쳐진다.

6월

Art Basel | www.artbasel.com

파리 현대 아트 페어, 시카고 아트 페어와 함께 세계 3대 현대미술 아트 페어로 꼽히는 아트 바젤은 전 세계 유명 갤러리들이 4000명이 넘는 예술가의 작품을 선보인다.

Lugano Estival Jazz | www.estivaljazz.ch

매년 6월 말~7월 초 루가노의 아름다운 리포르마 광장과 멘드리시오의 알라발레 광장에서 개최되는 재즈 축제로 수천 명의 재즈 팬이 모인다.

7월

Montreux Jazz Festival | www.montreuxjazzfestival.com

몽트뢰 재즈 페스티벌은 전 세계에서 매년 25만 명 이상의 재즈 팬들이 모여드는 국제적인 축제다. 티켓을 구매해서 입장하는 공연 외에도 다양한 무료 공연이 펼쳐진다.

Paléo Festival | www.paleo.ch

제네바와 로잔 사이 레만 호숫가에 있는 작은 도시 니옹에서 매년 7월 개최되는 팔레오 페스티벌은 스위스 최대의 야외 음악 축제다. 지금은 유럽에서 가장 중요한 음악 행사로 자리 잡았다.

8월

Swiss National Day | www.myswitzerland.com
매년 8월 1일은 1291년 스위스연방의 탄생을 기념하는 날로 1891년부터 스위스 건국 기념일로 지정되었다. 각 주마다 자체적으로 기념식 및 축하 행사가 열리며 불꽃놀이가 가장 볼 만하다.

Street Parade | www.streetparade.com
유럽 최대의 테크노 축제로 취리히 중심가와 호숫가를 따라 퍼레이드가 진행된다. 이 축제의 하이라이트는 러브 모바일Love Mobile이라는 움직이는 댄스 무대로, 30개의 러브 모바일이 100만 명이 넘는 관중과 함께 퍼레이드에 참가한다.

Festival del film Locarno | www.locarnofestival.ch
매년 8월 개최되는 로카르노 영화제는 칸, 베니스, 베를린 등과 더불어 세계적인 영화제로 손꼽힌다. 그랑데 광장Piazza Grande은 세계에서 가장 매력적인 야외극장으로 탈바꿈한다.

9월

Omega European Masters | www.omegaeuropeanmasters.com
시계의 명가 오메가가 후원하는 골프 대회로 전 세계 유명 골퍼들이 장엄한 알프스의 경관을 자랑하는 크랑쉬르시에르 골프 클럽CranssurSierre Golf Club에서 경기를 펼친다.

Fête des Vendanges | www.fetedesvendanges.ch
라보의 뤼트리 마을에서 열리는 포도 수확 축제로 9월 말 금요일~일요일 3일 동안 진행된다. 마지막 날 오후에는 650여 명의 지역 어린이들이 참여하는 퍼레이드가 펼쳐진다.

10월

Festa d'Autunno | www.luganoturismo.ch
10월의 첫 번째 주말, 가을을 맞이하며 펼쳐지는 루가노 가을 축제는 티치노 지역의 맛있는 로컬 푸드와 와인을 실컷 즐길 수 있는 행사다.

11월

Zibelemärit | www.bern.com
베른의 양파 시장은 매년 11월 네 번째 월요일에 열리는 전통 시장으로 주변 지역의 농부들이 무려 50톤의 양파를 가지고 참가한다. 현재는 양파만이 아니라 도자기, 채소, 전통 기념품 등도 팔며 따뜻한 글뤼바인도 판매한다.

Christmas Market | www.myswitzerland.com
11월 중순 이후부터 크리스마스까지 스위스 각지에서 열리는 크리스마스 마켓은 도시를 축제 분위기로 만든다. 특히 스위스 최대 규모의 몽트뢰 크리스마스 마켓과 취리히, 베른, 바젤 등에서 열리는 크리스마스 마켓이 유명하다.

12월

L'Escalade | www.compagniede1602.ch
Escalade는 1602년 12월 11~12일 밤 기습을 통해 제네바를 점령하려던 사보이 공작의 군대가 한 부인의 용감한 방어로 공격에 실패한 것을 기념하는 가장 유명한 지역 이벤트 중 하나다.

Silvesterklausen | www.appenzellerland.ch
매년 12월 31일과 1월 13일, 아펜첼 주의 시골 마을에서는 오래된 전통 방식으로 새해를 축하한다. 겨울 동안 쌓인 눈을 치우고 마녀를 쫓아내는 의식을 치르며 전통 가면과 카우벨로 분장한 클라우제Chläuse들이 종을 울리고 요들송을 부르면서 집집마다 돌아다니며 행복을 빌어준다.

스위스 기차

스위스 여행에서 절대 빼놓을 수 없는 것은 바로 기차 여행이다. 국영 철도인 SBB와 여러 개의 사철, 등산철도 등으로 구성된 철도는 나라 전역을 촘촘하게 연결하고 있다. 스위스 기차의 자랑은 무엇보다 시간의 정확성이다. 수많은 알프스 산맥과 계곡이 있는 스위스의 지형을 고려할 때 그 정확성과 편안한 승차감은 정말 놀라운 기술이 아닐 수 없다. 기차에서 감상하는 스위스 풍경도 기차 여행의 빼놓을 수 없는 즐거움이다. 스위스 기차 여행을 마음껏 즐기기 위해 미리 알고 가면 좋을 몇 가지 사항을 정리해본다.

기차역

스위스의 기차역은 대부분 마을 중심에 있어서 관광지까지 도보로 이동할 수 있으며 다양한 부대시설을 갖추고 있다. 역 내에 있는 대표적인 시설로는 ①(관광안내소), 철도 안내소, 환전소, 키오스크, 코인 로커, 공중전화, 레스토랑, 화장실, 상점 등이 있으며 특히 취리히, 베른, 바젤, 제네바, 루체른 등 대도시의 기차역은 수많은 상점들이 늦게까지 영업하고 다양한 레스토랑이 있는 복합 쇼핑몰 같은 역할까지 담당하고 있다.

코인 로커 이용

기차역에 마련된 코인 로커는 크기에 따라 요금이 다르며(6시간 기준 CHF5~12), 큰 것은 24인치 캐리어 2개도 넣을 수 있다. 최신식 로커는 가방 보관 후 나오는 영수증에 QR 코드가 같이 나오며 가방을 찾을 때 QR을 인식하고 찾아야 하므로 잘 챙겨야 한다. 예전 방식의 로커는 동전만 사용할 수 있으며 열쇠를 분실하지 않도록 잘 보관해야 한다.

짐 보관소 이용

베른, 바젤, 루체른, 체르마트 등을 포함해 약 80여 개 역에 짐 보관소가 마련되어 있다. 단, 역마다 운영 시간이 약간씩 다르며보통 18:00~19:00까지 오픈하기 때문에 늦게까지 관광할 수 없는 단점이 있다. 가격은 보관 시간과 상관없이 짐 1개당 CHF12 정도다. 코인 로커, 짐 보관소 관련한 자세한 정보는 www.sbb.ch/en/station-services/at-the-station/services-at-the-station/lockers.html 참고.

유료 화장실 이용

스위스 기차역에 있는 화장실은 유료로 운영된다. 취리히 중앙역, 베른 등에는 샤워 시설까지 갖춘 유료 화장실 Mc Clean Hygienecenter가 있어 야간열차를 타고 스위스에 도착한 경우 유용하게 이용할 수 있다. 요금은 화장실 이용은 CHF1~1.5, 샤워는 CHF12이다.

짐 운송 서비스 이용

SBB에서는 스위스를 기차로 여행하는 사람들을 위해 짐(1개당 최대 25kg까지)을 다음 목적지의 기차역이나 호텔, 원하는 목적지까지 보내주는 서비스를 제공하는데 이 서비스는 특히 스키나 보드 등을 직접 가지고 간 경우 유용하게 이용할 수 있다. 오전 9시 이전에 접수하면 당일 저녁에 짐을 찾을 수 있는 익스프레스 서비스는 도어 투 도어Door to Door에서만 이용할 수 있다. 좀 더 자세한 정보는 www.sbb.ch/en/station-services/before-your-journey/luggage/luggage.html 참고.

Door to Door	Station to Station
개당 CHF12 서비스 고정 요금 CHF43(짐 값 외 추가 비용) 익스프레스 고정 요금 CHF30(짐 값 외 추가 비용) - 접수 20:00까지, 이틀 후 수령 가능 - 자전거 접수 불가능 - 익스프레스는 09:00까지 접수 완료하면 당일 18:00~23:00에 수령 가능	개당 CHF12 일반 자전거 CHF20 특수 자전거 CHF36(2m 이상 크기) - 접수 19:00까지, 이틀 후 수령 가능
Station to Door	**Door to Station**
개당 CHF12 - 접수 190:00까지, 이틀 후 수령 가능 - 자전거 접수 불가능	개당 CHF12 - 접수 20:00까지, 이틀 후 수령 가능 - 자전거 접수 불가능

기차 시간 확인

기차역 내에서 타야 할 기차의 출발 시간이나 플랫폼 번호를 확인하는 가장 쉬운 방법은 역내에 있는 안내판과 전광판을 보는 것이다. 목적지로 향하는 전체적인 기차 시간을 확인하고 싶다면 역내나 플랫폼에 있는 노란색과 하얀색 기차 시간표를 확인하자. 그 역에서 출발하는 모든 기차의 시간은 노란색에, 도착하는 모든 기차의 시간은 하얀색에 출발 시간대별로 게시되어 있으며 플랫폼 번호도 확인할 수 있다. 스위스 국영 철도SBB의 스마트폰 애플리케이션 SBB Mobile을 다운로드받아 가면 더 편리하게 사용할 수 있다.

기차 타기

스위스는 개찰구가 따로 없기 때문에 검표 없이 바로 플랫폼으로 이동하면 된다. 각 플랫폼에는 플랫폼 번호와 함께 다음에 도착할 기차의 목적지와 경유지, 출발 시간 등이 나오는 전광판이 설치되어 있으므로 어렵지 않게 원하는 플랫폼을 찾을 수 있다. 기차가 도착하면 1등석과 2등석, 금연과 흡연 차량을 확인하고 탑승해야 하며 다른 행선지로 가는 차량이 연결되어 있는 경우도 있으므로 차량에 붙은 행선지 표시도 확인하는 것이 좋다. 좌석 예약을 한 경우에는 차량 번호까지 확인한 후 탑승해야 한다. 기차의 문은 문 옆의 초록색 버튼을 누르면 열린다.

표 검사

기차표 검사는 달리는 기차 내에서 이루어지는데 승무원이 돌아다니며 불시에 검사한다. 티켓은 휴대폰에 저장해 두고 만일의 경우를 대비해 프린트하여 지참하는 것을 추천한다.

기차에서 식사 즐기기

스위스 여행을 하다보면 기차에서 식사를 해야 하는 경우가 종종 생긴다. 이때 기차 내 식당칸을 이용해도 되지만 빵이나 소시지 등 간단한 음식을 미리 사서 탑승해 자기 자리에서 편하게 먹는 방법도 있다. 기차 내에서 돌아다니며 Lavazza 커피와 소프트 드링크 등을 판매하는 SBB Minibar에서 판매하는 카푸치노도 맛있다.

스위스 트래블 시스템의 교통 패스

스위스 트래블 시스템은 스위스 전역에 걸쳐 2만 7000km가 넘게 구축되어 있는 대중교통망을 일컫는 것으로 기차, 버스, 페리 등 거의 모든 교통수단이 포함된다. 이 스위스 트래블 시스템을 이용할 수 있는 여러 패스 중 각자의 여행 일정에 맞는 패스를 구입하도록 하자. 구입 후, QR 코드가 있는 PDF 파일을 출력해서 사용하거나 휴대폰에 저장하여 보여주면 되고 여권을 요청하는 경우가 있으니 항상 같이 소지하는 것이 좋다.

스위스 트래블 패스 Swiss Travel Pass

추천 | 이동이 잦은 경우

정해진 기간 동안 스위스 트래블 시스템을 무제한으로 이용할 수 있는 패스로 매일 연속하여 사용해야 한다. 또한 세계적으로 유명한 빙하 특급, 베르니나 특급 등의 풍경열차도 예약비만 내면 이용할 수 있으며 보너스 혜택으로는 산악열차와 케이블카 최대 50% 할인, 75개 도시와 마을의 시내 교통 무료 이용, 480개가 넘는 스위스 전역의 박물관 무료 입장 등이 있다. 만 16~25세까지는 15% 정도 저렴한 유스 패스를 사용할 수 있으며 스위스 패스를 소지한 성인과 여행하는 6~15세는 무료이며 단독으로 여행할 경우 성인 요금의 50%가 적용된다.

연속 사용 (CHF)	성인		유스	
	1등석	2등석	1등석	2등석
3일	369	232	260	164
4일	447	281	315	199
6일	570	359	402	254
8일	617	389	436	274
15일	675	429	479	307

스위스 트래블 패스 플렉스 Swiss Travel Pass Flex

추천 | 한 곳에 오래 체류하는 경우

1개월의 유효기간 동안 3일, 4일, 6일, 8일, 15일간 연속 또는 비연속으로 날짜를 선택해 스위스 트래블 시스템을 무제한으로 이용할 수 있는 패스다. 선택한 날짜에는 스위스 트래블 패스와 동일한 혜택을 받을 수 있으며 패스 개시일부터 사용 마지막 날짜 사이의 선택하지 않은 날짜에도 기차, 버스, 유람선, 산악열차 등에서 50% 할인 혜택을 받을 수 있다. 이 패스 역시 유스 패스를 사용할 수 있으며 패스를 소지한 성인과 여행하는 6~15세는 무료이며 단독으로 여행할 경우 성인 요금의 50%가 적용된다.

일수 (CHF)	성인		유스	
	1등석	2등석	1등석	2등석
3일	424	267	299	189
4일	514	323	362	229
6일	610	384	430	272
8일	649	409	459	290
15일	706	449	501	321

스위스 반액 카드 Swiss Half Fare Card

추천 | 렌터카 여행, 이동이 잦지 않고 장기 체류하는 경우

1개월 이내에 스위스 트래블 시스템에 속하는 기차, 버스, 유람선, 산악열차, 75개 도시의 대중교통 티켓을 50% 할인된 가격에 구입할 수 있는 카드로 가격은 CHF120이다.

세이버 데이 패스 Saver Day Pass

추천 | 이동 날짜가 확실히 정해진 경우

1일 패스로 스위스 트래블 시스템에 속하는 열차, 버스, 유람선, 대중교통을 하루 동안 무제한 이용할 수 있다. 여행하는 날짜를 기준으로 60일 전부터 SBB 웹사이트나 모바일 애플리케이션을 통해 예약할 수 있다. 일찍 예약할수록 할인율이 크며 예약 시기에 따라 할인율이 달라진다. 스위스 반액 카드 소지자인 경우 약 45% 더 할인받아 구입할 수 있다.

데이 패스 Day Pass

추천 | 이동 날짜가 확실히 정해진 스위스 반액 카드 소지자

스위스 반액 카드 소지자를 위한 1일 패스로 원데이 트래블 패스로도 불린다. 스위스 트래블 시스템에 속하는 열차, 버스, 유람선, 대중교통을 하루 동안 무제한 이용할 수 있다.

데이 패스				
일일 사용 (CHF)	성인		어린이	
	1등석	2등석	1등석	2등석
1일	127	75	33	19

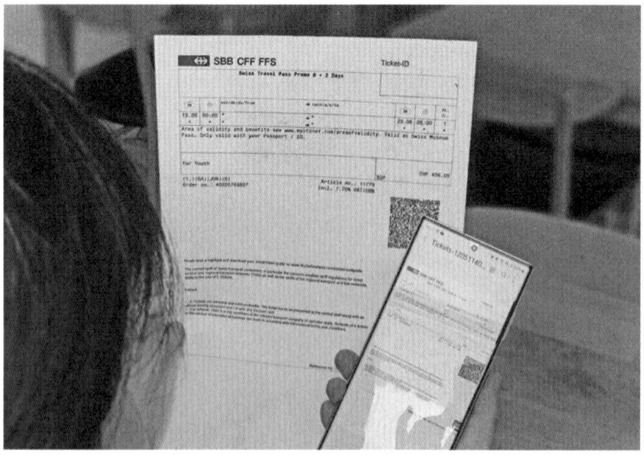

스위스 발레주 쿠폰

Valais
MATTERHORN REGION
SWISS ALPS

@valaiswallis_kr

www.visitvalais.ch

고르너그라트
Gornergrat Bahn
- The Matterhorn Railway

QR 코드를 스캔 후 온라인으로 고르너그라트 왕복 티켓을 구입하거나, 본 인쇄물을 Täsch 또는 Zermatt 에서 고르너그라트 왕복 티켓 결제 시 보여주고 'Noodle Soup'이 찍힌 티켓을 받으세요. (컵라면 교환: 고르너그라트 역 Edelweiss shop 또는 리펠베르그 역 K Kiosk)

Valid until nov.2023
www.gornergratbahn.ch

gornergrat bahn

브리그 심플론
Brig Simplon

브리그 관광안내소에 브리그 숙박 영수증을 본 쿠폰과 함께 제시하면 브리그의 상징 '슈톡칼퍼 성' 열쇠고리를 드립니다.

Valid from 1.1.2023 to 31.10.2023
www.brig-simplon.ch/en

BRIG SIMPLON

사스페/사스탈
Saas-Fee/Saastal

사스페 관광안내소에 사스페 지역 케이블카 또는 숙박 영수증과 함께 본 쿠폰을 제시하면 고급 장갑을 드립니다.

Valid from 1.1.2023 to 31.10.2023
www.saas-fee.ch

Saas-Fee Saastal

로이커바드
Leukerbad

로이커바드 관광안내소에 로이커바드 호텔 투숙 영수증과 본 쿠폰을 제시하시면 넥워머를 드립니다!

Valid from 1.12.2022 to 31.04.2023
www.leukerbad.ch/en

Leukerbad

넨다/베이소나
Nendaz/Veysonnaz

넨다 또는 베이소나 관광안내소에 이 지역에서 이용한 케이블카 또는 호텔 영수증을 본 쿠폰과 함께 제시하면 '비니' 모자를 드립니다.

Valid from 1.1.2023 to 31.12.2023
www.nendaz.ch/en - www.veysonnaz.ch/en

NENDAZ VEYSONNAZ

던 뒤 미디 지역
Région Dents du Midi

관광안내소에 이 쿠폰을 제시하시면 예쁜 열쇠고리를 드립니다.

Valid from 1.12.2022
부터 제품 소진 시 까지
www.regiondentsdumidi.ch/en

REGION DENTS DU MIDI

알레치아레나
Aletsch Arena

유네스코 세계자연유산 알레치 빙하를 만날 수 있는 무스플루(Moosfluh *봄에는 후플루-Hohfluh) 왕복 케이블카 티켓을 본 쿠폰과 함께 구입하시면 전망대 정상에서 농심 신라면컵을 무료로 드립니다.

Valid from 8.12.2022 to 22.10.2023
on View Point Moosfluh
www.aletscharena.ch/en/

(16.4.2023.-9.6.2023.: only View Point Hohfluh possible)

ALETSCH ARENA

레 셀리에 드 시옹
Les Celliers de Sion

스위스 최고의 와인 '발레주' 와이너리를 방문하세요! 안내 데스크에 본 쿠폰을 제시하면 팡당 (Fendant / 37.5cl) 와인을 드립니다.

Valid from 1.1.2023 to 31.12.2023
www.celliers.ch

Les Celliers de Sion
à la rencontre du vin

티옹 지역
Thyon Région

티옹 지역에 있는 관광사무소에 이 지역 케이블카 또는 호텔 영수증을 본 쿠폰과 함께 제시하면 '선글라스'를 드립니다.

Valid from 1.1.2023 to 31.12.2023
www.thyon.ch/en/

THYON 4 VALLÉES

마티니
Martigny Région

마티니 (Martigny)의 몽블랑 익스프레스 출발 지점 앞에 위치한 'Octodure Voyages' 사무소에 몽블랑 익스프레스 티켓을 본 쿠폰과 함께 제시하면 기념품을 받을 수 있습니다.

Valid from 12.12.2022 to 10.12.2023
www.mont-blanc-express.ch

배리랜드(Barryland) 매표소에서 본 쿠폰과 함께 입장권을 구입하시면 세인트버나드 배리(Barry) 열쇠고리를 드립니다.

Valid from 1.1.2023 to 31.12.2023
www.barryland.ch/en

MARTIGNY REGION
SAINT-MAURICE + VERNAYAZ + DORENAZ
MARTIGNY + CHARRAT + FULLY + SAXON
SAILLON + TRIENT + SALVAN + FINHAUT
MARTIGNY-COMBE + BOVERNIER
WWW.MARTIGNY-REGION.CH

스위스,
상상만 하세요.
전용 차량과 단독 가이드, 이색 호텔까지
전문가가 알아서 맞춰주는 간편한 여행준비
알프스의 나라 스위스, 상상만 하세요.
샬레가 당신의 상상을 현실로 만들어 드립니다.
SWITZERLAND TRAVEL
샬레트래블 맞춤 스위스여행
Web : www.chalettravel.kr Tel : 02.323.1280
Chalet

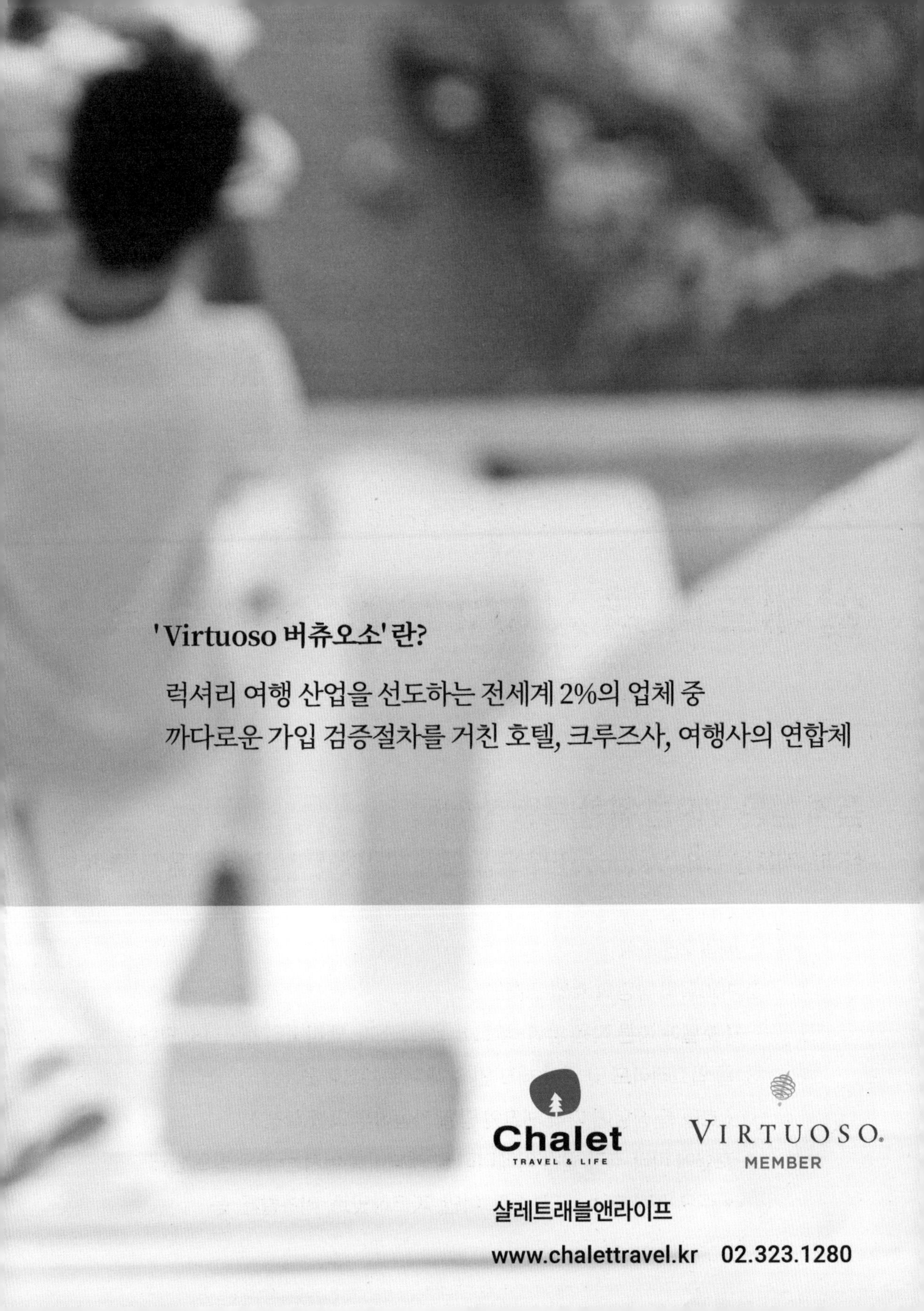
'Virtuoso 버츄오소'란?
럭셔리 여행 산업을 선도하는 전세계 2%의 업체 중
까다로운 가입 검증절차를 거친 호텔, 크루즈사, 여행사의 연합체
Chalet
TRAVEL & LIFE
VIRTUOSO.
MEMBER
샬레트래블앤라이프
www.chalettravel.kr 02.323.1280

샬레트래블북

SWITZERLAND

스위스

초판 발행 2019년 5월 1일

개정 1판 발행 2023년 8월 21일
글 | 김문희
사진 | 정소현
펴낸이 | 강승희 강승일
펴낸곳 | ㈜샬레트래블앤라이프
편집 | 샬레트래블앤라이프 출판팀
디자인 | 말리북
지도 | 김선애
출판등록 | 제 313-2009-66
주소 | 서울시 마포구 서교동 어울마당로 5길 26. 1~5F
전화 | 02-323-1280
판매 & 내용 문의 | 02-323-1280
travelbook@chalettravel.kr

ISBN 979-11-88652-29-7 13920
값 18,000

CHALET Travel Book은 ㈜샬레트래블앤라이프의 출판브랜드입니다.

www.chalettravel.kr